AF546463

ISABELLE WOLF

BUNT

LIFESTYLE IN FARBE

DAS ETWAS ANDERE FARBBUCH

SILBERSCHNUR VERLAG

ISBN 978-3-96933-080-7

1. Auflage 2024

Gestaltung & Satz: XPresentation, Güllesheim
Umschlaggestaltung: XPresentation, Güllesheim; unter Verwendung eines Motivs von © merabbi, stock.adobe.com
Druck: PB Tisk, a.s. Czech Republic

Verlag "Die Silberschnur" GmbH · Steinstraße 1 · 56593 Güllesheim
www.silberschnur.de · Email: info@silberschnur.de

Für Estima.

LEBEN SIE IHR LEBEN BUNTER!

Mehr zu aktuellen Farbtrends, mehr Farbwissen und generell mehr Farben finden Sie hier: **http://www.silberschnur.de/bunt**

ÜBER DIE AUTORIN

Isabelle Wolf, 1979 geboren, studierte Publizistik, Germanistik, Filmwissenschaft und Kunstgeschichte. Der rote Faden, der sich durch ihre Arbeit zieht, war und ist das Thema »Farbe«: als Lektorin für einen Kunstbuchverlag, als Autorin eines Ratgebers (»Was Farben sagen«, Goldmann 2011) oder als Farbexpertin für einen großen deutschen Farbenhersteller. Sie erstellt Farb- und Einrichtungskonzepte für Privatwohnungen und wurde u. a. von *Homes and Gardens, Madame, Jolie, freundin* und *WOHNDESIGN* interviewt zu Farbwirkung und -gestaltung.

INHALT

Editorial

Treiben Sie es bunt!

Ich will Sie gar nicht lange aufhalten ... sondern Ihnen vorab nur eine Art Beipackzettel an die Hand geben – nicht etwa zu Risiken und Nebenwirkungen, sondern zu den Vorteilen und erwünschten Wirkungen dieses Buches:

Warum sollte ich noch ein Buch über Farben lesen?

Weil es anders ist, neu in Stil, Inhalt und Aufbau: aufgemacht wie ein Magazin, kurzweilig und informativ. Geschrieben in einem unterhaltsamen, humorvollen Stil, der Ihnen hoffentlich Spaß macht beim Lesen.

Für wen ist es geschrieben?

Für absolut jeden. BUNT ist kein staubiges Fachbuch, sondern ein kunterbuntes Lexikon und eine Fundgrube voller Anekdoten, in der jeder etwas Interessantes für sich finden sollte. Ein thematisch bunter Mix aus Nützlichem, Denkwürdigem und Unglaublichem. Skurrilem, Wissenswertem und Humorvollem. Außergewöhnlichem, Kuriosem und Hilfreichem.

Warum dieser neue Buchaufbau mit den vielen kleinen Kapiteln?

Das Buch blättert eine Vielzahl an Themen rund um Farbe auf, aber Sie müssen nicht viel Zeit investieren – fünf Minuten morgens beim Kaffee reichen aus, um Ihr Farbkapitel zu lesen und davon zu profitieren. BUNT ist quasi der Espresso unter den Farbbüchern: konzentriertes Farbwissen.

Denn sind wir mal ehrlich, viel ist nicht immer besser. Im Gegenteil: Zu viel ist oft einfach zu viel. Endlose Farbbeschreibungen oder Symboldeutungen langweilen, und wenn ich ganz enthusiastisch bei der Beschreibung von Nachtblau bin, mein Gegenüber aber beim Wegdösen, läuft etwas falsch. Daher sind die Texte in diesem Buch auf ihre Essenz eingekocht: viel Info, aber wenig Gequassel.

Wenn Sie gerne mehr lesen möchten – wunderbar! Schmökern Sie nach einem Minikapitel einfach weiter, dann setzen sich die einzelnen Farbkapitel wie bei einem Mosaik zu einem Bild zusammen, zu einem schillernden Farbporträt.

Warum sollte ich mich überhaupt mit dem Thema Farbe beschäftigen?

Weil Farben Macht haben: Sie bringen uns dazu, effizienter zu arbeiten, die teuren Äpfel zu kaufen oder endlich wieder durchschlafen zu können. Nach der Lektüre wissen Sie, warum Sie im Restaurant viel schneller essen, als Sie eigentlich wollen, wie Sie danach leichter wieder abnehmen und (nicht nur deshalb) deutlich mehr Zuschriften bekommen bei der Partnerbörse. Sie kennen den Trick, wie Sie jeden Profiphlegmatiker von der Couch bekommen, im Job souverän wirken und Stoffwechsel wie Motivation ankurbeln. Zugegeben, eine etwas eigenwillige Liste, aber tatsächlich ist es immer nur eine Frage der richtigen Farben.

> Bunt ist meine Lieblingsfarbe.
>
> Walter Gropius

Für viele ist Farbe ein Nischenthema – *kann* man sich mit beschäftigen, wenn man gerade nichts Besseres zu tun hat, *muss* man aber nicht, denn als wirklich relevant stufen die meisten das Thema nicht ein. Das ist nicht nur schade, sondern auch grundfalsch, denn Farben bestimmen unser Leben, in jedem einzelnen Moment. Wir sind ständig von Farben umgeben und reagieren auf sie – ob wir wollen oder nicht, und wir sollten die Macht der Farben nicht unterschätzen. BUNT bringt sie Ihnen nahe, allerdings nicht als abstraktes Farbwissen, sondern als eines mit echtem praktischen Nutzen.

Warum ist der Schreibstil so wenig ernsthaft?

Ehrliche Antwort: weil mir das leichter fällt. Auch ehrlich: damit Sie die Texte locker runterlesen können. Ich habe sie in einem entspannten, etwas launigen Stil gehalten, weil ich finde, dass es an der Zeit ist, Farben einmal legerer, zwangloser und vor allem persönlicher zu porträtieren. Für mich unterscheiden sich Farbcharaktere kaum von uns: Jeder Farbton hat seine ganz eigene Persönlichkeit, bestimmte Eigenarten, seine Talente und Macken. Manche erinnern an eine altjüngferliche Tante, andere an eine zarte Elfe, wieder andere an eine Femme fatale oder einen ungehobelten Klotz.

Doch in der Regel betrachten wir Farben eher abstrakt, und man liest sehr theoretische Beschreibungen wie: »Blutrot wirkt anregend und eignet sich nicht für jeden Bereich als Wohnfarbe.« – Gerade für eine so temperamentvolle Farbe wie Blutrot eine ziemlich blutleere Beschreibung, finden Sie nicht auch? Und vor allem: Können Sie sich damit wirklich ein Bild von der Farbe machen? Für mein Empfinden ist es viel eindrücklicher, wenn ein Farbcharakter tatsächlich porträtiert wird, eben genauso wie wir das bei menschlichen Typen auch tun würden. Bei feurigem Rot haben wir es zum Beispiel mit einem forschen, leicht übergriffigen und ausgesprochen dynamischen Charakter zu tun. Entscheiden Sie sich für ihn als Wandfarbe – und damit quasi als Mitbewohner, den Sie bei sich einziehen lassen –, lässt er Sie nach kurzer Zeit selbst die Wände hochgehen. Schlicht weil er Ihnen permanent auf den Füßen steht und irgendeine Aktion von Ihnen sehen will. Denn Rot kocht beständig auf heißer Flamme, brodelt vor Energie und lässt niemanden kalt. Es kann Sie aber eben auch einfach nicht in Ruhe lassen.

Mir fällt es leichter, mir Farben auf diese Weise und als Personen vorzustellen. Zwischengestreut finden Sie daher immer wieder Steckbriefe zu einzelnen Farbtönen, etwas andere Farbporträts oder Interviews mit Farbpersönlichkeiten, um Ihnen den Zugang zu erleichtern und um das Bild der Farbtöne etwas schärfer zu stellen.

Warum gibt es keinen rein wissenschaftlichen Teil über Farbtheorie?

Mir geht es um das Wesen der Farben und ihren Nutzen im Alltag. Die trockene Theorie fließt, hoffentlich etwas saftiger aufbereitet, ein, wenn sie unbedingt nötig ist, ansonsten habe ich sie bewusst außen vor gelassen.

Ich bin, wie Sie wahrscheinlich schon bemerkt haben, kein Freund davon, Farben rein physikalisch zu betrachten, denn für die Physik sind Farben lediglich subjektive Empfindungen. Lichtwellen sind farblos, bis sie auf unser Auge treffen und das Gehirn uns mitteilt: »Gelber Ball, rotes Kleid.« Im Grunde sind aber weder der Ball noch das Kleid farbig, und so gesehen gibt es Farben eigentlich gar nicht, sie sind Illusionen, die das Gehirn für uns produziert. Egal ob glitzerndes Poolblau oder das stumpfe Nikotingelb auf den Zähnen des Gegenübers – existiert beides gar nicht wirklich, nur in unserem Kopf.

Schreiben wir Farben Charaktereigenschaften zu, passiert das, der allgemeinen Lehrmeinung nach, auch nur aufgrund von Kopplungen zwischen den Farben und der Erfahrungswelt in unserem Kopf: Wir empfinden Rot als heiß, weil uns die Farbe an Feuer erinnert. Das ist die gängige, die nüchterne Beschreibung.

Farben sind aber nicht nüchtern. Im Gegenteil, Farben sind feurig, fahrig, frech, flatterhaft, fleißig, flexibel,

fragil, frivol, förderlich, fordernd, friedvoll ... und noch so viel mehr. Sie kitzeln unsere Lebensgeister wach und stimmen uns melancholisch. Retten Leben und machen Karriere in der Mode. Werden zu Legenden und zu Werbestars. Entspannen und regen auf. Sind herrisch und zurückhaltend. Nervtötend und extrem charmant. All diese wunderbaren Farbpersönlichkeiten nur als Rechenleistung unseres Gehirns zu sehen, hat sich noch nie richtig angefühlt für mich, ich betrachte Farben lieber als eigenständige Wesen mit einem eigenen und immer faszinierenden Charakter.

Ich habe mir daher die Freiheit genommen, auch diese Sicht in das Buch einfließen zu lassen, ein Kaleidoskop an Tipps, Tricks und Tidbits, das Ihr Einstieg in die Welt der Farben sein möchte und Ihnen hoffentlich genug Farbstoff bietet, um sich einen ersten Überblick zu verschaffen. Lernen Sie die einzelnen Farbcharaktere ganz zwanglos kennen ... damit Sie Ihnen im Alltag helfen und ihn bunter machen können.

Genau wie der Maler und Farbenfreund David Hockney »bevorzuge ich es, mein Leben in Farbe zu leben«, und wenn auch Ihnen die Idee gefällt, wünsche ich Ihnen jetzt rosige Zeiten und viel Spaß in der schönen bunten Welt der Farben!

Ihre Isabelle Wolf

PS: Noch ein Wort zum Gendern: Ich liebe nicht nur Farben, sondern auch Sprache – daher schaffe ich es einfach nicht, ein großes Binnen-I wie eine Trennmauer mitten ins Wort zu bauen, Wörtern durch Querstriche einen Fuß abzuschlagen oder ein Wort in zwei Teile zu reißen. Selbst dann nicht, wenn über der Kluft ein lustiges Gendersternchen funkelt.

Ich übertreibe, ich weiß, aber ich kann mich zu keiner dieser Schreibweisen durchringen. Nicht nur, weil sie die Wörter entstellen und einen Text unleserlich machen, sondern auch, weil ich nicht möchte, dass Sie sich erzogen fühlen. Ich will Ihnen etwas über Farben erzählen, Ihnen aber in keiner Zeile eine Sichtweise vorschreiben.

Daher wird in diesem Buch, mal ganz nüchtern ausgedrückt, aus Gründen der leichteren Lesbarkeit bei personenbezogenen Substantiven und Pronomen die grammatisch übliche Sprachform verwendet. Maskuline Formen schließen feminine und diverse in diesen Texten stets mit ein. Das impliziert keine Benachteiligung des weiblichen oder diversen Geschlechts, sondern ist genderneutral zu verstehen. Ich schreibe für jeden, den es interessiert, und freue mich, wenn Sie sich von den Texten angesprochen fühlen – auch ohne Binnen-I, Schrägstrich, Unterstrich, Paarform oder Gendersternchen.

Stark. Kraftvoll. Präsent. Materiell. Mutig. Direkt. Intensiv. Selbstbewusst. Viril. Wild. Mächtig. Heiß. Aggressiv. Dominant. Kompromisslos.

FARBPORTRÄT

ROT

NUMBER ONE

Rot ist der Chef im Farbreigen, die unbestrittene Nummer eins. Dass der Name des ersten Mannes, Adam, auch »der Rote« bedeutet, gefällt der Farbe natürlich sehr. Etwas anmaßend? Vielleicht. Aber sich bescheiden im Hintergrund halten? Das entspricht nicht ihrem Charakter. Rot steht im Mittelpunkt. Immer.

Es gibt die leisen Töne wie Ätherblau, kaum mehr als ein Hauch. Oder Wolkenweiß, ein echter Flüsterton. Und dann gibt es Rot: laut, aufdringlich, da. Rot summt nicht, es brummt nicht – Rot brüllt. Die Farbe ist geballte Kraft, die sich, wenn überhaupt, nur kurzfristig bändigen lässt. Denn Rot will in Aktion treten, träges Herumsitzen ist wirklich nicht sein Ding. Kann es gerade mal keine Bäume ausreißen, lauert Rot und scharrt mit den Hufen wie ein wilder Bulle, bei dem man jeden Moment damit rechnen muss, dass er die Stalltür eintritt. Dieser leicht animalische, rohe Charakter von Rot wird ihm öfter zum Verhängnis. Aggressiv sei es, cholerisch bisweilen und ungeschliffen im Umgang. Stimmt. Aber tangiert das die Farbe? Nicht wirklich. Rot steht nicht zur Diskussion. Rot ist.

Muskulöses Rot ist die Urkraft, die in allem lebt, nicht nur als Farbe des Blutes, sondern auch als extrem dynamische Energie des Anfangs – mit Rot bekommt jeder neue Beginn einen ordentlichen (Energie-)Stoß nach vorne. Rot ist motivierend und mitreißend, es brennt vor Leidenschaft und strotzt nur so vor Kraft – gern auch vor Durchsetzungskraft, damit ihm sein Lieblingsplatz sicher ist: der als Nummer eins.

WER HAT ANGST VOR ROT?

Wutrot macht seinem Namen alle Ehre und heizt manchem so richtig ein, es bringt das Blut in Wallung und den Puls ans Limit. In einem Fall hat es einen Mann derart aufgebracht, dass er rotsah und ein Bild des Farbfeldmalers Barnett Newman mit einem Messer aufschlitzte. Dazu muss man wissen:

Alarmrot. Altrosa. Antikrosa. Babyrosa.
Baccararot. Baker-Miller-Pink.
Barbierosa. Blutrot. Bonbonrosa.
Bordeaux. Braunrot. Briefkastenrot.
Burgunder. Camparirot.
Caput mortuum. Cerise. Chilirot.
Cremerosa. Echtrot. Englischrot.
Erdbeerrot. Erdrot. Ferrarirot. Feuerrot.
Flamingorosa. Fuchsia. Granatrot.
Grapefruitpink. Himbeerrot. Hochrot.
Hot Pink. Japanrosa. Jaspis. Karmin.
Kaugummirosa. Kirschblüte. Kitschrosa.
Knallrosa. Knospenrosa. Koschenillerot.
Krapplack. Lachsrosa. Lackrot. Laszivrot.
Lipstick Red. Louboutinrot. Mädchenrosa.
Magnolie. Millennial Pink. Mohnrot.
Ochsenblutrot. Palazzorot. Panther Pink.
Pastellrot. Pink. Plüschrot.
Pompadourrosa. Pompejanischrot.
Puderrosa. Rötel. Rokokorosa. Rosé.
Rosenquarz. Rubinrot. Rüschenrosa.
Scharlach. Schiaparellipink. Schwedenrot.
Schweinchenrosa. Sensationsrot.
Shocking Pink. Shocking Rose. Siena.
Signalrot. Sirenenrot.
Spanischrot. Stuart-Semple-Pink. Urrot.
Venezianischrot. Weinrot. Wutrot.
Ziegelrot. Zinnober. Zuckerwatterosa.

Das abstrakte Gemälde ist eine fast komplett blutrot eingefärbte Leinwand, nur an den Seiten sind zwei schmale Streifen in Gelb und Blau zu sehen. Und das Bild ist riesig mit etwa 2,20 x 5,40 Metern – also eine wirklich große rote Fläche, die in der Lage ist, selbst ausgeglichene Charaktere aus dem Tritt zu bringen.
Andere sagen: Weniger Wut, mehr Beklemmung habe eine Rolle gespielt. Der Mann hat wohl etwas zu lange vor dem Bild mit dem Titel »Who's Afraid of Red, Yellow and Blue III« gestanden, die Frage des Künstlers wörtlich genommen und es mit der Angst zu tun bekommen.
Genauso verstörend hat ein weiteres Bild aus der Serie, ebenfalls sehr rotlastig, auf einen Studenten gewirkt, der mehrfach auf das Gemälde einschlug. Mit einem Absperrrohr.

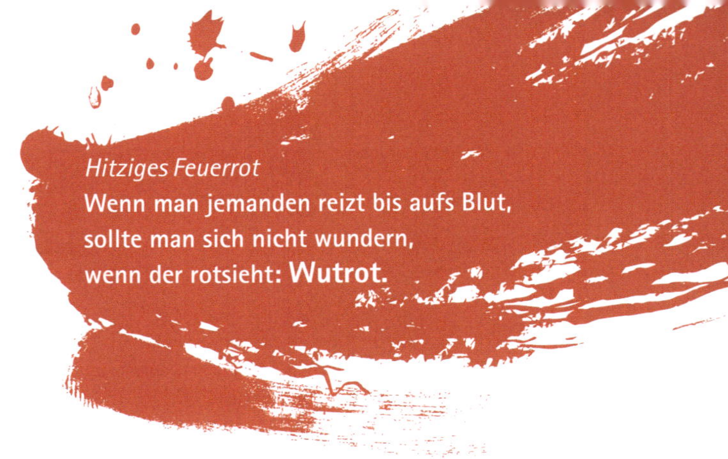
Hitziges Feuerrot
Wenn man jemanden reizt bis aufs Blut, sollte man sich nicht wundern, wenn der rotsieht: Wutrot.

ALARMSTUFE ROT

Aber warum haben wir eigentlich Angst vor Rot? Der Grund dafür liegt unter anderem in unseren Genen. Wenn unser Ururahn im Neandertal den Knöchelchenvorhang vor der Höhle zur Seite schob und sah, dass die Sonne glutrot unterging und die bedrohliche Nacht nahte, bedeutete das: Gefahr. Wenn das Blut rot aus einer Wunde quoll, bedeutete das: Gefahr. Und wenn vor der Höhle der Blitz einschlug, so dass die Flammen unkontrolliert loderten, bedeutete das: Gefahr. Alles verknüpft mit der Farbe Rot.

Die Gleichung Rot = Gefahr kann heute noch als steinzeitliche Spur in unseren Genen gefunden werden. Genauso wie der Höhlenmensch damals spüren wir die Warnung der Farbe Rot auf der körperlichen Ebene: Unser Puls wird schneller, genauso die Atmung, der Blutdruck erhöht sich, die Pupillen weiten sich – wir gehen in den Fluchtmodus über. Oder aber zum Angriff, und wenn die Feuersteins einen Büffel jagen wollten und schnell reagieren mussten, war es sehr hilfreich, wenn sich unter dem Einfluss von Rot die Blutgefäße weiteten und die Muskelkraft (immerhin um knapp 15 %) zunahm.

Heute jagen wir zwar meistens nur noch Schnäppchen, doch auch da sind wir gut konditioniert: Sehen wir ein

Warum sind englische Briefkästen rot?

Weil die Engländer sonst dagegenlaufen. Ursprünglich waren die Briefkästen auf der Insel grün gestrichen, damit sie das Gesamtbild auf der grünen Insel nicht zu sehr störten. Aber: Ständig lief oder fuhr jemand gegen einen der Postkästen, weswegen sich die Leute reihenweise bei der Royal Mail beschwerten über die runden, dezent grünen Säulen, die sich einfach zu gut in die Landschaft einfügten. Die Post wechselte daraufhin in den 1870er-Jahren von Grün auf die Warnfarbe Rot – und seitdem bleiben Briefkästen und Leute von Beulen verschont.
Das einzig Blöde: Die rote Farbe bleicht schnell aus, und wenn nicht ständig nachgestrichen wird, leuchten die Briefkästen nicht mehr Signalrot, sondern eher Plüschrosa. Daher gilt bei der englischen Post: Keep calm and paint on!

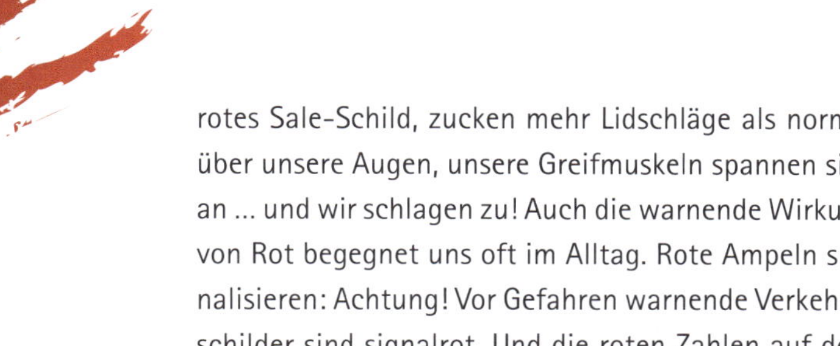

rotes Sale-Schild, zucken mehr Lidschläge als normal über unsere Augen, unsere Greifmuskeln spannen sich an … und wir schlagen zu! Auch die warnende Wirkung von Rot begegnet uns oft im Alltag. Rote Ampeln signalisieren: Achtung! Vor Gefahren warnende Verkehrsschilder sind signalrot. Und die roten Zahlen auf dem Bankauszug lassen unseren Puls ebenfalls nach oben schnellen.

MONSTER SIND ROT

Monster sind grün? Stimmt nicht. Wenn man Kinder fragt, sind sie grellrot. Die Farbe macht Babys nachweislich Angst, und auch ältere Kinder fühlen sich von roten Flächen oft bedroht und eingeschüchtert. Sie sind eine denkbar schlechte Wahl für Kinderzimmer – und trotzdem sieht man sie dort so häufig, aber auch in Kindergärten und Schulen. Dort stören rote Wände allerdings die Konzentration und sorgen dafür, dass sich mehr Fehler in die Arbeiten einschleichen – ganz einfach, weil sich die Kinder unter dem Einfluss von Rot gestresst und verunsichert fühlen. Dafür reicht es schon, den Blick nur ein paar Sekunden auf eine rote Fläche zu richten, schon steigt der Stresspegel, die Konzentration lässt nach und die Fehler häufen sich. So kommt am Ende der ebenfalls gefürchtete Rotstift zum Einsatz, der die Prägung noch verstärkt …

Also lieber kein Rot in Schulen? Das wäre sicherlich besser, zumal es viele lernfördernde Alternativen gibt wie die Kombination aus hellem Blau mit Gelb oder Orange für die Wände. Und warum nicht mal in Pink oder Orange korrigieren? Das wirkt weit weniger streng als Rot, fordert aber genauso viel Aufmerksamkeit ein. Oder wie wäre es mit sattem Türkis? Die Farbe beruhigt das Nervensystem, statt es aufzuregen wie Rot, und hilft dabei, einen kühlen Kopf zu bewahren, mit dem es leichtfällt, Fehler zu analysieren.

SENSATIONSROT

Grelles Rot Laut, plärrend, hat was von einem Marktschreier, dieses Sensationsrot, das sich unglaublich gern auf Werbeschildern breitmacht. Ob das, was da so angepriesen wird, auch wirklich eine Sensation ist … muss man erst noch sehen. Wenn endlich wieder Ruhe eingekehrt ist.

Rot ist das Chilipulver unter den Farben – sollte man besser sparsam dosieren. Dann peppt Rot langweilige Designs auf oder macht uns Dampf, und schauen wir nur kurz auf eine rote Fläche, können wir von der enormen Kraft der Farbe profitieren: Sie aktiviert, motiviert und schiebt uns mühelos über jeden Berg aus Müdigkeit und Lethargie.

ROTE KRAFT: DIE HEILWIRKUNG DER FARBE ROT

Rot ist bisher vielleicht ein bisschen schlecht weggekommen, dabei hat es auch seine guten Seiten: Die Farbe hat eine wunderbar wärmende, stimulierende und durchblutungsfördernde Kraft, die wir uns zunutze machen können. Passivität und Trägheit verscheucht Rot genauso schnell wie Frostbeulen: Rote Socken helfen bei kalten Füßen, und da allein der Gedanke an Rot die Körpertemperatur leicht ansteigen lässt, ist es ein wirksamer Helfer bei Erkältungen, bei denen man sich am besten in eine rote Decke wickelt. (Allerdings sollten Sie Rot nur bei Erkältungen anwenden, die nicht mit einer Entzündung einhergehen oder mit Fieber, da die Farbe beides verstärken oder zumindest ungünstig beeinflussen würde.) Sogar bei Anämie kann Rot helfen, denn die Farbe hat einen Einfluss auf unsere Blutzellen und wirkt insgesamt vorteilhaft auf die Zusammensetzung des Blutes.

Aber noch eine ganze Reihe anderer Beschwerdebilder profitieren von der Farbwirkung von Rot.

Körperliche Beschwerden, bei denen Rot angewendet werden kann:

- Müdigkeit, Antriebslosigkeit
- Schwächegefühl
- niedriger Blutdruck
- Durchblutungsstörungen
- Verdauungsstörungen
- langsame Wundheilung
- Erkältung
- Anämie
- schwache Libido

Körperliche Beschwerden, bei denen kein Rot angewendet werden sollte:

- Fieber
- Eiterungen
- Entzündungen
- Hyperaktivität
- Reizbarkeit, Nervosität
- Schilddrüsenüberfunktion
- Herzbeschwerden
- Epilepsie

Wie Sie die rote Kraft konkret für sich nutzen können? Am einfachsten ist es, sich die Farbe vorzustellen oder sie sich bewusst anzusehen, Rot auf sich wirken zu lassen als Farbfläche. Sie können aber auch eine rote Farbkarte unter ein Glas Wasser legen oder das Wasser direkt in ein rotes Glas füllen, das Sie eine Weile in die Sonne stellen. Eine weitere einfache Möglichkeit, dem Körper mehr Rot zuzuführen, ist das Essen von roten Nahrungsmitteln, wie rotes Gemüse (Paprika, Rote Bete, Tomaten, rote Zwiebeln, Radieschen, Chili ...), rotes Obst (rote Beeren, Kirschen, Hagebutten, Granatapfel ...) oder rotes Fleisch, wenn Sie welches essen. Auch eine schöne Darreichungsform von roter Energie, die die Lebensgeister weckt: ein Glas Rotwein.

SCHÖN UND GUT: DIE HEILWIRKUNG ROTER EDELSTEINE

Für die Handtasche gibt es die komprimierte Kraft von Rot in Form von Handschmeichlern, funkelnd geschliffene Exemplare machen sich gut an Ohr, Hals oder Fingern. Edelsteine, besser: Heilsteine, sind ein schöner Weg, rote Energie in sein Leben zu bringen. Eine starke rote Kraft haben zum Beispiel Granat, Rubin oder Jaspis – hier die harten Fakten der Steine:

Als tatsächlich steinalter Heilstein beherrscht der Jaspis sein Metier: Er hilft zuverlässig bei Apathie, auch indem er den Kreislauf auf Trab bringt. Er schenkt einen starken, typisch roten Willen, stärkt Vitalität sowie Ausdauer und sorgt für eine stabile Basis – der Jaspis ist nicht umsonst der Grundstein von Stadtmauer und Tempel in Jerusalem.

Der Granat bündelt die Kraft von Rot in sich und gilt als Krisenstein, der nicht ohne Grund nach den Kriegsjahren oft in Mode kam. En Granat hilft, neu anzufangen und überhaupt den Mut dafür zu finden. Auf der körperlichen Ebene wirkt sich der Stein günstig auf den Blutkreislauf aus und hilft nicht nur bei Erschöpfung, sondern soll sogar die Kraft haben, jemanden aus dem Sumpf einer Depression zu ziehen.

Ein Rubin ist zwar etwas kostspieliger als die beiden anderen Steine, hat dafür aber auch die Luxusvariante an roten Leistungen zu bieten: Der Rubin verleiht Macht und Anerkennung, hält Dämonen in Schach und das Sexualleben aktiv. Im normalen Alltag stärkt er Körper und Geist, wischt negative Gedanken beiseite und lässt das Leben (rosa-)rot erscheinen.

Eine Farbe mit vielen Talenten: **Rot als Wohnfarbe**

Die Auswahl der richtigen Wohnfarben kann man mit der Planung einer Familienfeier vergleichen – und mit der Kardinalfrage: Wen setze ich neben wen, damit das Ganze einigermaßen harmonisch abläuft? Schwierig wird die Platzsuche bei den wenig umgänglichen und etwas polternden Kandidaten, die jedes Gespräch an sich reißen und sich schnell mal mit roten Backen über dieses und jenes ereifern. Bei uns ist das Opa Werner, in der Farbfamilie Rot sind das die lauten, hitzigen Rottöne von Glut- bis Blutrot. Was hilft da? Bei der Feier setzen wir die ausgeglichene Tante Elisabeth neben den Opa, im Wohnzimmer dämpfen zurückhaltende Farben allzu feurige Rottöne. Wie ein Eimer Wasser auf das rote Feuer wirken zum Beispiel Blau- oder Grüntöne, aber auch die klassischen Neutralen wie Grau, Beige oder Naturhölzer dämpfen Rot und legen es an die Leine.

Wenn Sie Rot als Akzentfarbe gewählt haben, achten Sie darauf, dass die Farbe nur eine zusätzliche Dimension ins Spiel bringt, aber nicht den Raum dominiert. Als goldene Regel gilt: Eine Farbe sollte dreimal im Zimmer auftauchen, z. B. als Sessel, in einem Bild und als Vase.

Rot hat aber natürlich auch seine Vorzüge. Ein großes Talent von ihm: Es kann ganz laut »Hier!« rufen, was es zur perfekten Akzentfarbe macht, die Räume lebendig und energiegeladen wirken lässt. Wie wär's also mal mit einem Statementsessel in Knallrot oder einem anderen auffälligen Einzelstück in der Farbe? Denn Rot will auffallen, zu Rot passt kein dezentes Sträußchen und kein kleiner Klappstuhl, sondern der wuchtige Büffelledersessel. Rot ist kein Nippes, sondern die überdimensionierte Ethnovase. Rot ist die große Geste, tonangebend, nicht zu übersehen.

Weil Rot andere Farben einfach wegboxt und die Aufmerksamkeit auf sich allein zieht, hat es noch ein anderes nützliches Talent: Es kann den Blick im Raum sehr gut lenken, da er von roten Details magisch angezogen wird. Eine Einrichtung wirkt daneben schön stimmig, wenn Sie ein paar rote Farbtupfer setzen, die Farbe also in Details wie Kissen oder Vasen immer mal wieder aufgreifen als roten Faden, der sich durch das Zimmer zieht. Und: Mit einem roten Spotlight an der richtigen Stelle lässt sich der Blick ganz einfach auf die Schokoladenseiten eines Raumes lenken (während die Schwachstellen eher unbeachtet bleiben).

• • • ROTE KARTE • • •

… für Rot im Schlafzimmer. »Aber gerade dort ist sinnliches Rot doch eigentlich die perfekte Farbe, oder?« Ich weiß nicht, wie oft ich die Frage schon gehört habe. Die Antwort: Kommt ganz drauf an. Wenn Sie Ihr Liebesleben aufmöbeln wollen, spricht nichts gegen Rot. Aber dann legen Sie in der Regel keinen Wert auf besonders viel Schlaf. Für alle, die im Schlafzimmer tatsächlich schlafen wollen, ist es eine denkbar schlechte Farbwahl, da Rot nun mal anregend bis aufregend wirkt. Man weiß zudem, dass Menschen Farben auch über die Haut und mit geschlossenen Augen wahrnehmen können, was das Argument entkräftet: »Macht doch nix, im Schlafzimmer hab ich die Augen doch sowieso zu, da seh' ich die rote Wand ja nicht.«

Also müssen Sie zugunsten eines erholsamen Schlafes auf erotische Stunden im Schlafzimmer verzichten? Nein, denn blasses Lila hat eine ähnliche Wirkung auf die Libido wie Rot, stört Sie aber nicht beim Schlafen. Und falls Ihnen das nicht gefällt, streichen Sie nicht gleich die Wände rot, sondern kaufen Sie sich einfach rote Bettwäsche für die Stunden, in denen Ihnen ein erholsamer Schlaf komplett egal ist.

Rot ist der Feind des Schlafes – sogar Schlaftabletten in Rot werden als wenig wirksam eingestuft. Dafür sind Schmerzmittel in der Farbe ein Renner, weil wir der potenten Kraft von Rot eher zutrauen, uns von Schmerzen zu befreien, als einem friedlichen Blau.

DENN SIE WISSEN, WAS SIE TUN

Rot macht aber nicht nur Lust auf Sex, sondern stimuliert auch die Geschmacksnerven. Das Logo einer bekannten Fast-Food-Kette war daher nicht umsonst lange leuchtend rot-gelb[1], denn Rot regt den Appetit an, während Gelb schön freundlich und einladend wirkt. Sahen Autofahrer also das rot-gelbe Logo am Straßenrand, ließ sie das oft wie von selbst den Blinker setzen.

Standen sie dann im Restaurant, war es nicht vorbei mit der Fremdsteuerung über Farben, denn jetzt machten ihnen Rot und Gelb so richtig Dampf: »Schnell, schnell!«, lautete das Motto. Will sagen: Nicht lange hinsetzen, sondern zackig den Burger runterwürgen und den Platz räumen für den nächsten Ahnungslosen – frei nach dem zweiten Motto aller Diner und Fast-Food-Ketten: »Iss schnell und geh noch schneller!« Noch besser war es natürlich, wenn die Leute ihre Fritten gleich mitgenommen haben, ohne überhaupt lästig zu werden und sich hinzusetzen. Funktionierte meistens auch perfekt – vor allem dank der antreibenden Kraft der Farbe Rot.

Der praktische Nutzen für Sie im Alltag? Wenn Sie das nächste Mal unliebsame Gäste zum Essen im Haus haben: Decken Sie in Rot und freuen Sie sich über einen zeitigen Aufbruch.

Apropos Aktivierung der Geschmacksnerven durch Rot: Äpfel werden gern rot angemalt, weil sich rote Äpfel besser verkaufen als gelbe oder grüne. Den Grund dafür kennen Sie jetzt – und können eine bewusste Kaufentscheidung treffen.

[1] Das rote Logo ist Geschichte, heute flaggt der Fast-Food-Riese in Bio-Grün. Er hat eine 180-Grad-Drehung hingelegt von aggressiv zu: »Wir sind die Guten, wir achten auf die Umwelt. Und was wir verkaufen, ist auch gesund und gut für dich.« Sagen sie.

LAUSIGE ZEITEN

Die Farbinstanz Pantone kürt jedes Jahr eine Trendfarbe, die uns dann von Zeitschriftencovern oder aus Schaufenstern entgegenleuchtet und eine sorgfältig ausgewählte Botschaft für uns hat, zum Beispiel das elektrisierende »Viva Magenta« von 2023, das uns sagen sollte: »Sei mutig und furchtlos, auch wenn die Welt um dich herum in Trümmern liegt.« Das Ganze wurde lange durch Trendscouts ausgetestet, von Farbexperten durchgespielt und von Psychologen abgesegnet.

Früher war das alles ein bisschen einfacher, da konnten auch farbpsychologisch völlig ungeschulte Haudegen einfach so neue Farbstars entdecken. Im 16. Jahrhundert waren das die Seeleute der Armada bei ihrer Eroberung von Mexiko. Die landhungrigen und blutdurstigen Spanier waren gerade dabei, den Boden des Aztekenreiches rot zu färben, als sie über einen interessanten anderen roten Farbstoff stolperten, der zu einem ihrer besten Exportgüter werden sollte.

Bald schon avancierte das brillante Rot, das Cochenille genannt wurde, zum letzten Schrei – aber wer etwas davon haben wollte, kam an der spanischen Kasse nicht vorbei; die Spanier hüteten die Cochinelleplantagen in Mexiko wie ihren Augapfel, hielten die Exklusivrechte an dem Farbstoff und bestimmten den Preis. Trotzdem wurden allein in Venedig wahre Massen des Farbstoffs umgeschlagen, wobei ein nicht unerheblicher

Teil in der Stadt blieb. Der Grund: Die Nachfrage nach rotem Tuch und Rouge soll allein bei den rund 12.000 Prostituierten (die auf 300.000 Einwohner kamen) beträchtlich gewesen sein.

Warum auch die jungfräuliche Königin von England, Elizabeth I., mit der roten Mode gehen wollte, weiß man nicht. Aber man weiß, dass sie ihren Favoriten, den schneidigen, nur nautisch leider wenig erfahrenen Earl of Essex, mit einem Schiff gen Westen scheuchte, um den Spaniern möglichst viel Cochenille abzujagen. Dummerweise lagen die Talente des Earls mehr im Schlafzimmer und weniger auf See oder in nautischen Berechnungen. Daher lauerte der Hobbypirat wohl an der falschen Stelle und hat so die spanische Flotte, die er eigentlich stellen und ausrauben wollte, in einigen Seemeilen Entfernung an sich vorbeiziehen sehen. Nur weil er sich später wahrscheinlich noch mal verrechnet hat (und einige Kapitäne der spanischen Flotte, die gerade mit einer Ladung Farbstoff aus Havana kamen, etwas spät dran waren), konnte er noch einige Tonnen Cochenille erbeuten und dem Zorn Elizabeths entgehen.

Der Handel mit dem Karminrot, wie Cochenille auch hieß, boomte, obwohl lange niemand wusste, was denn da überhaupt so schön leuchtend rot färbte; die kleinen Kügelchen, aus denen die Farbe gewonnen wurde, hätten alles Mögliche sein können.
Wäre damals schon bekannt gewesen, um was es sich bei Cochenille handelte, hätten einige vielleicht angeekelt davon abgelassen, Trendfarbe hin oder her. Denn ... das Spanischrot wurde aus Läusen gewonnen. Genauer: Aus schimmelig grauen Schildläusen, die als Parasiten auf Kakteen lebten. Die armen Tierchen wurden abgesammelt, getrocknet, gekocht, wieder getrocknet und zu einem Pigment vermahlen; rund 70.000 Läuse brauchte man für ein Pfund Farbstoff.

Wer jetzt allerdings glaubt, dass die Zeiten von Läusen im Rouge vorbei sind, täuscht sich gewaltig. Auch heute noch nutzen wir das Läuseblut, um Lippenstifte, Lidschatten, Frappuccino, Salami, Marmelade, Gummibärchen oder Campari leuchtend rot zu färben. Damit es uns besser schmeckt, wuseln die Läuse versteckt hinter ihrem Zweitnamen herum: E120.

GUT BETUCHT

Im Mittelalter gab es noch keine *Gala* oder ein anderes Promiblättchen, in dem die Untertanen hätten sehen können, wie ihr König mit einer Hofdame im Burggraben planscht. Die meisten hatten ihren König überhaupt noch nie zu Gesicht bekommen – hätten ihn auf der Durchreise aber trotzdem sofort erkannt, weil ... er einen roten Mantel trug. Er allein. Die mittelalterliche Kleiderordnung verbot nämlich jedem, der nicht dem Adel angehörte, das Tragen von Rot. Nicht dass sich ein einfacher Handwerker rot gefärbte Wolle überhaupt hätte leisten können, man musste schon im wahrsten Sinn des Wortes gut betucht sein, um sich in roten Stoff hüllen zu können – weswegen die Farbe ein Privileg des Adels war, den so jeder direkt erkannte.

Lackrot

Glänzendes Blutrot

Es glänzt wie gelackt – und das ist es auch. Mehr als zwanzig Lackschichten müssen von einem Urushi-Meister, einem Experten in der Lackkunst, aufgetragen werden, bis sich das typische japanische Lackrot sehen lassen kann: glänzend, mit Tiefe, zinnoberrot.

Wenig Trinkgeld, keine Komplimente oder niedriger Blutdruck? Tragen Sie Rot!

ROTE EIGENWERBUNG

Ein rotes Sirenenkleid im Jessica-Rabbit-Stil ist für viele gleichbedeutend mit einer aufregenden, sexy Frau, der von Männern gerne der rote Teppich ausgerollt wird. Egal ob Blutrot, Rubin oder Scharlach, all diese Farbtöne sind ein Synonym für: Leidenschaft. Brillantes Rot ist der Inbegriff von Erotik, Impulsivität und (wenig subtiler) Verführung.

Wer Rot trägt, gibt ein Statement ab: Hier bin ich! Winken und Rufen ist gar nicht nötig, denn die Farbe ist kaum zu übersehen. Rot zieht alle Blicke auf sich wie ein Magnet.

Ein schöner Nebeneffekt: In Rot fühlt man sich direkt energiegeladener, entschlossener und präsenter. Aber auch das Gegenüber nimmt einen positiv wahr, genauer: als attraktiv. Das soll ein Grund sein, warum Kellnerinnen in roter Kleidung oder mit rotem Lippenstift mehr Trinkgeld bekommen und Frauen auf Datingportalen, die vor einem roten Hintergrund posieren, mehr Zuschriften. (Im umgekehrten Fall funktioniert die Magie von Rot allerdings nicht, und Männer in Rot werden von Frauen nicht als besonders fesch, sondern als dominant bis aggressiv eingestuft. Und nicht angeschrieben.)

EINE HEISSE SOHLE …

… legt man mit einem Paar Louboutin-Pumps aufs Parkett, allein schon deshalb, weil die Schuhe eine knallrote Sohle haben, ihr Erkennungsmerkmal. Das hat sich allerdings kein cleverer Werber ausgedacht, sondern es war purer Zufall, der zu Louboutins Markenzeichen führte.

Eines Tages drehte der Designer eher lustlos einen ziemlich langweiligen Schuh in seinen Händen hin und her, während er fieberhaft überlegte, wie er daraus etwas Hinreißendes zaubern könnte. In dem Moment fiel sein Blick auf die rot lackierten Fingernägel einer Assistentin. Die musste prompt ihr Nagellackfläschchen opfern, und dann ging alles sehr schnell: Louboutin pinselte die Sohlen rot an, die High Heels waren ein Hit und es gibt heute keinen einzigen Schuh mehr von ihm, der keine rote Sohle hat – in einem ganz speziellen Rot, das sich Louboutin sogar schützen ließ: Pantone 18-1663TP.

Was aber wäre gewesen, wenn die Assistentin sich an dem Tag für blauen Nagellack entschieden hätte? Wahrscheinlich nichts. Denn der Trick mit der Sohle funktioniert nur in feurigem, etwas laszivem Rot so gut, weil diese Farbe ein Synonym für Leidenschaft ist – die sich auf die Frau mit der roten Sohle überträgt und gleichzeitig ihr Selbstbewusstsein stärkt. Nicht etwa weil die Schuhe so kostspielig sind, sondern weil die Frau mit dem »verruchten Schuh« lächerliche Konventionen einfach mit Füßen tritt.

SIDEFACT: Die Geschichte begann mit einem roten Nagellack ... und setzt sich damit fort, denn seit einiger Zeit gibt es von Louboutin den Lack zum Schuh, nennt sich »Rouge Louboutin« und hat natürlich exakt denselben Ton wie die berühmten Schuhsohlen. Damit können Sie Ihre Nägel bepinseln oder aber die Sohlen Ihrer Schuhe.[2]

[2] Allerdings ist Vorsicht geboten, Louboutin verklagte schon mehrere Anbieter und Designerkollegen, die ebenfalls Schuhe mit roten Sohlen auf den Markt brachten, wegen Markenverletzung. Nach einigem Hin und Her hat Louboutin schließlich gewonnen, er hält jetzt das Exklusivrecht auf rote Sohlen – obwohl die Idee eigentlich nicht wirklich von ihm stammt, schließlich posierte schon Louis XIV. mit roten Sohlen ...

WENN SENIOREN ROT SEHEN ...

... hilft das enorm, die Sehkraft zu stärken! Laut einer Studie des University College London müssen Sie nur wenige Minuten pro Tag investieren, um Ihre nachlassende Sehkraft wieder zu verbessern – indem Sie morgens einfach drei Minuten lang in tiefrote LEDs[3] schauen. Machen Sie das zwei Wochen lang jeden Morgen, verbessert sich die allgemeine Sehfähigkeit und die Wahrnehmung von schwachen Farbkontrasten deutlich.

Warum morgens? Weil die Mitochondrien aufgrund ihrer wechselnden Arbeitsmuster nachmittags anders auf Licht reagieren als am Morgen, an dem die Methode aber wunderbar funktioniert.

Warum das Ganze überhaupt funktioniert? Weil Rot auf alles eine aktivierende Wirkung hat, so auch auf die ermüdeten Mitochondrien (die Energielieferanten) der Retinazellen, die von Rot aus ihrem Dämmerzustand gerissen und dazu angeregt werden, wieder mehr Energie zu liefern. Rotes Licht »lädt das Energiesystem in den Retinazellen wieder auf – fast wie das Laden einer Batterie», so die Forscher.

[3] Der Effekt stellt sich nur bei einer bestimmten Wellenlänge ein, die Forscher verwendeten langwelliges Licht mit 670 Nanometern.

Kleiner (Farb-)Test

Werden Sie schnell rot? Oder sind Sie eher der Typ, der direkt rotsieht? Testen Sie hier, ob Sie zu den echten Roten gehören bzw. ob Sie den roten Typ in den Antworten erkennen:

1. Eine Party, viele Leute. Die sich alle um einen Typen scharen. Was denken Sie sich?

a) Verständlich, der ist echt witzig!
b) Ist mir auch lieber so, ich bleibe gern im Hintergrund und schaue nur zu.
c) Das ist meine Bühne hier, schleich' dich!
d) Ich bin müde und will einfach nur nach Hause.

2. Jemand tritt Ihnen unangenehm auf die Füße. Was tun Sie?

a) Ich vergesse das einfach wieder, so etwas passiert einem doch jeden Tag.
b) Ich frage höflich nach, wie das gemeint war.
c) Ich sage gar nichts, direkte Konfrontationen gehen doch nie gut aus.
d) Ich sage dem Idioten klipp und klar, was ich von ihm halte.

3. Ihr Job steht auf der Kippe, was tun Sie?

a) Direkt gehen und mich nach etwas anderem umsehen, ich will keine Zeit verlieren.
b) Kämpfen, was denn sonst?!
c) Ich suche das Gespräch mit meinem Vorgesetzten.
d) Ich lasse mich krankschreiben, meine Nerven machen das einfach nicht mit.

4. Der nächste Urlaub steht an, wohin soll es gehen?

a) Fitnessurlaub! Eine Alpenüberquerung zu Fuß, dazu Klettern in den Schluchten Viamala und Roffla
b) Entspannender Spaaufenthalt im Wellnesshotel
c) Bildungskreuzfahrt durchs östliche Mittelmeer
d) Familienurlaub auf einer Finca in Mallorcas Hinterland

5. Ein erfüllter Tag sieht für mich so aus:

a) Wenn ich meine Freiheit genießen konnte und mich keine Sorgen geplagt haben.
b) Wenn ich etwas geleistet habe, das mich stolz macht.
c) Ich brauche meine Freunde um mich herum, alles andere ist nebensächlich.
d) Wenn ich weder unter Stress noch unter Druck leide, man mich einfach in Ruhe lässt.

Antworten roter Typ: 1c, 2d, 3b, 4a, 5b

Als »Roter« sind Sie eine selbstbewusste, vitale Persönlichkeit, die gern im Mittelpunkt steht und außerdem mit beiden Beinen fest im Leben. Sie strahlen eine unantastbare Selbstsicherheit aus, die sich nicht zuletzt aus Ihrem ausgeprägten Körperbewusstsein herleitet. Rotbetonte Menschen sind sinnlich und sich ihres Körpers bewusst, sie fühlen sich darin absolut zu Hause. Rote sind starke, extrovertierte Persönlichkeiten, die nur so strotzen vor Lebenskraft und Tatendrang, es sind die Macher, die nur dann wirklich zufrieden sind, wenn sie produktiv sein können. Teilweise vertreten sie jedoch einen allzu kompromisslosen Standpunkt und neigen auch zu Wut, Aggressivität und übereiltem Handeln, da die ursprüngliche Kraft von Rot eine ungezügelte Dynamik entwickeln kann, die jede rationale Analyse einer Situation vereitelt. Zum Problem werden kann das auch in Beziehungen, zumal Rote dazu neigen, sehr besitzergreifend zu sein. Ausgleichendes Grün oder friedvolles Blau können dem roten Hitzkopf helfen, ausgeglichener zu werden, sich abzukühlen und wortwörtlich einen kühlen Kopf zu bewahren. Genauso hilfreich ist es für rot betonte Menschen, ihre Energie sinnvoll einzusetzen, sei es, dass sie sie in den Dienst einer guten Sache stellen, oder indem sie andere unterstützen, die nicht so viele Kraftreserven haben wie sie selbst.

Motivationssatz:

**Ich bin stark und voller Energie.
Ich kann alles erreichen, wenn ich will.**

Rosa

Rosa, das ewige Mädchen? Von zartem Puderrosé bis zu weichem Cremerosa hat die Farbe ein anmutiges, graziles Wesen mit einem romantischen Kern. Rosa streichelt die Seele und ist ein extrem freundlicher Farbcharakter, zugänglich, überhaupt nicht schwierig. Eine leise, zärtliche Farbe, die ihre verträumte Magie sanft spinnt – Rosa ist der Hauch von Märchen im Leben. Der Glitter auf dem Boden der Tatsachen.

Doch so mädchenhaft die Farbe auf den ersten Blick auch wirkt, es ist und bleibt die aufgehellte Version von Rot. Deshalb sollte man bei aller Fragilität von Rosa im Hinterkopf behalten, dass selbst knospenzartes Rosé im Grunde ein maskuliner Farbton ist. Bis ins 19. Jahrhundert hinein war Rosa folgerichtig die typische Farbe für männliche Babys und kleine Jungs, Hellblau und Blau war als Farbe Marias den Mädchen vorbehalten.

Rosa ist trotzdem kein infantiler Farbton, denn es hat einen starken roten Kern – der nur charmant ummantelt ist. Die dominante Präsenz von Rot hat sich in Rosa zu einer deutlich sanfteren Einflussnahme gewandelt. Nicht mehr durch lautes Gebrüll werden die Ziele erreicht, sondern durch einfühlsame Überredung. Die vergleichsweise raue Präsenz von Rot hat sich in Rosa zu lieblicher Anmut gewandelt, und die Farbexpertin Leatrice Eiseman hat kräftiges Rot und zartes Rosa einmal in einem treffenden Wortspiel verglichen: Rot ist für sie *a flush*, der leidenschaftliche Rausch oder auch ein Wutausbruch, *a flush of anger*. Rosa dagegen ist *a blush*, ein dezentes Erröten.
Jede Frau weiß, dass sie mit Erröten und Lächeln in der Regel viel mehr erreichen kann als mit einem Tobsuchtsanfall. Und Rosa, das alte Mädchen, weiß das auch …

Killing them softly

Stellen Sie sich vor, Sie arbeiten als Psychologe in einem Gefängnis. Aber Ihre Patienten leiden nicht unter Höhenangst, haben keine Spinnenphobie und zeigen auch sonst keine Angst vor irgendetwas. Es ist umgekehrt: Die anderen fürchten sich vor Ihren Patienten. Weil das die Kandidaten sind, die nicht lange diskutieren, sondern dem Gegenüber gleich das Messer in die Rippen rammen. Es sind die Typen, die mit der geladenen Schrotflinte an die Tanke fahren. Die, die garantiert nicht ruhig auf einer Couch liegen und Ihnen von ihrer schlimmen Kindheit erzählen. Dafür randalieren sie, was das Zeug hält, und prügeln sich gegenseitig halb tot.

Was tun?

An eine etwas unkonventionelle Lösung dachte der Psychologe Alexander G. Schauss 1979, als er sein Experiment in einem Gefängnis startete. Ein Experiment zur Wirkung der Farbe Rosa ... die die meisten Insassen wohl nicht als ihre Lieblingsfarbe angegeben hätten. Und es war ein wirklich ekelhaftes Rosa! Die Farbe von klebrigem Zuckerguss, so unerträglich süßlich, dass einem übel wurde. Das Rosa von Barbies Kutsche. Die ultimative Farbe von Kitsch.

Und was tat Schauss mit diesem Rosa? Er ließ eine Zelle von oben bis unten, von links bis rechts, inklusive Decke, Boden und Eisenstäben in seinem Rosaton streichen, bevor er die besonders harten Jungs nacheinander in den Raum sperrte. Und dann geschah das Wunder: Die Männer saßen nach nur 15 Minuten in dem rosa Raum ausnahmslos lammfromm auf ihrer Pritsche. Lammfromm und extrem schwach.

Was war passiert? Nun ja, Rosa hatte gewirkt. Die zuckersüße Sanftmut des Rosatons ist seine stärkste Waffe: Er wirkt so besänftigend, dass er Aggressionen bereits innerhalb kurzer Zeit dämpft. Wenn man länger auf die Farbe schaut, fällt der Blutdruck und sogar die Muskelspannung lässt signifikant nach. Das bedeutet: Die Farbe zwingt jeden noch so starken Mann in die Knie, sie entzieht ihm einfach seine Kraft. Weiches Rosa besiegte die harten Jungs.

Schauss taufte sein Rosa auf den Namen Baker-Miller-Pink, das nach seinem furiosen Erfolg im Gefängnis ab sofort *die* Farbe war für kritische Wohngegenden, für Ausnüchterungszellen – oder auch für die Kabinen der gegnerischen Mannschaften beim Football. Ein findiger Trainer der University of Hawaii hatte das Experiment gewagt, die Umkleide für die Gastmannschaften in Baker-Miller-Rosa zu streichen – und fortan hatte seine Mannschaft (die sich selbstverständlich nicht in Rosa umzog!) leichtes Spiel mit den Gegnern. Denn die gaben auf dem Platz ein ziemlich schlappes Bild ab.

Fun Fact

Baker-Miller-Pink kann nicht nur wilde Jungs zähmen, sondern auch den Appetit zügeln. Böse Zungen behaupten, das liege daran, dass man schon einen Zuckerschock hat, wenn man die Farbe nur lange genug betrachtet. Aber es gibt tatsächlich einige, darunter Kendall Jenner, die hartnäckig behaupten, der Rosaton dämpfe den Hunger genauso effektiv wie er jede andere Energie unterdrückt. Also warum nicht einfach mal ein Poster in der Farbe am Essplatz aufhängen und auf einfache Art ein paar Pfund verlieren?

Die Sache hat allerdings einen Wermutstropfen: Baker-Miller-Pink wirkt nur so lange appetitzügelnd, bis man sich an den Farbton gewöhnt hat, dann lässt die psychologische Wirkung leider nach. Also statt gleich die ganze Wand im Esszimmer zu streichen, besser nur in ein Bild oder eine Tischdecke in der Farbe investieren.

Racing Rosa

Rosas toughe Seite hat keine besser hervorgekehrt als Donna Mae Mims, eine amerikanische Rennfahrerin, die als »Pink Lady« bekannt war, weil sie immer in einem rosa Overall, rosa Helm und oft in einem rosa lackierten Rennwagen fuhr – und gewann. Zum Beispiel die nationalen Meisterschaften des Sports Car Club of America.

Wer Rosa liebt …

… hat ein sanftes Wesen. Anders als bei Rot, bei dem oft das Ego im Mittelpunkt steht, hat Rosa die Liebe zu sich selbst erlebt, was es ihm leicht macht, sich fürsorglich um andere zu kümmern. Bei rosabetonten Menschen darf man auf empfindsames Verständnis und Mitgefühl hoffen.

Rosa ist ein ausgeblichenes Rot, in dem die potente Urkraft nur noch leise nachhallt. Bei Menschen, die Rosa lieben, scheint es daher häufig so, als seien sie unfähig, auf ihre innere Stärke zuzugreifen. Doch das stimmt nicht, es ist nur eine von allen Leidenschaften befreite Kraft, die fähig macht, wirklich bedingungslos zu lieben. Und genau das wünschen sich Rosaliebhaber auch für sich selbst, sie haben ein tiefes Bedürfnis nach liebevollen Beziehungen, in denen sie um ihrer selbst willen geliebt werden.

Rosige Zeiten:

Paartherapie in Farbe

Apropos bedingungslose Liebe … wenn die sich mal nicht einstellen möchte und Sie Probleme mit dem Partner haben, versuchen Sie es mal mit Rosa. Die Farbe ist der ideale Paartherapeut, der erst einmal die Aggressionen aus dem Spiel nimmt und zu viel Ego. Dann stimmt Rosa versöhnlich, flüstert besänftigend auf beide Partner ein und wirkt vor allem eines: einend. Unter dem Einfluss von Rosa verbinden wir uns automatisch mehr mit unserem Herzen – mit dem man bekanntlich gut sieht. Den Kern des Problems. Die Lösung dafür. Und vielleicht ja auch wieder die guten Seiten am anderen.

Hyggelig. Hyggeliger. Rosa.

Rosa wird gerne verniedlicht und als kitschige Mädchenfarbe abgestempelt, dabei gibt es keine andere Farbe, die so persönliche Wohlfühlräume schafft, die so hyggelig ist – für das dänische Lebensgefühl von einem wohligen, kuscheligen Leben sind sanfte Rosatöne wie geschaffen. Wenn sie auf den Raum abfärben, erleben Sie Entspannung. Sie beruhigen sich. Ihr Stresspegel sinkt, und Sie haben ein Gefühl von Sicherheit, von heiler Welt. Rosa ist eine echte Wellnessfarbe, mit der der Stress des Alltags von Ihnen abfällt. Rosétöne wärmen den Raum sogar scheinbar sanft an, was die Entspannung zusätzlich fördert.

Räume in Rosa sind daher der perfekte Rückzugsort und wirken wie eine schützende Umarmung. Man

hat in rosa Zimmern das Gefühl, die Welt draußen lassen zu können, um für eine Weile in dieser watteweichen Märchenwelt zu leben.

Selbst hyperaktive Menschen entspannen sich in einer rosafarbenen Umgebung und fühlen sich ausgeglichener.

Für alle, die sich Puderrosa und Co. nicht an ihrer Wand vorstellen können: Dem Zeitgeschmack entsprechend gibt es viele rosa Wandfarben mit stark reduziertem Zuckeranteil. Anstelle der Süße wird gern ein bisschen graue Sachlichkeit untergemischt, die Farbtönen und Wänden einen erwachsenen Anstrich gibt. Kombiniert mit einem betont urbanen, geradlinigen Stil und noch mehr kühlem, kantigem Grau nimmt man dem Rosa so die Rüschen und Schnörkel und lässt es moderner, erwachsen wirken.

Antikrosa | Graurosa

Ein Rosa, das in den letzten Jahren häufiger zu sehen war, obwohl es mit seinen grauen Strähnen schon ein bisschen in die Jahre gekommen wirkt. Antikrosa ist übrigens der moderne Künstlername. Bürgerlicher Name: Altrosa.

Petits Fours und Balladen

Kann man Rosa riechen, schmecken oder hören? Absolut. Typisch rosa riechen blumige Bouquets von Rosen, Kirschblüten oder Pfingstrosen. Rosa sind süßliche, leichte und liebliche Noten von kandierten Früchten und weicher Vanille, die umschmeicheln, dabei aber immer verspielt wirken. Düfte, die zum Träumen einladen, Schmetterlinge im Bauch und ein unbeschwertes Lebensgefühl wecken.

Damals beim Klavierunterricht war ich noch zu jung, ich hatte ihn einfach noch nicht verstanden, den verträumten, romantischen Geist. Entsprechend zackig war ich bei Schumanns »Träumerei« unterwegs, die ein bisschen sehr robust ausfiel statt leise, leichtfüßig und lieblich. Wenn typisch rosa Musik aber richtig gespielt wird, lebt jede Romantikerin auf – bei bezaubernden, federleichten bis zuckersüßen Popsongs, die mit sanfter, mädchenhafter Stimme von modernen Märchen oder altmodischer Realität erzählen. Selbst Liebeskummer in Rosa klingt zuckersüß …

Coeur de Pirate: »Cap Diamant«

Marit Larsen: »If a Song Could Get Me You«

Süßes, Weiches und Cremiges ist rosa – alles, was den Geschmack der Kindheit und eines unbeschwerten Lebens heraufbeschwört. Rosa ist die Süße des Lebens, das Angenehme und Leckereien, die ohne Reue genossen werden, wie weiche Torten mit Cremefüllungen, fluffige Zuckerwatte oder samtige Erdbeershakes: la dolce vita è rosa.

Cupcakes "Marie Antoinette"

Für den Teig (für 12 Stück)

125 Gramm Butter
120 Gramm Zucker
2 Eier
250 Gramm Weizenmehl
2 Teelöffel Backpulver
150 Milliliter Sahne
1 Prise Salz

Für das Frosting

100 Gramm Butter
100 Gramm Frischkäse (diesmal nicht die Light-Version)
100 Gramm Puderzucker
rote Lebensmittelfarbe
Vanilleextrakt

Der Teig

Weiche Butter und Zucker schaumig aufschlagen, die Eier nach und nach zugeben. Dann das Mehl mit Backpulver und Salz vermengen und unterrühren, dabei schluckweise die Sahne zugeben. Den Teig in Muffinformen füllen, Backofen auf 175 Grad vorheizen und etwa 20 Minuten backen.

Das Frosting

Die weiche Butter cremig schlagen, Puderzucker, ein paar Tropfen Lebensmittelfarbe und Vanilleextrakt unterrühren. Mit dem Schneebesen den Frischkäse unterrühren, bis die Masse glatt ist. (Statt Lebensmittelfarbe ergeben auch Himbeermarmelade oder frische Himbeeren ein schönes Rokokorosa.)
Buttercreme mit einem Spritzbeutel auf den Muffins auftürmen, mit Zucker-Schleifen, Federn, Buttercremeröschen und Backperlen üppig verzieren wie die legendäre Frisur von Marie Antoinette.

*»Fast jedes Wort hat eine Farbe,
und nichts bedeutet mehr Vergnügen, als ein rosafarbenes
Wort auszusprechen und zu sehen, wie die Augen
des Gegenübers aufleuchten, und zu wissen,
dass es auch für sie oder ihn ein rosafarbenes Wort ist.«*

Gladys Taber

Damit auch Ihre Augen aufleuchten, hier ein paar rosafarbene Worte: Rüschen, Rokoko, Zwergrose, Zuckerguss, Petit Four, Tändelei, Ballett, Flausch, entzückend, lieblich, rosenzart, kuschelweich, Federboa, Blütenzauber, Zärtlichkeit, Liebkosung, Blumenduft.

Rüschenrosa
Babyrosa
Absolute Fashionista, hängt extrem an ihren Kleidern, Blusen, Röcken und Co.

Rosenrot

['ʀoːzn̩ʀoːt] *adj.*

Das charmanteste Rot des Spektrums. Ein sanftes Rot … ganz ohne Dornen, dafür mit viel Herz.

LA VIE EN ROSE

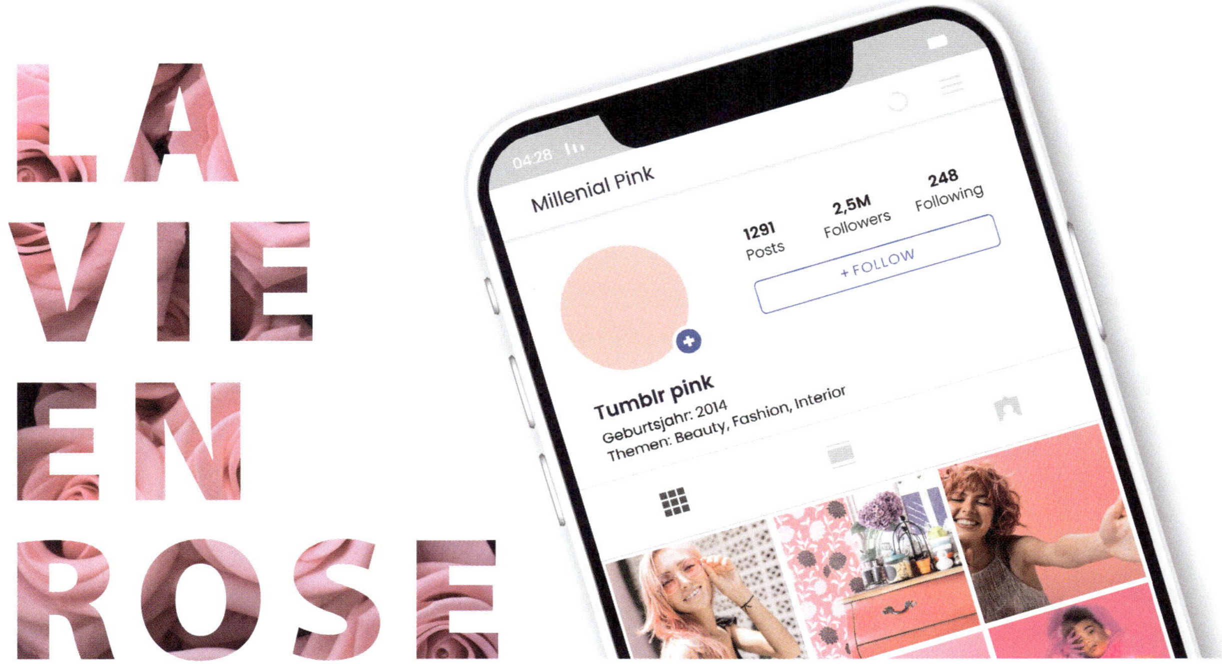

Kann man ein mieses Image haben und trotzdem extrem beliebt sein? Millennial Pink hat den Spagat geschafft. Obwohl seine bonbonrosa Erscheinung nicht gerade als Inkarnation des Stils gilt, zählte der Rosaton lange zu den einflussreichsten und gefragtesten Influencern mit unfassbar vielen Followern.

Egal, ob in Rom, Tokio, New York, Kopenhagen oder Paris – überall wurde Millennial Pink sehnsüchtig erwartet, gefeiert und war lange die meistfotografierte Farbe. Der Trendton schmückte Buchcover, färbte Cocktails, Haare und Hunde, zog in zahllose Wohnungen ein und hüllte Stars wie Sternchen in sein softes Rosa.

Millennial Pink ist ein Farbcocktail aus Grapefruitpink, Apricot, Lachs, ehrlichem Rosa und einem Spritzer Grau. Durch den Grauschleier löst sich das klebrig Zuckrige von Rosa, das so zu einer Farbe für die moderne Frau wird, die keine Angst haben muss, auszusehen wie ein Marshmallow.

Trotzdem wären viele vor der Zeit von Millennial Pink lieber tot umgefallen, als in einem rosa Mantel vor die Tür zu treten. Doch in den Glanzzeiten der Farbe war das anders, da konnte man Frauen sehen, die sich unter dem Einsatz von Zähnen, Ellbogen und dreisten Lügen (»Nebenan verkaufen sie den Mantel für die Hälfte!«) das letzte rosa Teil unter die schon farblich passend lackierten Nägel rissen.

Sicher, es half auch, dass Millennial Pink zu einer Celebrity aufgestiegen war und es als très chic galt, sich in einen Hosenanzug ganz in Rosa zu hüllen. Außerdem hatte man dann dieses wohlige Gefühl … wie bei einer warmen Umarmung. Millennial Pinks warmes Lachsrosa weckt die Sehnsucht nach Geborgenheit – und stillt sie. Die Feelgood-Farbe macht die Welt ein bisschen freundlicher und ein paar Grad wärmer.

Millennial Pink ist die heile Welt to go, eine neuartige Art von Panzer, ein modernes Kettenhemd in weichem Rosa, das die harte Wirklichkeit zuverlässig von seiner Trägerin fernhält. Eingekuschelt in ihren rosé Kokon fühlt sie sich unbesiegbar – besser noch: sicher und freundlich umfangen, denn Millennial Pink ist eben ein warm-weiches Rosa, das die Seele streichelt.

Der Rosaton wird gerne als die Farbe der Generation Y bezeichnet, die zwischen 1980 und den späten 1990ern geboren wurde und ihr ganzes Leben mit Unsicherheiten und Zukunftsängsten zu kämpfen hatte. Jetzt sahen sie die Welt zum ersten Mal durch die rosarote Brille und haben wieder Selbstvertrauen gewonnen. Nicht zuletzt dank der guten psychologischen Arbeit von Millennial Pink.

Pink

LAUTSTARK

Pink ist eine Farbe mit Megafon: Pink flüstert nicht, es schreit. Ziemlich laut, damit es auch ja nicht übersehen wird. Denn auffälliges, knalliges Pink konzentriert sich auf seine Wirkung im Außen. Es ist erst leicht durch Weiß aufgelockertes Rot, was sich in einem sorglosen, teils frivolen Auftreten ausdrückt. Die Stabilität von Rot fehlt bereits, aber die mitfühlende Ebene von Rosa ist noch lange nicht erreicht und verleitet eher junges Pink gerne zu selbstverliebten Egotrips oder provokanten Aktionen – einfach um die Reaktionen auszuloten, um sich kennenzulernen.

Pink ist eine quirlige, spektakuläre Persönlichkeit. Lebhaft, ein bisschen exaltiert, nie berechenbar und immer ein bisschen umweht von der Aura der Femme fatale. Allerdings einer, die es nicht wirklich ernst meint, sie will nur spielen.

Doch der Farbton hat gerade deshalb eine besondere Stärke: Leuchtendes Pink setzt wie keine andere Farbe eine faszinierende Energie frei, die neben aller Koketterie eine junge, starke und mutige Qualität hat.

Think Pink.
Kay Thompson in »Funny Face«

But don't wear it.
Karl Lagerfeld

SCHOCKIEREN ALS LEBENSMOTTO: SHOCKING PINK

Elsa Schiaparelli war nicht angepasst, sie war extravagantest. Sie war nicht leise, sondern schrill. Sie war kein verschämtes Mauerblümchen, sondern die Frau, die Coco Chanel und ihrer schlichten schwarzen Eleganz ihre eigene Farbe entgegensetzte: Schiaparellipink, auch »Shocking Pink« genannt. Ein mit Purpur vermischtes Pink. Ein kreischendes Neonpink. Ein Pink mit ordentlich Wumms.

Dezenz lag der Mutter von Schiaparellipink nicht. Elsa Schiaparelli war eine italienische Designerin, die ihre Glanzzeit in den späten 1930er-Jahren hatte, und ihre experimentellen, vom Surrealismus inspirierten Kollektionen waren genauso aufsehenerregend wie ihre Signaturefarbe, dieses knallige, laute Pink, das kein Blatt vor den Mund nimmt.

Mit ledernen Fingernägeln, Tattoomotiven, einem Schuh als Hut oder einem Abendkleid mit großem Hummerdruck wurde Schiaparelli berühmt. Dazu kreierte sie ihr Parfüm »Shocking« in einem Flakon, der dem nackten Oberkörper von Sexsymbol Mae West nachempfunden war. Der Duft? Erotisch-animalisch. Als Coco Chanel Wind bekam von dem Parfüm, konnte man angeblich hören, wie ihr Unterkiefer auf dem Pflaster der Rue du Faubourg Saint-Honoré aufschlug.

Shocking Pink ... dieser Farbcharakter will, dass sich die Köpfe nach ihm umdrehen! Sie dürfen sich auch gern verwundert schütteln, das stört dieses Pink überhaupt nicht, im Gegenteil. Shocking Pink liebt die Provokation, will seine Grenzen ausloten und scheut sich nicht, ein paar zu übertreten. Es ist unverschämt im besten Wortsinn. Nie brav oder angepasst, sondern ein schrilles Partygirl. Mit Power.

Geburtsdatum:	1937
Geburtsort:	Paris, Rue de la Paix
Eltern:	Elsa Schiaparelli, allein erziehend
Besondere Merkmale:	frappant pink
Charakter:	frech, kokett, schrill, provokant
Beruf:	Modefarbe
Lebensmotto:	Shock it and rock it
Lieblingssong:	"Weapon of Choice" von Black Rebel Motorcycle Club, "Let's Get Loud" von Jennifer Lopez
Hobbys:	Avantgardekunst, Partys
Verwandte und Partyfreundinnen:	Cerise, Fuchsia, Knallrosa, Shocking Rose, Hot Pink

PINKE SCHÜTZENHILFE

Wann hilft einem eine ausgesprochen kesse und respektlose Farbe wie Pink im Alltag? Ganz einfach: in den Situationen, in denen Sie normalerweise wieder den ausgetretenen Pfad wählen würden. Den, bei dem Sie nirgendwo anecken und um Gottes willen niemandem auf die Füße treten. Das ist nur leider oft auch der Weg, der in eine Sackgasse führt.
Wenn Sie das nächste Mal ein bisschen Unterstützung brauchen, weil Sie auch mal frech und wild sein oder einfach nur mal etwas Neues ausprobieren wollen – nehmen Sie Pink mit. Ein pinkfarbener Schal oder pinkfarben lackierte Fingernägel reichen schon, um Sie den ganzen Tag an die energiegeladene Qualität der Farbe zu erinnern und von ihr zu profitieren. Eine Farbe, die Ihnen konstant ins Ohr raunt: »Trau dich!«

Stuart-Semple-Pink
Neonpink

Stuart Semples Kopf war wahrscheinlich tiefpink, als er sich darüber aufregte, dass sein Künstlerkollege Anish Kapoor die Exklusivrechte an Vantablack (s. S. 161 f.) gekauft hatte – Vantablack, eine Sensation, das schwärzeste Schwarz der Welt. Semple war aber der Meinung, dass Farben jedem zugänglich sein müssten, und braute als Antwort auf Kapoors Coop das pinkste Pink der Welt, das jeder kaufen durfte: »Pink to the people!« Jeder – bis auf Anish Kapoor (der es aber trotzdem in die Finger bekam, besonders auf einen, wie ein eindeutiges Instagram-Foto auf seinem Kanal beweist).

Seen sind? Blau. Ganz klar. Bis auf ... den Lake Hillier, der ist: pink. Der See in Australien ist eine spektakuläre Laune der Natur, bei der sie tief in den Farbtopf gegriffen hat, denn der etwa 600 Meter lange See sieht aus, als hätte jemand kaugummirosa Lebensmittelfarbe ins Wasser gekippt. Reichlich davon! Das Besondere: Das Wasser bleibt lebhaft pink, wenn man es in eine Flasche füllt, und sieht märchenhaft anders aus. Der Grund für die seltene Wasserfarbe ist allerdings nicht in der Anderswelt, sondern in dieser zu suchen: In dem See tummeln sich Mikroalgen, die Carotinoide speichern und das Salzwasser des Sees tiefrosa färben.

POWER PINK

Welche Farbe hat weibliches Selbstbewusstsein und furchtloser Protest? In Indien: Pink! Mit einem pinkfarbenen Stock, leuchtend pinkem Sari und rund 20.000 Anhängerinnen tritt die Frauenrechtlerin Sampat Pal Devi an, um häusliche Gewalt und die Unterdrückung von Frauen in Indien aus den dunklen Ecken ins Licht zu zerren. Die Bewegung ist als »Pink Sari Revolution» bekannt, deren Mitglieder alle pinkfarbene Saris und pinkfarbene Bambusstöcke tragen, die sie ab und an auch einsetzen.

WANN IST EIN MANN EIN MANN?

Ist er das auch noch in Pink? Genauer: in »Panther Pink«? Und nein, mit »Panther Pink« ist nicht die Comicfigur gemeint, sondern eine Autofarbe. Allerdings ist das nicht der neue Lack für Paris Hiltons Barbiemobil, sondern der für einen echten Muscle-Car, den Dodge Challenger.

1970 starteten die Designer bei Dodge einen Versuchsballon – oder besser: eine echte Versuchsrakete: Sie lackierten einen der maskulinsten Wagen in knalligem Pink und nannten den Farbton »Panther Pink«. Ein Pink, so aggressiv wie der Fahrstil, den man mit dem Auto verbindet, und so laut wie der Motor des Dodge. Das passte doch perfekt! Man rechnete mit einem Überraschungseffekt (der gelang) und einem riesigen Verkaufserfolg (der misslang).

Die Versuchsrakete stürzte schneller ab, als der Lack trocknen konnte. Der Pink Panther der Autowelt brüllte nur kurz – und das fast ausschließlich im Showroom des Herstellers. Auf die Straße schafften es gerade mal ein paar hundert Autos, bevor die Produktion wieder eingestellt wurde.

Auch Ferrari hat sich mal an »Panther Pink« versucht, das bei den Italienern »Pink Flash« heißt und definitiv für einen Farbflash sorgt.

Einen Mann, der sein pinkes Auto, einen flamingorosa Cadillac, liebte, gab es trotzdem: Boxer Sugar Ray Robinson, der sich um seine Männlichkeit keine Gedanken machen musste und der, passend zum Cabrio, gern auch noch ein pinkfarbenes Sakko trug.

BURGUNDER

EINE KLASSE FÜR SICH

Wenn starkes Rot der Chef im Ring ist, ist tiefes Dunkelrot die graue Eminenz dahinter, die die Fäden in der Hand hält. Besonders die kühlen (bis unterkühlt wirkenden) Burgundertöne mit adligem Blaustich geben sich gern reserviert und entfalten ihre Wirkung subtil – aber nicht weniger kraftvoll als reines Rot. Der energische rote Kern pulsiert in den tiefen Weintönen eher unterschwellig, wie von einer dicken Samtdecke gedämpft, definitiv noch da, aber verhalten, geschmackvoll ummantelt eben. Burgundertöne haben das laute Gepolter von Rot nicht mehr nötig, weshalb sie sehr viel gediegener wirken als reines Rot mit der teils rücksichtslosen Demonstration seiner Kraft.

Mit Burgunderrot hat man seinen Platz in der Welt gefunden und strahlt ein gewachsenes Selbstbewusstsein aus, das im schlimmsten Fall elitär, aber nie kompromisslos wirkt wie bei reinem Rot. Burgunder kultiviert eine edle Raffinesse und hat einen anspruchsvollen, aber eher etablierten Geschmack. Experimente schmecken ihm nicht besonders, dafür sagt es sicher nie nein zu einem eleganten, gern auch repräsentativen Stil, für den die Farbe ein Synonym ist.

Durch Namen wie Claret, Merlot, Burgunder- oder Bordeauxrot mit edlen Weinen verknüpft, strahlt die Farbe aus jeder Pore Klasse, Stil, Grandezza und malt Bilder von einem mondänen Leben in den Kopf.

Damit Kunden auch sofort an Luxus denken, wenn der Blick auf Ihre Produkte oder Ihr Logo fällt, sollten Sie über ein Design in den reichen Rottönen nachdenken. Es sind nicht umsonst die Farben, die immer wieder von exklusiven Geschäften wie Feinkostketten oder Juwelieren herangezogen werden, um dem Kunden schon durch die Farbwahl zu suggerieren: »Du betrittst gerade eine andere Welt. Eine elitäre Welt. Eine Welt, in der es nur Besonderes und Kostbares zu kaufen gibt.« – Das natürlich seinen Preis hat. Aber nach einer Weile in der Gesellschaft von noblem Weinrot ist man sich das durchaus wert.

EXKLUSIVITÄT

HAT EINE FARBE

WEINROT TRAGEN ODER NICHT TRAGEN …

… das ist hier die Frage. Die Farbe dunkler Beeren oder schwerer Weine ist eine stilvolle Alternative zu Schwarz, sie wirkt festlich und souverän, ohne die Tristesse von Schwarz zu verbreiten. Weinrot ist der seriöse Bruder von Rot. Dass viele trotzdem vor Weinrot zurückschrecken, liegt an dem leicht konservativen Image des Farbtons, denn es ist die Farbe, die man mit einem etablierten, gut situierten Leben verbindet. Mit Villa, Golfbag und gutem Wein – allerdings ohne Weib und Gesang, dafür mit einer ordentlichen Portion Gediegenheit. Nicht verkehrt, aber nun mal nicht jedermanns Sache. Dazu kommt, dass Burgundertöne einen gern alt aussehen lassen und etwas winterlich wirken. Zu allem Übel machen dunkle Farben nun mal auch noch blass.

Was aber, wenn Burgunder genau die Farbenergie ist, die ich gerade brauche? Muss ich dann trotzdem darauf verzichten, weil ich darin nicht vorteilhaft aussehe? Nein, denn es gibt einen einfachen Trick, wie man Farben »übersetzen« kann in den Stil, der der Farbe entspricht. Das hat zwar nicht dieselbe starke Wirkung wie die Farbe selbst, kommt ihr aber sehr nah.

Jeder Farbton hat seine eigene Persönlichkeit, genau wie wir auch, mit Vorzügen, Fehlern, Talenten und Eigenarten. Kennt man dieses »innere Wesen«, diese Qualität einer Farbe, kann man sie leicht übersetzen in Formen, Stile, Materialien …, die ihr entsprechen.[4]

Aber alle Theorie ist grau, wenden wir uns der farbenfrohen Praxis zu: Bei Burgunder sehe ich eine Frau, die sich ihrer Weiblichkeit bewusst ist, sie aber nie frivol oder offenherzig zur Schau stellen würde, sondern immer auf Stil bedacht ist. Die Frau verkörpert die perfekte Symbiose aus Eleganz und Sinnlichkeit. Sie trägt ausgesprochen ladylike, exquisite Stücke und wird begleitet von einem klassisch-eleganten, aber auch schweren und verführerischen Duft.

Burgunder entspricht also ein verhalten sinnlicher Stil, der kultiviert, selbstbewusst und zeitlos ist. Die teils provokante Sinnlichkeit von Rot ist in den tiefen Weintönen genauso gedämpft wie deren Leuchtkraft. Eine elegante Robe aus weich fließendem Samt mit einem Dekolleté, das durch einen Einsatz aus semitransparentem Stoff »entschärft« wurde, ist zum Beispiel typisch für Burgunder. Für den Job passen schlichte, edle Hosenanzüge – schließlich bleiben alle Rottöne immer maskuline Töne. Leder wird nur in dezenten Farbtönen und klassischen Schnitten getragen, enge Röcke bedecken das Knie und Accessoires wie eine hochwertige Ledertasche, ein Pashmina oder eine wertvolle Uhr atmen stilvolle Klasse. So edel wie die Farbe selbst fallen auch die Stoffe aus, Burgunder entspricht keine minderwertige Qualität, stattdessen passen zu ihm Materialien wie Seide, Alpaka, Kamelhaar, Samt oder Kaschmir.

Rosé und Pink wirken wie eine Verjüngungskur auf Bordeauxrot. Wem die Farbe nicht steht, der kann auf den Stil von Burgunderrot zurückgreifen.

IN VINO VERITAS? WEINROTE MOGELPACKUNGEN

Von Studenten der Önologie sollte man erwarten können, dass sie einen Weiß- von einem Rotwein unterscheiden können. Auch geschmacklich. Das ist aber nicht immer so …

… besonders dann nicht, wenn sie durch Farben fehlgeleitet werden. Bei einem Test wurde vor die Studenten zuerst ein Glas Weiß- und dann ein Glas Rotwein zum

[4] Auf dieses Thema gehe ich näher in meinem Buch »Was Farben sagen. Die Sprache der Farben verstehen und gekonnt einsetzen in Einrichtung und Mode« ein, das bei Goldmann erschienen ist.

Probieren gestellt. Die Beschreibungen fielen typisch aus: fruchtig, trocken und blumig für den Weißwein, dunkel, tief und holzig für den Roten. So weit, so gut. Danach standen wieder zwei Gläser vor den Studenten, doch was sie nicht wussten: Dieses Mal war in beiden Gläsern derselbe Weißwein, der nur einmal durch den Zusatz von ein bisschen Lebensmittelfarbe schön rot aussah. Haben die Studenten bemerkt, dass es kein Rotwein war? Nein, haben sie nicht. Durch die Bank schmeckten sie beim ersten Wein typische Weißweinaromen heraus wie Apfel, Litchi, Pfirsich oder Grapefruit – allerdings nicht beim zweiten Glas, das exakt denselben Wein enthielt. Die tiefrote Farbe verleitete die Studenten dazu, Aromen von Pfeffer, Hölzern, dunklen Beeren oder Lakritz zu erschmecken.

Die Farbe bestimmt maßgeblich den Geschmack, was auch ein Experiment mit verschiedenfarbigem Licht zeigte. Probanden erhielten auch hier wieder zwei Gläser, wobei sie nicht wussten, dass es sich in beiden Gläsern um denselben Wein handelte. Nach dem Probieren sollten sie angeben, welcher Wein süßer und welcher fruchtiger geschmeckt hatte. Unter grünem Licht getestet, schmeckten sie Gras und sauren Apfel heraus – mit einem Schuss Zitrone. Bei blauem Licht war der Wein plötzlich fad wie Wasser, aber unter rotem Licht entwickelte er eine unglaubliche Süße, wie bei reifen roten Früchten. Daher waren sie auch bereit, für den »roten« Wein etwas mehr zu zahlen.

Bleibt zu sagen: Beim Weintrinken sollten zwar in keinem Fall alle Lampen brennen, aber die richtige macht den Unterschied.

SCHÖNER WOHNEN MIT WEINROT

Sehr gut mogeln kann man im Wohnbereich mit dunklen Farben. Die wenigsten Räume sind ideal geschnitten, aber mit ein bisschen Farbe an der Wand können Sie einiges ausbalancieren. Wenn Ihnen der repräsentative Charakter von Weinrot gut gefällt, wäre die Farbe zum Beispiel ein idealer Kandidat für einen langen, schlauchartigen Flur. Der wirkt sofort breiter und harmonischer, wenn Sie nur die Stirnwand in dem dunklen Rotton streichen, der die Wand optisch näher heranrücken lässt.

Tipp: Ist Ihr Flur einfach nur eng, helfen helle Farben und filigrane Möbel gegen klaustrophobische Anfälle.

FARBPORTRÄT

ERDROT

Im Gegensatz zu seinen Verwandten Bordeaux, Burgunder und Weinrot hat stämmiges Erdrot weniger blaue Gene vererbt bekommen, weswegen es auch weniger verkopft bis eingebildet daherkommt (Bordeaux würde sich natürlich nicht als hochnäsig, sondern als elitär bezeichnen). Bei Erdrot kann man tatsächlich die Erde riechen, näher als sein eleganter Verwandter Burgunder stehen ihm daher Töne wie Siena oder Ziegelrot. Erdrot oder Urrot hat zwar einen unmissverständlichen Ausdruck, strahlt dabei aber eine lebendige Wärme aus, ganz ohne die bissige Schärfe von reinem Rot. Durch das Spiel ins Bräunliche wurden bei Erdrot die harten Kanten abgeschliffen, was es deutlich weniger zwingend und verträglicher wirken lässt als Blutrot. Erdiges Rot hat seine nackten Füße ganz entspannt im Sand vergraben, es ist eine ruhige, sichere Kraft, die nicht wankt.

Wir kennen eine ganze Reihe schöpferischer Erdgöttinnen, die Ureinwohner Australiens verehren beispielsweise die Regenbogenschlange, die Berge, Täler und Gewässer auf dem Kontinent erschaffen hat. Ihre Heimat ist der erdrote Monolith Uluru oder Ayers Rock.

FARBBOTSCHAFT ERDROT:

»ICH BIN KEINE ZAHME ALTE MUTTER!«

»Ich strahle Sicherheit aus, weil ich fest verankert bin in der Erde. Mich lässt nichts wanken. Dabei bin ich nicht starr, sondern pulsierend, konstant und kräftig. Ich inspiriere dich zu erdiger Sinnlichkeit. Denke an Erdgöttinnen wie Jörd, wenn du dir ein Bild von mir machen möchtest. Ich regiere das Wurzelchakra und verbinde dich wieder mit deiner angeborenen Sinnlichkeit. Mit mir spürst du deinen Puls wie innere dumpfe Trommelschläge. Ich schenke dir ein ganz neues Körperbewusstsein – ich sage bewusst nicht Körper-Gefühl, denk darüber nach ...
Aber Vorsicht! Missverstehe meine – im Vergleich zu Feuerrot – langsamen Bewegungen nicht als Behäbigkeit. Ich bin keine zahme alte Mutter, die in der Erde wühlt, sondern eine ursprüngliche Kraft im wahrsten Wortsinn. Es erfordert Mut, sich mit mir zu verbinden, denn mein Einfluss ist profund – und hat einen Nachhall ... Ich verändere dein Selbstverständnis als Frau oder Mann. Aber wenn du mich integriert hast, kennst du keine Furcht mehr.«

ERDROTE MUSIKTITEL:

- »The Seed« oder »Blood in the Wine« von Aurora
- »Drumming Song« von Florence and the Machine

FEST VERWURZELT

Dunkles Rot ist mit dem Wurzelchakra verbunden, das tiefrot leuchtet und an der Basis der Wirbelsäule dreht, knapp über dem Beckenboden. Auf der körperlichen Ebene stimuliert ein aktiviertes Wurzelchakra die Sexualdrüsen und die Nebennieren, wodurch Adrenalin im Körper freigesetzt wird. Daher erfahren wir mit einem intakten Wurzelchakra unter anderem Vitalität, aber auch Urvertrauen und eine tief empfundene Sicherheit, da uns das Chakra, wie der Name schon sagt, verwurzelt in Mutter Erde und so für Stabilität sorgt im Leben, für ein gesundes Vertrauen in die Welt.

Um das Chakra (»Rad«) zu aktivieren, können Sie es sich in tiefem Rot und frei drehend vorstellen. Sollte sich das Bild partout nicht im Kopf aufrufen lassen, müssen Sie das Chakra womöglich zuerst reinigen, weil es komplett eingestaubt oder sogar eingerostet ist. Dazu stellen Sie sich einfach weißes Licht vor, mit dem Sie das Energiezentrum gründlich »putzen«.

Etwas einfacher umzusetzen sind bestimmte Yoga-Positionen, die das Wurzelchakra aktivieren. Eine davon nennt sich Malasana, eine tiefe Hocke (neudeutsch: Squat). Starten Sie im Stehen, die Füße stehen etwa hüftbreit auseinander, wobei die Zehen leicht nach außen zeigen. Bringen Sie Ihre Hände vor dem Herzen in Gebetshaltung, beugen Sie die Knie. Jetzt darf der Po ruhig der Schwerkraft nachgeben und Richtung Boden sinken. Dabei den Rücken strecken und mit den Ellbogen die Knie auseinanderdrücken. Nutzen Sie den Druck der Hände, damit sich Ihre Brust öffnen kann. Das Gewicht lastet auf den Füßen, vor allem auf den Zehen, und der Nacken bleibt (im besten Fall) entspannt. Der Kopf bildet die Verlängerung der Wirbelsäule. Bleiben Sie für einige Atemzüge in der Haltung, wobei Sie beim Ausatmen wieder die Schwerkraft nutzen, um sich noch tiefer gen Boden sinken zu lassen. Mit dem Einatmen heben Sie sich aus dem Becken nach oben und lassen die Wirbelsäule lang werden. Genießen Sie die Erdung und das Gefühl von Stabilität.

Tipp: Um sich noch besser mit der erdroten Farbe zu verbinden, können Sie mit roten Erdpigmenten malen, am besten mit den Fingern, z. B. mit Rötel, gebrannter Siena, Englischrot oder Rotem Bolus.

Fruchtig. Warm. Energiegeladen. Vibrierend. Fröhlich. Lebensfroh. Aktiv. Gesellig. Verspielt. Innovativ. Heidnisch. Unkonventionell. Kreativ. Unkompliziert. Überschwänglich. Ungeduldig. Spontan. Billig.

FARBPORTRÄT

Orange

Apfelsine.
Apricot.
Beatnikorange.
Beigerot.
Braunorange.
Brillantorange.
Buddhaorange.
Cremonaorange.
Cuisse de nymphe.
Dopaminorange.
Floridaorange.
Glutorange.
Hermèsorange.
Indischgelb.
Jubelorange.
Karottenrot.
Koralle.
Kürbis.
Lachs.
Lancasterpink.
Lavaorange.
Leuchtorange.
Mandarine.
Mango.
Melone.
Minium.
Neroli.
Nude.
Oktoberglühen.
Papaya.
Pastellorange.
Persischorange.
Pfirsich.
Plastikorange.
Rotorange.
Safran.
Saftorange.
Signalorange.
Terrakotta.
Vitaminorange.

Be happy!

Orange singt und tanzt. Es lacht laut, vibriert vor Energie und schlägt über die Stränge. Orange sind Beachpartys, Karneval, Karaoke, Paintball, Quicksteptänze, Trampolinspringen und Festivals. Es ist die Lust am Leben, eine unbändige, ekstatische Energie, die mitreißt und unglaublich Spaß macht.

Spritziges Orange ist wie ein gut geschüttelter, gelungener Cocktail aus Rot und Gelb: Die schiere Wucht von Rot gewinnt durch das Gelb an Leichtigkeit und Esprit, und das grelle Strahlen von Gelb wird gedämpft zu warmem, vibrierendem Orange. Zu singendem, swingendem Orange: schnell, wendig und springlebendig.

Orange schwappt in einem wahren Farbrausch über uns hinweg, mit Verve, vital, sprudelnd wie Brausetabletten. Orange ist das ewige Kind, ausgelassen, fröhlich und voller Energie.

»Orange ist eine Farbe, die aus schierem Schneid über die Stränge schlägt und mit berauschender Verschwendung und Fülle eine (...) Dynamik ausstrahlt, die (...), überschäumend, alles übertönt, alles zugleich ausspricht.«[5]

Alexander Theroux

Ein gutes Bauchgefühl

Orange ist das Kind von Rot und Gelb und macht aus den Genen seiner leidenschaftlichen roten Mutter und seines verkopften gelben Vaters das Beste: Es wählt die goldene Mitte und hört auf seinen Bauch, seine Intuition. Orange vereint instinktives Rot und rationales Gelb in sich und ist damit die Farbe des Bauchwissens. Konsequenterweise entzieht sich Orange auch jeder rein rationalen Analyse, wirklich erfassen kann man die Farbe nur über das Gefühl.

---

[5] Theroux 1999, S. 6.

Zest for Life: Orange.

DER KINDERSTAR IM INTERVIEW

Ich habe Orange getroffen und mit ihm über sein Image als ewiges Kind gesprochen.

Du wirst ziemlich oft gebucht für Produkte, die Spaß machen und Lebensfreude vermitteln sollen – für alles, bei dem uns die Werbung suggerieren will: »Kauf das Orangefarbene und hab Spaß! Trink Fanta, sei bamboocha!« Sei wieder jung, mach verrückte Sachen, freu dich des Lebens, triff Freunde – um all das auszudrücken, wird gerne Orange benutzt. Oder für Produkte, die Kinder ansprechen sollen.

Orange: *Funktioniert ja auch gut, denn meine Natur kommt der von Kindern sehr nah, und im Gegensatz zu vielen Erwachsenen, die einen großen Bogen um mich machen, lieben mich Kinder. Nicht umsonst ist Goofys Pullover orange, die Haare von Pippi Langstrumpf, Sesamstraßen-Ernies Gesicht. Und Pu der Bär ist komplett orange. Halloween-Kürbisse, die Maus und der Kindersender nickelodeon.*

Frank Sinatra liebte die Farbe Orange auch, es war seine Lieblingsfarbe.

Orange: *Guter Mann! Merkt man gleich, er tanzte ja auch leidenschaftlich gern, das ist ein gutes Erkennungsmerkmal für Orangeliebhaber.*

Sinatra hat auch gesagt: »Orange is the happiest color.« Stimmst du dem zu?

Orange: *Ob ich immer gut drauf bin? Meistens, vor allem in meiner leuchtenden, reinen Variante. Apricot ist meine sanfte Schwester, sehr fürsorglich, aber sie ist trotzdem ganz locker in den Knien (lacht). Nur um Terrakotta und ihre Freunde mache ich mir manchmal ein bisschen Sorgen, in den fast erdbraunen Tönen ist unsere Leuchtkraft arg gedimmt, dafür sind sie ruhiger und machen nicht so viel Halligalli.*

Normalerweise bist du aber der Kandidat, wenn es darum geht, gute Laune zu verbreiten?

Orange: *Ja, als fröhliches Floridaorange zaubere ich dir sofort ein Lächeln aufs Gesicht, einfach so, du weißt oft selbst gar nicht, woher deine gute Laune gerade kommt. Ich freu mich einfach, immer! Ich bin sorglos und freue mich am Leben, aufs Leben! Und ich bin unvoreingenommen, erwarte das Beste. Das kommt rüber.*

Ich merke das, du vibrierst richtig vor Energie.

Orange: *Ist aber nicht unangenehm, neben mir zu sitzen, oder?*

Überhaupt nicht, im Gegenteil!

Orange: *Ich schubse Leute gern ein bisschen an, will sie mitreißen. Ich animiere sie dazu, mal wieder zu tanzen, sich auszuprobieren, mehr zu lachen.*

Das wäre meine nächste Frage gewesen: Was sind denn typisch orangefarbene Aktivitäten? Was machst du gerne in deiner Freizeit?

Orange: *Ich spiele leidenschaftlich gerne! Ich verkörpere das, zu was Therapeuten überarbeiteten und trübsinnigen Menschen gerne raten: wieder Kind sein, Karussell fahren, sich auf die Schaukel setzen, einfach mal den Moment, den Tag genießen.*

Viele würden jetzt sagen, das sind unsinnige Dinge, die nichts bringen.

Orange: *Wenn es dir Spaß macht, macht es auch immer Sinn! Dich gut zu fühlen, wird dich deutlich weiterbringen als alles andere, von dem du glaubst, es haben oder tun zu müssen. Verbring einfach mal einen*

Tag in einem Freizeitpark, fahr Achterbahn, probier Wildwasser Rafting aus, triff deine Freunde, male ein Bild, singe laut dazu. Lern Surfen oder spiel eine Runde Paintball, geh Trampolinspringen, in einen Kletterpark, mach die Nacht durch in verschiedenen Clubs und gönn dir zum Frühstück danach einen Rieseneisbecher.

Gut, das wäre jetzt für viele die Definition von »unreif«.

Orange: *Nein, das ist meine Definition von Spaß. Freude am Leben. Ich kümmere mich nicht um Konventionen, starre Regeln oder darum, was andere denken oder sagen, ich bin ich. Und ich fühle mich gut dabei.*

Noch ein Tipp zum Schluss?

Orange: *Nimm das Leben nicht so schwer und ernst, geh es lockerer an, spielerischer und probier dich mehr aus! Finde heraus, was deine Seele zum Leuchten bringt, zum Klingen, zum Vibrieren vor Freude. Ich helfe dir gern dabei, denn der swingende Sinatra hatte recht: Orange ist die fröhlichste Farbe überhaupt!*

From China with Love

Es ist ähnlich wie mit Huhn und Ei – was war zuerst da? Die Frucht Orange oder die Farbe? Anders als beim Hühnerstall ist die Frage bei Orange aber einfacher zu beantworten: Die Frucht war zuerst da, von ihr leitet sich der Farbname ab – vorher sprach man meist von Rotgelb, wenn es um den Farbton ging. Um überhaupt erst auf den Farbnamen Orange zu kommen, mussten die Leute zuerst die Frucht sehen. Die wird zwar schon seit über 4000 Jahren kultiviert, aber zunächst nur in China (was deutlich wird an dem deutschen Namen »Apfelsine«, eine Form des niederländischen »sinaasappel«: Apfel aus China). Erst im 16. und 17. Jahrhundert brachten Seefahrer die Früchte mit nach Europa, und aus dem Mittelmeerraum kam schließlich der heutige Name zu uns, der sich vom spanischen »naranja« über das französische »orenge« schließlich zu »Orange« wandelte.

Doctor Who? Doctor Orange!

Orange ist in der Chakrenlehre dem Sakralchakra zugeordnet, das etwa eine Handbreit unter dem Bauchnabel liegt, dort, wo unser Chi, unsere Lebenskraft, wohnt. Das Chakra nährt unter anderem die Milz, die weiße Blutkörperchen auf- und rote, verbrauchte abbaut, sie stärkt also das Immunsystem des Körpers und regeneriert ihn. Genauso stärkt Orange unsere Lebenskraft, die innere und die äußere, rein körperliche.

Und Orange befreit, lässt Sorgen vergessen sowie das Leben unverkrampft angehen, weswegen es gern eingesetzt wird, um Verspannungen in Schultern oder Nacken zu lockern, aber auch krampfhafter Husten spricht gut auf die Farbe an. Orange kann sogar eine verkrampfte Lebenseinstellung oder verhärtete, blockierte Denkmuster wieder in Schwung bringen und mit seiner lebensfrohen Haltung schwermütige, traurige Menschen erfolgreich aufmuntern. Orange ist der Gemütsaufheller schlechthin, es knipst ein warmes Licht im Inneren an und bringt uns so wieder mit unserem Kern in Kontakt sowie mit unseren Emotionen.

Farbbotschaft von Orange:

»Ich schenke dir Energie.«

Affirmationen:

»Ich freue mich!«

»Ich fühle mich beschwingt!«

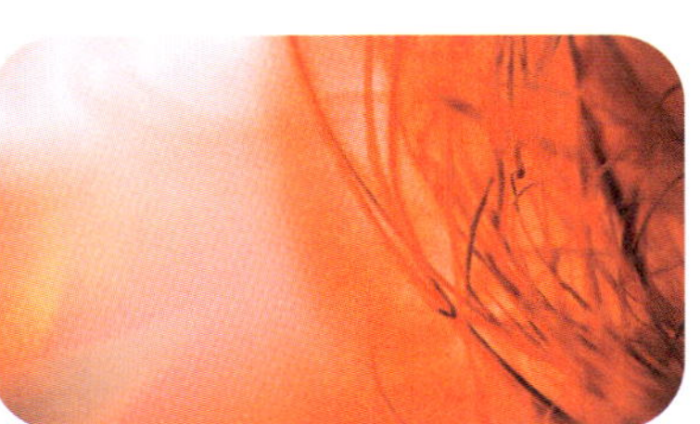

Tantra mit Orangen

Orange ist nicht unbedingt die erste Farbe, die einem einfällt, wenn es um Leidenschaft geht. Orange hat eine eigene, natürliche Sinnlichkeit, geht die Sache gern mit Witz und Geist an, hat aber mit verzehrender, atemloser Begierde eher wenig am Hut. Orange hat auch eine fast ketzerische Haltung zum gängigen Bild von Romantik, es ist eine heitere, legere Farbe, die das Leben als Spiel sieht. Jedes Mal, wenn ich einen romantischen Sonnenuntergang in strahlendem Orange sehe, habe ich daher das Gefühl, dass er einfach die falsche Farbe hat. In Rot, Rosa oder Pink, ja, das passt. Aber in flapsig-frechem Orange? Nein, Orange ist eine durch und durch unromantische Farbe. Albern und kühn und ungeduldig. Orange säuselt nicht leise ins Ohr, es lacht lauthals. Es summt kein sanftes Liebesliedchen, sondern singt in einer Lautstärke, die man in einem Kilometer Entfernung noch hören kann. Orange hat mit dem schüchternen Augenaufschlag frisch Verliebter genauso wenig zu tun wie Duftkerzen mit Autorennen!

Die Sinnlichkeit von Rot lebt zwar auch in Orange, aber ihm fehlt die erdige Leidenschaft. Orange ist weniger direkt, nicht so intensiv und aufwühlend wie Rot, es ist eine verspielte Sinnlichkeit, die sich noch ausprobiert, sie ist wild, jung und unverfälscht. Aber definitiv da! Das orangefarbene Energiezentrum, das Sakralchakra, gilt nicht nur als Sitz der Lebens-, sondern auch als das der Sexualkraft, und in Orange trifft die rein physische Intensität von Rot auf den fast körperlosen Aspekt von Gelb: Reine Potenz verschmilzt mit der reinen Idee. Lustvolle Gedanken oder Praktiken wie Tantra, die Körper und Geist ansprechen, sind daher strahlend orange. Aber ein romantisches Rendezvous eher nicht, ob mit oder ohne Sonnenuntergang.

FUN FACT

Im Mittelalter galt Orange als Farbe der Liebe und vor allem der Lust. Man glaubte an die sinnliche Magie von Orangenaromen, badete vorm Stelldichein in Orangenblütenwasser und clevere Kurtisanen besprengten die Laken damit. Im mittelalterlichen Deutschland galten Orangen, die Verehrer (mit wohl eindeutigen Absichten) statt Blumen dabeihatten, sogar als Liebesbeweis. Sicher auch, weil eine damals nur schwer zu ergatternde Orange teurer bzw. wertschätzender war als ein paar schnell zusammengerupfte Blümchen aus dem Vorgarten.

Happy People

Orange als Lieblingsfarbe

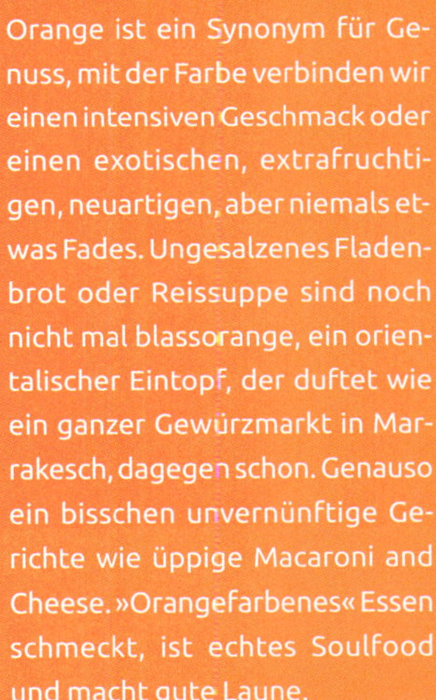

Optimisten lachen lauter – und sie lieben Orange! Orangeliebhaber haben ein jugendliches Charisma, sie sind jung oder jung geblieben und können sich wirklich begeistern für etwas. Sie sind mit echter Leidenschaft bei der Sache und brennen mit orangem Feuer dafür. Dabei ist die Entscheidung für ein Ziel meist spontan gefallen, aus dem Bauch heraus, vielleicht weil sie gerade über etwas Neues gestolpert sind, das ihr Interesse geweckt hat. Menschen, die Orange mögen, sind immer interessiert an Innovationen und ausgefallenen Ideen. Selbst ausgesprochen experimentelle Entwürfe werden ihnen gefallen, denn wie bewegliches Orange wollen sie sich ausprobieren, sie wollen etwas erleben und experimentieren. Einen Mangel an Orangeenergie erkennt man daher deutlich an fehlender Lebenslust oder einer unterdrückten Kreativität. Orangebetonte üben sich nicht in dezenter Zurückhaltung, sondern gehen mutig auf die Welt zu, in dem Glauben, dass ihnen jeder genauso freundlich und offen begegnen wird, wie sie selbst sind. Orange ist das Gegenstück zu Blau, und anders als Blau ist Orange nicht distanziert, sondern geht auf andere zu, sucht die Begegnung und schafft dabei eine unkomplizierte Ebene, auf der ein lebhafter Austausch möglich ist.

Orangefreunde sind witzig, geistreich, sprudeln über vor Esprit und stecken andere mühelos mit ihrem Enthusiasmus an. Sie sind lebendig, sanguin, umtriebig. Warm, sozial und unglaublich tolerant, pochen im Gegenzug aber auch darauf, ihre eigene Individualität ausleben zu dürfen.

Ihre Unbekümmertheit und ihr schnelles Wechseln von einem Trend zum nächsten wird ihnen gerne als Oberflächlichkeit ausgelegt, als mangelnder Tiefgang. Ihr Mut als unbedachter Wagemut. Vielleicht ist das so. Aber nur wenn sie sich nicht tief in eine Sache vergraben und nicht zu lange über mögliche Risiken nachdenken, können sie so leben, wie es ihnen ihre Farbe vorgibt: schnell, beweglich und neugierig auf immer Neues.

Soulfood an guter Laune

Ein echtes Verlangen nach Leben, das ist Orange, die Farbe regt den Appetit an: auf Abenteuer, aber auch auf Abendessen. Mit Orangenduft im Diffuser, Orange an der Küchenwand oder als Farbe von Geschirr und Tischdeko weckt Orange die Lust am Genuss. Sogar an Bulimie Erkrankten hat Orange schon den Geschmack am Essen und am Leben zurückgegeben – auch weil sie mit der Farbe wieder lernen können, ihren Körper anzunehmen und zu lieben, eine natürliche Sinnlichkeit zu entwickeln, für die gutes Essen einfach zum Leben dazugehört.

Orange ist ein Synonym für Genuss, mit der Farbe verbinden wir einen intensiven Geschmack oder einen exotischen, extrafruchtigen, neuartigen, aber niemals etwas Fades. Ungesalzenes Fladenbrot oder Reissuppe sind noch nicht mal blassorange, ein orientalischer Eintopf, der duftet wie ein ganzer Gewürzmarkt in Marrakesch, dagegen schon. Genauso ein bisschen unvernünftige Gerichte wie üppige Macaroni and Cheese. »Orangefarbenes« Essen schmeckt, ist echtes Soulfood und macht gute Laune.

Die Energie von Orange können Sie sich natürlich auch eressen mit allem, was tatsächlich orangefarben (und gesund) ist, wie Karotten, Mandarinen, Honigmelonen, Pfirsichen, Aprikosen, Physalen, Papayas und, klar, saftigen Orangen. Mit Kurkuma, Curry, Safran oder Lachs, die alle auch einen positiven Effekt auf das Nervenkostüm haben.

Mehr Aroma, per favore! Wie Farben den Geschmack von Kaffee verändern

Den perfekten Mahlgrad herausgetüftelt, die Brühtemperatur aufs Grad genau abgestimmt, horrend teure Bohnen mit dem idealen Röstgrad in die Maschine gefüllt – und trotzdem schmeckt der Kaffee nicht so aromatisch wie angepriesen? Versuchen Sie es mal mit einer anderen Tasse, denn die Farbe der Kaffeetasse beeinflusst nachweislich den Geschmack. Kaltes Weiß sowie generell kühle Farben lassen den besten italienischen Espresso an Gusto verlieren, aber Porzellan in Creme kitzelt die begehrte runde, weiche Textur eines guten Kaffees heraus. Und besonders bei Tassen in Orange bis Braunorange schmeckt der Espresso nicht nur schön cremig, sondern die Farbe malt auch aromatische Aromen von Karamell und gerösteten Nüssen in den Kopf.

Vitaminorange
Leuchtendes Mittelorange

Ein vor Vitalität strotzendes Orange mit unverschämter Leuchtkraft. Ein Orange, das man riechen kann: zitrisch, spritzig, fast aggressiv fruchtig. Quietschgesund und quietschorange.

Indischgelb
Currypulverorange

Ein Orange mit falschem Nachnamen. Angeblich wurden Kühe in Indien früher mit Mangoblättern gefüttert, damit sich ihr Urin orange färbte – um daraus das Pigment Indischgelb zu gewinnen, das als stinkende Kugeln verkauft wurde, aber ein so schönes Rotgelb auf die Leinwand brachte, dass man über den Gestank hinwegsah.

Lavaorange
Heißes Rotorange

Orange auf höchster Stufe. Ein bis ans Limit erhitztes Orange, glühend, nur noch einen Wimpernschlag von hitzigem Rot entfernt.

Warum sind Karotten orange?

Weil die Niederländer sie als Geschenk für Wilhelm von Oranien/Orange kreiert haben. Fürstentreue Gärtner im 16. Jahrhundert wollen aus den roten, gelben und violetten Urkarotten eine orange Karottensorte gezüchtet haben, um den Mann zu ehren, der aus den Niederlanden, bis dato eine spanische Kolonie, eine unabhängige Republik gemacht hat.

Nur … das ist zwar eine nette Geschichte, die gern erzählt wird, sie stimmt aber leider nicht ganz, denn orangefarbene Karotten tauchen schon gut 200 Jahre früher in den Beeten auf. Die niederländische orange Karotte ist zwar also ein Märchen, aber ihre Farbe, das Oranje, ist nach wie vor die Nationalfarbe der Niederlande, egal ob beim Fußball oder um Königs zuzujubeln am Nationalfeiertag.

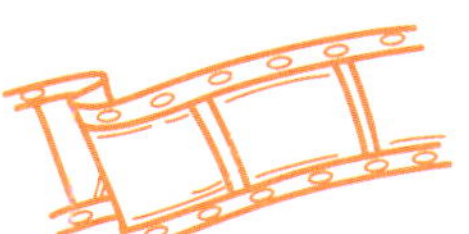

LUSTIGE SÜNDER

H. D. Hackensacker III. in »Atemlos in Florida«

Das Filmgenre, das für mich untrennbar mit Orange verknüpft ist, sind Screwball-Komödien mit ihren skurrilen Figuren. Screwballs sind bewusst albern, humorvoll und *fast paced* – vor allem im Schlagabtausch zwischen den Geschlechtern, die sich wortwitzig bekriegen und nicht unbedingt zum Happy End finden, sondern eher zu einem (vorläufigen) Waffenstillstand. Der dauert allerdings nicht lange, dann werden die verbalen Messer erneut gewetzt und es geht turbulent weiter. Die Handlung? Genauso chaotisch, sich überschlagend und gnadenlos unromantisch.

Hier meine Lieblingsliste mit Screwball-Komödien, die alle funkelnd orange sind:

- *Mein Mann Godfrey* (1936, R: Gregory La Cava) mit Carole Lombard und William Powell
- *Die schreckliche Wahrheit* (1937, R: Leo McCarey) mit Irene Dunne und Cary Grant
- *Blaubarts achte Frau* (1938, R: Ernst Lubitsch) mit Claudette Colbert und Gary Cooper
- *Leoparden küsst man nicht* (1938, R: Howard Hawks) mit Katherine Hepburn und Cary Grant
- *Die Nacht vor der Hochzeit* (1940, R: George Cukor) mit Katherine Hepburn und Cary Grant
- *Die Falschspielerin* (1941, R: Preston Sturges) mit Barbara Stanwyck und Henry Fonda
- *Atemlos nach Florida* (1942, R: Preston Sturges) mit Claudette Colbert und Joel McCrea
- *Arsen und Spitzenhäubchen* (1944, R: Frank Capra) mit Josephine Hull, Jean Adair und Cary Grant
- *Bettgeflüster* (1959, R: Michael Gordon) mit Doris Day und Rock Hudson
- *Vor Hausfreunden wird gewarnt* (1960, R: Stanley Donen) mit Deborah Kerr und Cary Grant
- *Ein Goldfisch an der Leine* (1964, R: Howard Hawks) mit Paula Prentiss und Rock Hudson
- *Avanti, Avanti* (1972, R: Billy Wilder) mit Juliet Mills und Jack Lemmon
- *Ödipussi* (1988, R: Loriot) mit Evelyn Hamann und Loriot
- *Viel Lärm um nichts* (1993, R: Kenneth Branagh) mit Emma Thompson und Kenneth Branagh
- *French Kiss* (1995, R: Lawrence Kasdan) mit Meg Ryan und Kevin Kline

FORMVOLLENDET

Orange wird das Trapez oder Fünfeck zugeordnet, das sich aus der Kombination von rotem Quadrat und gelbem Dreieck ergibt, genauso der fünfzackige Stern. Die Zahl Fünf steht für Fortschritt und Weiterentwicklung, ganz im Sinne der innovativen Qualität von Orange. Daneben ist die Fünf die Zahl des Menschen, der in Leonardo da Vincis bekannter Proportionsstudie den Fünfstern nachbildet: Die vier Gliedmaßen entsprechen den vier Elementen und der Kopf stellt das fünfte Element dar, die quinta essentia. Analog zu Orange und dessen Geburt aus Rot und Gelb steht der Mensch in da Vincis Fünfstern mit beiden Beinen fest auf der Erde, während Arme und Kopf in den Himmel ragen, womit er rote Erde und gelben Geist in sich vereint. Er ist orange.

In Japan ist Orange die Farbe des Wissens – denn echte Weisheit erreicht man eben nur, wenn Kopf- und Bauchwissen sich zusammentun.

SAFETY FIRST

Orange ist aber nicht nur lustig, sondern kann sich auch zusammenreißen und mutiert dann zum Lebensretter. Denn es ist eine Farbe, die leicht unsere Aufmerksamkeit erregt, vor allem im Kontrast zu seinem Komplementär Blau, also zum Beispiel vor blauem Himmel und blauem Wasser, weswegen Rettungsringe oft orange sind. Signalorange lenkt aber zu jeder Zeit unseren Blick, weswegen Rettungswagen in Gelb und Orange gehalten sind, genauso wie Warntafeln, die auf Gefahrguttransporte aufmerksam machen. Damit wir auf der Autobahn Hinweise auf Umleitungen schon von weitem sehen, sind sie leuchtend orange, und auch Rettungshubschrauber der Katastrophenhilfe sowie Fahrzeuge der Straßenbetriebe verlassen sich auf Signalorange.

GOT YOU!

Sträflingskleidung in den USA ist orange, weil die Farbe weithin sichtbar ist und man Ausreißer so besser orten und wieder einfangen kann. Aus demselben Grund sind übrigens auch die Rasenmäher von Flymo orange. Damit man sie im hohen Gras besser findet.

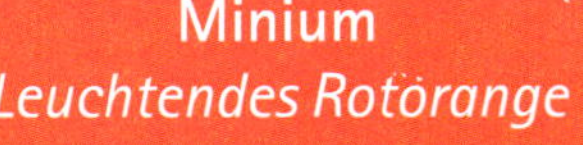

Minium

Leuchtendes Rotorange

Zum Hervorheben einzelner Buchstaben oder Wörter in ihren Abschriften verwendeten die Klöster früher das rotorange Pigment Mennige – die leuchtende Farbe war quasi der Textmarker des Mittelalters. Mennige wurde übrigens häufiger Minium genannt, woraus sich der Begriff »Miniatur« ableitet.

Wall of Flame

ORANGES FEUER FÜR IHRE WÄNDE

Kommt man in Räume in Orange, fühlt man sich augenblicklich belebt, selbst Zimmer, die nur wenig Tageslicht abbekommen, wirken in der Farbe freundlich und warm. Wenn Sie aber die Wände eines Zimmers, das nach Westen geht, in Orange streichen, kann die Farbe ihre guten Karten so richtig ausspielen: Von der Abendsonne beschienene orangefarbene Wände summen regelrecht vor Energie und rütteln selbst die verschlafensten Lebensgeister wach.

Da Orange die Kreativität anregt, zieht die Farbe immer öfter in Büros ein, meist in junge Start-ups oder Firmen, die mit Kommunikation zu tun haben, denn Orange fördert den Austausch und sollte überall dort eingesetzt werden, wo die Mitarbeiter miteinander kommunizieren oder gemeinsam Ideen durchspielen, wie in Besprechungsräumen oder Think-Tanks. In Büroräumen, die sich mehrere Mitarbeiter teilen, lässt man allerdings besser die Finger von der Farbe, um nicht unnötig die Kommunikationsfreude einiger zu fördern, die dann die Kollegen von der Arbeit abhalten.
Auch sehr beliebt ist die Farbe in Fitnessstudios, weil Orange zu Bewegung anregt. Gleichzeitig befreit es von geistigen Blockaden, vom nervigen Gedankenkarussell – also die perfekte Farbe für überarbeitete, geistig stark angespannte Menschen, die beim Sport abschalten und wirklich aus dem Kopf gehen wollen.

Orange in der Küche macht nicht nur Appetit, das Essen soll sogar besser schmecken.

Stilmix à la Orange – erlaubt ist, was gefällt!

Geselligkeit, Gusto, Genuss – alles Synonyme für Orange, das damit eine ideale Farbe ist für Küchen oder Esszimmer, die Farbe regt Appetit und lebhafte Gespräche bei Tisch gleichermaßen an. Zum kommunikativen Charakter der Farbe passen offene Küchenlösungen, damit man sich beim Kochen mit den Gästen unterhalten kann, oder direkt eine Wohnküche, in der sich die ganze Familie trifft … und die Nachbarn … und die engsten Freunde … und die entfernteren und … der ganze riesige Bekanntenkreis von Orangeliebhabern.

Typisch orange ist auch ein lässiger, experimenteller Stilmix, bei dem sich orientalische Muster um avantgardistische Lacktische ranken oder im Wohnzimmer eine ausgediente Kirchenbank zum Sofa umfunktioniert wurde. Das mag manchem die Farbe aus dem Gesicht weichen und ihn mit blutleeren Lippen »Blasphemie« hauchen lassen, aber das ist Orange: Das Brechen mit alten Gewohnheiten, Konventionen oder Traditionen, ein unbekümmerter Umgang damit und die unbedingte Liebe zur Extravaganz. Orange bringt in jeder Hinsicht Farbe in die Wohnung!

 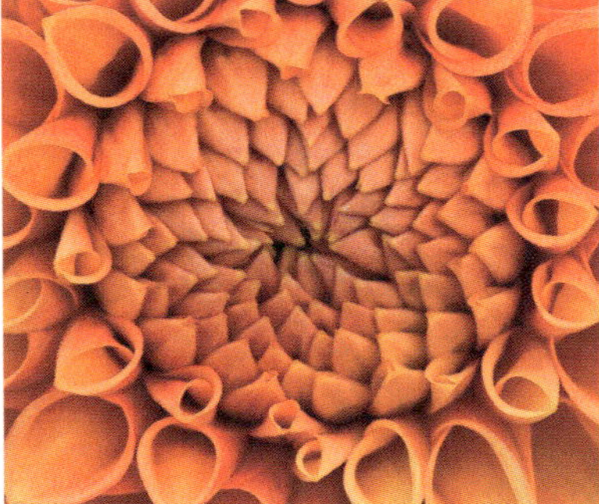 

Feuer und Flamme

Was für Räume gilt, können Sie auch auf den Garten anwenden: Orangetöne flammen im warmen Licht der Abendsonne erst richtig auf, und wenn Sie ein Beet mit orangeblühenden Pflanzen dort anlegen, wo es im Abendlicht baden kann, haben Sie noch mehr davon. Aber selbst an tristen Regentagen leuchtet Orange im Garten und hebt die Laune beim Rausschauen.

Ein warmes Willkommen strahlen Vorgärten aus, die mit Orange punkten, seien es orangefarbene Blüten oder das Laub von Sträuchern, die Farbe wirkt freundlich und einladend auf Gäste und lässt viel leichter die Klingel drücken als zum Beispiel ein Vorgarten in vornehmem, aber auch unnahbarem Weiß.

Da Orange eine Farbe ist, die uns schnell entgegenkommt, sollten Sie sie besser vorne im Beet bzw. im vorderen Gartenteil unterbringen, denn weiter hinten würde sie die Grundstücksgrenze optisch heranrücken und den Garten kleiner wirken lassen, als er ist. Haben Sie dagegen ein sehr weitläufiges Grundstück, können Inseln in Orange den Garten optisch zusammenzurren und ihn intimer wirken lassen.

Orangeblühende Stauden: Scheinsonnenhut, Schafgarbe, Fackellilien, Rosen (z. B. »Orange Dawn«, »Westerland«, »Metanoia«, »Pat Austin«, »Dame Judi Dench«), Dahlien, Taglilien, Nelkenwurz, Duftnessel, Ringelblume, Kalifornischer Mohn, Habichtskraut, Trollblume.

Sträucher und Bäume mit orangefarbenen Blüten, einer intensiven Herbstfärbung in Orange oder orangefarbenem Fruchtschmuck: Kupferfelsenbirne, Essigbaum, Eisenholzbaum, Eberesche, Blasenbaum, Geißblatt, Azalee, Zierquitte; der Judasbaum »Eternal Flame« sieht das ganze Jahr aus wie im Indian Summer.

Oktoberglühen

Engagiertes Orange

Ein Orange im Endspurt. Kurz vor dem Winter gibt die Farbe noch einmal alles, färbt Blätter glutorange und setzt Bäume in Flammen, bevor sie zu Wintergrau verglühen.

HERE COMES THE SUN

The Weather Project von 2003 ist eine Installation des dänisch-isländischen Künstlers Ólafur Elíasson, für die er den vielleicht besten Platz der Welt fand: das regnerische London, genauer die Turbinenhalle der *Tate Modern*. Wenn sich die Sonne in der Zeit der Ausstellung überhaupt einmal am Londoner Himmel zeigte, hing sie dort bleich und kraftlos und brach ihre Vorstellung relativ schnell wieder ab, um sich hinter britischgraue Wolken zu verziehen. Aber innen … innen badete alles in einem warmen, goldorangen Licht.

Orange wirkt nie kalt, sondern strahlt immer Wärme aus wie hier bei The Weather Project *von 2003.*

Eine glühende Sonne hing scheinbar frei schwebend in der riesigen Halle – ein Halbkreis, hinter dem 200 Lampen brannten, die nur warmgelbes Licht abgaben. Die Spiegelfolie, mit der die gesamte Decke verkleidet war, formte aus dem Halbkreis einen vollen, verdoppelte die Höhe der Halle und machte es möglich, dass die Besucher sich selbst sehen konnten und so zu einem Teil der Installation wurden, wirklich ihre eigene Erfahrung damit machen konnten.

Sie ließen sich sogar so sehr darauf ein, dass sie ihre Jacken auszogen und in dem orangefarbenen Licht badeten, das absolut keine Wärme oder gar Hitze abgab. Trotzdem haben sich die Menschen im vermeintlich warmen orangefarbenen Licht »gesonnt«.

Die kleine, feine Schwester von Orange: Apricot

Apricot ist sichtbar gemachte Sanftheit. Es ist die weiche Decke, in die man sich schmiegt, während man in üppige Polster sinkt und durch das Fenster die erste Frühlingssonne genießt.

Blasses Orange hat eine sanft wärmende, umfangende Qualität, die freundlich und wohltuend wirkt. Der Farbton strahlt etwas Leichtes, Weiches aus, eine Farbe, der die teils skurrilen Einfälle ihrer Schwester Orange fremd sind. Apricot hat eine verfeinerte Aura, ist gefühlvoll, auf eine angenehme Lautstärke moduliert und charmant, besonders wenn es schon nah an Rosa heranrückt in den Pfirsichtönen.

Doch bei aller Sanftmut schwingen auch in Apricot noch der Schwung und Elan von reinem Orange mit: Ein Hellorange ist kein zartes Rosa, sondern lediglich die mildere, etwas zurückhaltendere Variante von lautem Orange. Wo Orange hüpft und lacht, wiegt sich Apricot leise lächelnd im Takt. Wo ein reines Orange eine zwanglose, aber nicht zu leugnende Sinnlichkeit ausstrahlt, weckt Apricot eher das Bedürfnis nach Wärme und sanfter Umarmung.

Menschen, die Apricot lieben, wissen um seine Qualitäten und sind von der Gefallsucht, die man teilweise bei reinem Orange beobachten kann, befreit. Sie drängen sich nicht auf, sondern warten in ihrer leisen Art ab, bis man ihre sanfte Eleganz erkennt und zu schätzen weiß. Geht man auf sie zu, erwartet einen ein freundliches Willkommen.

Nude
Hautfarbe

Nude ist der elegantere Zweitname von »fleischfarben«, und weil es so viele unterschiedliche Hauttöne gibt, gibt es auch sehr viele Varianten von Nude: von hellem Beige über Altrosa bis zu blassem Apricot. Eine besonders schöne Haut haben wohl Nymphen, speziell an den Beinen, weswegen im 18. Jahrhundert die Modefarbe »cuisse de nymphe« (Nymphenschenkel) aufkam.

Sanftes für die Kleinsten

Kleinkinder empfinden Farbimpulse viel intensiver und direkter als Erwachsene. Wichtig ist es deshalb, dass endlich das alte Denken ad acta gelegt wird, dass Wahrnehmen gleich Wohlfühlen ist. Nur weil knallige Farben in Tests besonders gut erkannt werden von Kleinkindern (und sie daher danach greifen), heißt das nicht, dass sie sie auch mögen oder dass diese Töne geeignet sind für die Gestaltung von Kinderzimmern – im Gegenteil. Kräftige, laute Farben werden von Babys als genau das empfunden: Lärm. Sie machen die Kinder ruhelos und stören den Schlaf.

Die Kleinsten fühlen sich wohl in einer hellen, freundlichen Umgebung, die Geborgenheit vermittelt – das Babyzimmer sollte wirken wie eine schützende Umarmung. Eine liebevolle Atmosphäre haben, die auf unaufdringliche Art Sicherheit spendet. Eine ideale Farbe dafür ist weiches Apricot, das der Farbe, die Kinder im Mutterleib wahrnehmen, sehr nahekommt. Die Farbe wirkt wohlig, sanft wärmend und nährend.

Tipp: *Da das dreidimensionale Sehen bei kleinen Kindern, die Tiefenwahrnehmung, noch nicht richtig ausgebildet ist, brauchen sie neben dem hellen Pastellorange zusätzliche Akzente in gesättigteren Farben, um den Raum erfassen zu können. Dafür reichen schon ein paar Accessoires, Kuscheltiere, Bücher, Kissen, Vorhänge oder ein Teppich in einer etwas kräftigeren Farbe wie Taubenblau.*

Mit beiden Füßen auf dem Boden: Terrakotta

Wenn es eine Farbe gibt, bei der kaum jemand Berührungsängste hat, dann ist das Terrakotta. Das erdige Braunorange wirkt unprätentiös, zugänglich und weckt Erinnerungen an Mittelmeerurlaube. Dabei ist es aber nicht aufgedreht wie leuchtendes Orange, sondern entspannt und gemütlich unterwegs. Dieses gedämpfte Orange hüpft nicht mehr quicklebendig von einem Fuß auf den anderen, sondern steht mit beiden Beinen fest auf dem Boden, Terrakotta ist geerdet. Aldous Huxley lässt eine Figur in seiner Kurzgeschichte *After the Fireworks* Terrakotta daher als *originally colored* beschreiben, als urwüchsigen Farbton, der Erde verhaftet. Und erdiges Orange fühlt sich wohl auf seiner Scholle.

Menschen, die Terrakotta lieben, strahlen Stabilität und Sicherheit aus, die von ihrer ausgeprägten Bodenständigkeit herrühren. Sie schöpfen ihre Stärke aus ihrer soliden Verwurzelung im Hier und Jetzt, bei ihnen kann man sich geborgen fühlen, ihnen kann man vertrauen. Durch die Nähe zum Braun schätzen sie Traditionen und feste Werte, doch Terrakottaliebhaber sind freundlicher, fortschrittlicher und weniger bescheiden oder gar kernig wie Menschen, die Braun als Lieblingsfarbe wählen (von denen es ohnehin nicht viele gibt). Mit einer Vorliebe für Terrakotta ist man deutlich beweglicher und interessiert sich für Neuerungen, die allerdings im echten Leben bestehen müssen. Ein sehr innovativer, aber auch sehr wackeliger Designerstuhl ist nichts für Terrakottaliebhaber, ein modernes Modell in solidem Holz dagegen schon eher.

Ton-Art

Es gibt zwei Reaktionen auf »Wie wäre es mit Terrakotta für die Einrichtung?« Ein Schaudern und heftiges Kopfschütteln. Oder ein beseeltes Lächeln und Sätze wie: »Ach ja, das erinnert mich so an Urlaub ...« Die einen gruseln sich beim Gedanken an schwammgewischte Wände und David-Statuetten im Vorgarten, natürlich aus Terrakotta. Die anderen haben toskanische Landvillen vor Augen und die Farben, die mittlerweile schon zum neuen guten Ton gehören, denn Terrakotta wird seit einiger Zeit nicht mehr nur im klassischen Erdorange angeboten, sondern in wunderschönen Tonfolgen von pudrigem Hellbraun über samtiges Apricot bis hin zu warmem Palazzorot. Terrakotta hat die Erde von sich abgeschüttelt und zählt zu den neutralen Wandfarben, die in fast jedem Bereich eingesetzt werden können und dort für eine warme Ruhe sorgen. Sie sind pastellig, ohne schwach zu wirken, und kräftig, ohne grell zu sein.

Der »Urton«, die Farbe alter Tontöpfe, wirkt natürlich und vertraut. Dazu passt ein blank gescheuerter Holztisch, dem man seine Jahre an jeder Kerbe ansieht, warme Farben oder Naturtöne und gemütliche Lesesessel. In der jüngeren Variante fühlt sich Terrakotta wohl, wenn Sie die Farbe zusammen mit lebhaftem Orange, warmem Rot und ein wenig Beige als Puffer kombinieren. Neuerdings sieht man Terrakotta auch öfter mit einem neuen Partner an seiner Seite, der sehr gut zu ihm passt und Terrakotta einen modernen Anstrich gibt: Royalblau.

Sundowner zum Runterkommen

Lust auf einen orangen Abend? Schütten Sie etwas Sand auf im Garten oder auf dem Balkon, spannen Sie den Sonnenschirm über der Bar auf und laden Sie Ihre Playlist mit den Happy-Songs, dann nur noch die Freunde einladen. Orange Lebensfreude sind zwanglose Partys, das, was man früher so nett »gesellige Runde« nannte. Dazu gehören fruchtig-exotische Cocktails wie der Klassiker »Tequila Sunrise« in Sonnenuntergangsorange, ein »Sex on the Beach« in Glutorange oder ein »Planter's Punch« in kräftigem Koralle.

Etwas spannender ist ein »Gladiator«, bei dem der Orangensaft für den Sand in der Arena steht und der Kirschlikör für das Blut des armen Kämpfers, das darauf tropft. Klingt etwas schräg, schmeckt aber erstaunlich gut. Sie können selbst ein bisschen tüfteln, bis Sie Ihr perfektes Mischungsverhältnis gefunden haben – viele geben alle Zutaten (bis auf Zitronensaft und Angostura) zu gleichen Teilen in den Shaker, für meinen Geschmack bekommt der Cocktail aber mehr Charakter, wenn Whisky und Orangensaft leicht die Oberhand behalten:

4 cl Blended Scotch Whisky
2,5 cl frisch gepresster Orangensaft
1 cl frisch gepresster Zitronensaft
1,5 cl roter Wermut
1,5 cl Kirschlikör
1 Dash Angostura Bitter
Eiswürfel

Orange und Zitrone auspressen, eine Orangenschale zur Seite legen. Den Cocktailshaker zu zwei Dritteln mit Eiswürfeln füllen und alle Zutaten hineingeben. Das Ganze gut schütteln, bis der Shaker von außen beschlagen ist. Mit der Orangenschale über den Rand eines Martiniglases reiben, das bringt noch mal eine leicht bittere Note, die die süße Fruchtigkeit ausbalanciert, außerdem hat man so beim Trinken den Orangenduft in der Nase. Wenn Ihnen das Schicksal des Gladiators mit dem Angostura aber schon bitter genug erscheint, lassen Sie den Schritt mit der Orangenschale einfach weg. Den Cocktail über ein Barsieb ins Glas gießen und eine Orangenzestenlocke über den Rand wippen lassen.

Orange Should Be the New Black

Es gibt gar nicht so viele davon ... orangefarbene Logos. Dabei sticht man mit Orange leicht aus der trüben Masse heraus, und ein Logo in der Farbe lässt die Firma dahinter jung, energiegeladen und up to date wirken. Die gut gelaunte Energie von Orange färbt zuverlässig auf das Unternehmen ab, lässt es positiv, optimistisch und lebensfroh wirken, was bei allen »Fun-Produkten« Sinn macht oder auch bei Anbietern von Erlebnisreisen. Die Farbe ist die erste Wahl für innovative, ungewöhnliche Angebote, denn ein Codewort von Orange ist »neu«. Es ist untrennbar mit Modernität verknüpft und mit allem, was originell sowie schlicht »anders« ist, was den Rahmen dessen sprengt, was bisher da war, seien es neue Entwicklungen in der Technik oder außergewöhnliche Kunstströmungen.

Orange wird daneben gern benutzt, um ein günstiges Preis-Leistungs-Verhältnis zu signalisieren, wie *easyJet* das tut, mit denen der Urlaub günstig und mühelos zu haben scheint, easy eben. Weil die ersten Gegenstände aus Plastik orange waren, verknüpfen wir die Farbe allerdings auch mit »billig« im Sinn von »wertlos«, weswegen sich leuchtendes Orange für Produkte, die als seriös oder sogar luxuriös wahrgenommen werden sollen, nicht eignet.

Die Ausnahme von der Regel bildet das Luxuslabel Hermès, das seine Gürtel, Schals und Taschen in leuchtend orangefarbenen Boxen verkauft, verschnürt mit braunem Band – womit gleich zwei problematische Farben aufeinandertreffen, denn Orange und Braun sind die beiden Farben, die Eva Heller als die beiden unbeliebtesten überhaupt beschreibt. Trotzdem ist nicht nur die Mode von Hermès, sondern auch eine (leere) Schachtel der Marke ein begehrtes Sammlerstück.

Ursprünglich waren die edlen Waren von Hermès in elegantes Creme verpackt, das im Zweiten Weltkrieg aber einfach nicht mehr zu bekommen war, einzig orangefarbene Boxen konnte man noch auftreiben. Damals eine Notlösung – heute Kult.

Allerdings muss man sagen, dass das Hermèsorange eine fast gediegene Variante der Farbe ist, zusammen mit dem aufgedruckten schwarzen Rand und dem braunen Band wirkt das Orange ohnehin etwas dunkler und schwerer und vermittelt so traditionelle Werte sowie gute Handwerkskunst.

Schönfärberei

Religionsgründer kümmern sich in der Regel wenig um Mode – weltlicher Tand, fördert die Eitelkeit, ergo: ist unerwünscht. Buddha war da anders und erkannte die Chancen, mit der Kleidung Einfluss zu nehmen auf die Haltung seiner Anhänger. Statt schmutzbrauner Kutten entschied er sich für strahlendes Orange als Farbe für die Mönchsgewänder, das im Buddhismus die Farbe der Erleuchtung ist. Passend war Orange aber auch, weil es Rot und Gelb in sich trägt, also den Körper, der im Buddhismus nicht negiert wird, und den Geist vereint in Orange als goldener Mitte.

Ursprünglich wurde das auch in der Farbe der Gewänder deutlich, die mit kostbarem Safran gefärbt waren, der einen warmen, goldenen Schimmer hatte. Heute wird dagegen meist auf günstigeres Kurkuma oder synthetische Farbstoffe zurückgegriffen, und das Orange der Mönchsroben wirkt künstlich und schreiend, es weckt eher Assoziationen an Warnwesten als an Meditation. Da Orange für den Gläubigen aber auch das Feuer ist, das alle bösen Anhaftungen verbrennt und zur Entfaltung des wahren Selbst führt, ist ein richtig loderndes Orange vielleicht gar nicht so schlecht als Farbe für die neuen Gewänder der buddhistischen Mönche.

Nur Mut! Gute Laune zum Anziehen

Ich klingelte bei meinen Eltern, die Tür ging auf und ich hatte einen waschechten Farbflash.
»Ist das neu?«, fragte ich meine Mutter blinzelnd.
»Jaha! Chic, oder?«
»Es ist sehr … orange.« Selbst die sonnenverwöhnteste Orange hätte blass ausgesehen neben der Farbe, in die sich meine Mutter geworfen hatte. Ultraorange. Richtiggehend fluoreszierend. Und so viel davon.
»Ich weiß, toll, oder? Ich hab lange nach dem Kleid gesucht!«
»Zweifellos.«
»Ich muss jetzt aber auch los.«
»Wohin? Auf den Achtfachen Pfad?«
»Du warst auch schon mal lustiger.« Das Strahlen von Ma war jetzt etwas gedämpft. Das ihres Kleides leider nicht. »Nein, wenn du es unbedingt wissen musst: Ich wandle nicht auf Buddhas Spuren, sondern fahre in die Stadt.«

Plastikorange

Stumpfes Rotorange

Machte in den 1970ern ordentlich was her und Furore, fast jedes Plastikteil wurde leuchtend orange eingefärbt, um direkt klarzumachen, dass man es hier mit etwas Brandneuem zu tun hatte, etwas Bahnbrechendem! Heute ist Plastikorange schon ziemlich verkratzt, wirkt ein bisschen billig und steht, wenn überhaupt, im Schrank ganz hinten. Nur ab und an hat es noch mal einen schlecht bezahlten Auftritt als Retrostar.

»In dem Aufzug?!«
»Na sicher«. Sie zupfte an ihrem orangefarbenen Kleid herum. »Du hast doch selbst gesagt: ›Trag mehr Orange!‹«
»Stimmt«, gab ich zu. »Aber ich dachte an deine große orangefarbene Tasche. Oder du könntest öfter den Schal in diesem Saftorange tragen. Zu Camel sieht das super aus. Oder zu hellem Blau.«
»Nee, nee, lass mal«, winkte sie ab und rauschte in einem orangen Farbwirbel an mir vorbei.
»Mama, du siehst aus wie ein wandelnder Sonnenuntergang!«
»Eher tatsächlich wie ein buddhistischer Mönch. Das Kleid ist auch ein bisschen zu lang, oder? Mehr so ein … Gewand«, mischte sich mein Vater ein. Wenig hilfreich. Die Gesichtsfarbe meiner Mutter passte mittlerweile sehr gut zum Kleid, so ein intensives Rotorange.
»Das Teil war teuer!« Meine Mutter.
»Das auch noch?!« Mein Vater.
»Das Teil bleibt an!«
Es blieb an, und angeblich hat sich meine Mutter noch selten so energiegeladen gefühlt wie an diesem Tag in diesem Kleid. Das Einzige, was auch ihr zu denken gegeben hat, war, dass der Mann neben ihr im Café die ganze Zeit Orangensaft bestellt hat.

Beatnikorange | Poppiges Leuchtorange

Spontan. Kreativ. Ausgeflippt. Leger. Unkonventionell. Ausschweifend.

Mutige vor!

Orange ist gute Laune zum Anziehen und ideal fürs »Dopamine Dressing« – Outfits, die unser Energielevel heben, in denen wir uns gut fühlen und die unseren Körper deshalb Glückshormone produzieren lassen. Funktioniert mit Kleidern, in denen wir uns attraktiv fühlen, aber auch mit bestimmten Farben, und Orange ist in der Liste ganz weit vorne mit dabei.

Flippig, auffällig, mutig – so wollen Sie gern wirken? Dann tragen Sie Orange! Tasten Sie sich aber lieber langsam ran, denn Orange hat Energie für drei und kann einen leicht überrollen. Dosieren Sie am Anfang besser sparsam, oder greifen Sie zu den aufgehellten und gebrochenen Tönen, die weniger knallig sind. Reines Orange steht ohnehin nur den klassischen Frühlings- oder Herbsttypen mit warmem Hautton (die Haut hat einen goldenen oder orangen Unterton und die Venen wirken eher grünlich), alle mit einem kühlen Hautton (die Haut hat einen pinken Unterton und die Venen scheinen bei Tageslicht adlig bläulich oder violett durch) können maximal zu einem blassen, kühlen Peachrosa greifen.

Wobei: Ich finde nicht, dass wir uns sklavisch an irgendwelche Farbtyp-Regeln halten und in der Typ-Schublade verharren müssen, in die wir dadurch gestopft werden. Wirklich attraktiv und selbstbewusst wirkt nur, wer authentisch ist, stimmig, bei sich. Erreichen kann man das, indem man seinen eigenen Stil findet, und zum individuellen Stil gehören auch die eigenen Farben.

Sicher, an ein paar Grundregeln sollte man sich halten. Ich zum Beispiel wirke, wenn in Violett trage, wenig vorteilhaft. Vorsichtig gesagt. Mein Teint bekommt eine totenbleiche Färbung, und mein eigener Vater behauptet, ich würde in Lila aussehen wie ein deprimierter Geist. Einer, dem außerdem sehr schlecht ist. Aber es gibt schließlich viele Nuancen von jedem Farbton, und meist ist eine darunter, die Ihnen steht. Denn wichtiger als jede Typregel ist, dass wir die Farben tragen, die unsere Persönlichkeit widerspiegeln. Und die uns beim Tragen wieder mit uns selbst verbinden.

Wenn das bei Ihnen Orange ist – herzlichen Glückwunsch! Denn in Orange wirken Sie fröhlich, kontaktfreudig und gut gelaunt, Sie sind auch tatsächlich besser drauf. Denn Orange kickt die Laune nach oben und ist ein echter Mood-Booster.

So gesellig und unkompliziert orangebetonte Menschen im Umgang mit anderen sind, so gut kommt die Farbe Orange mit vielen anderen Farben aus: Edel wirkt sie mit Camel, Creme und Taupe; noch lauter als sonst mit Fuchsia und Rot; bürotauglich mit Schwarz und Dunkelblau; leuchtstark mit mittlerem und hellem Blau; mutig mit Royalblau;

tropisch mit Türkis; sommerlich mit Weiß; kreativ mit Rosa.

Ist ein kräftiges Persischorange nicht wirklich Ihre Farbe, Sie mögen aber ihren Esprit, dann übersetzen Sie die Farbe einfach in einen Stil, der ihr entspricht: Orange prägt einen unkonventionellen Kleidungsstil, bisschen experimentell, unangepasst und gern ganz vorne dabei bei neuen Trends. Knallig »orange« wäre eine Korsage oder Heels zur Armeehose, derbe Bikerboots zum Feenkleidchen und so weiter. Orangeliebhaber waren auch die Ersten, die Joggpants bürotauglich gemacht haben, leider sicher aber auch diejenigen, die die unsäglichen Ballonröcke der 80er zumindest anprobiert haben ...

Tipp Orange ist nicht genug, Sie wollen Ihr orangefarbenes Outfit mit einen Extraschuss Orangeenergie toppen? Das geht mit dem passenden Parfüm. Bei Orange ist das ein Duft wie ein ganzer Korb voll sonnenwarmer Südfrüchte, saftige Orangen, reife Mangos, spritzige Zitronen und süße Mandarinen. Dazu ein paar Yuzus, Jasminblüten und ein Hauch Vanille oder Patchouli: ein fruchtiger Gourmand-Duft. Süß-frech, gern exotisch, warm, sinnlich, so riecht Orange.

Koralle to go

Eine mildere Alternative zu farbsattem Orange ist ein weiches Rotorange mit rosa Untertönen: Koralle, gemixt aus (roter) Macht mit einem guten Schuss Barbie. Weicher, etwas sanfter und nicht so hemdsärmelig, aber genauso farbstark und kraftvoll wie Orange. Koralle bietet seine Stärke nur etwas weniger direkt an als aufdringliches Orange und kann Ihnen helfen, sich von Zweifeln zu verabschieden. Gleichzeitig lädt die Farbe unser emotionales Zentrum mit viel warmer Energie und Zuversicht auf.

Selbstbewusstsein to go mit einem korallfarbenen Outfit, plus Accessoires in Komplementärfarbe.

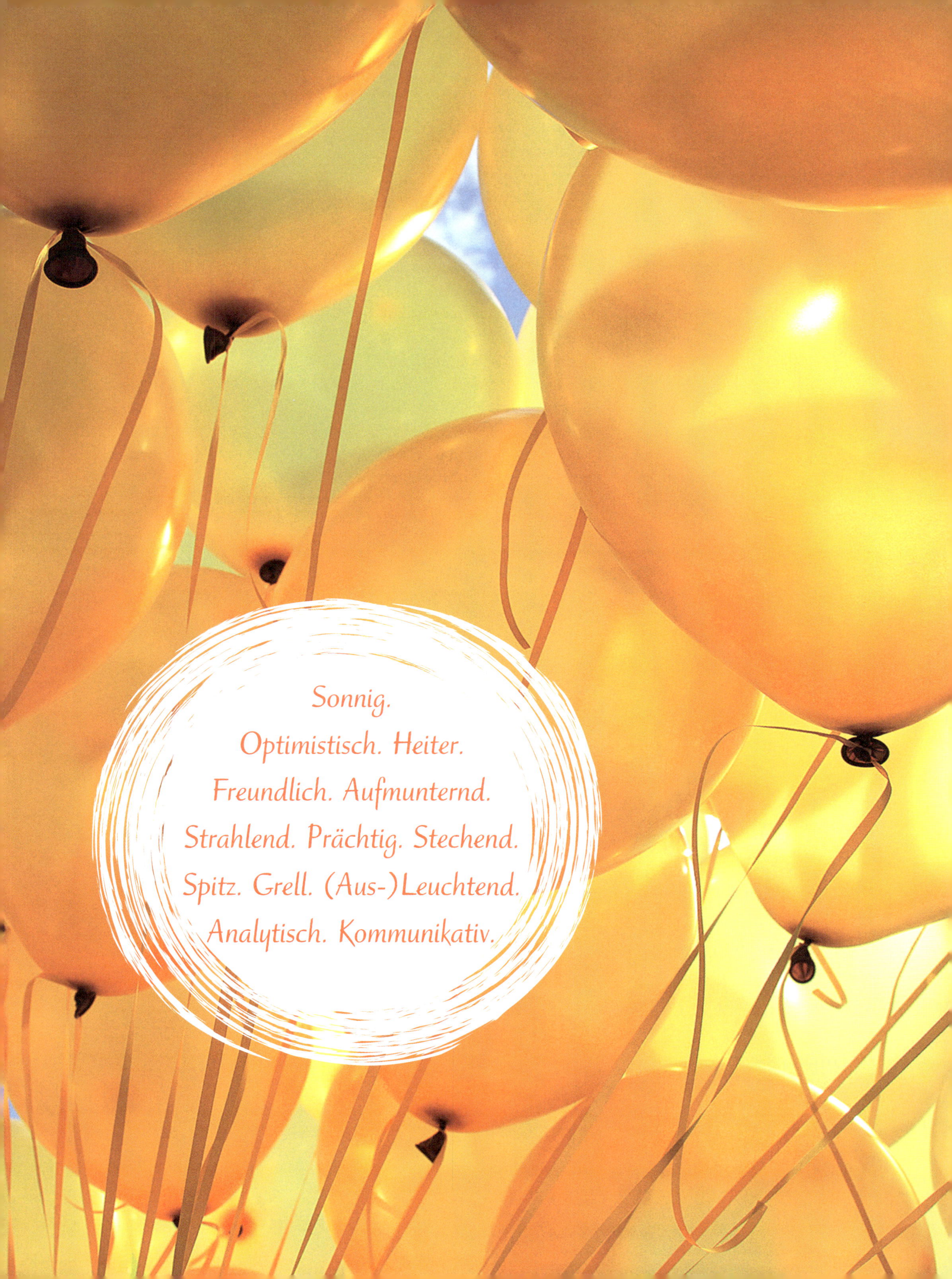
Sonnig.
Optimistisch. Heiter.
Freundlich. Aufmunternd.
Strahlend. Prächtig. Stechend.
Spitz. Grell. (Aus-)Leuchtend.
Analytisch. Kommunikativ.

FARBPORTRÄT

GELB

Göttliches Gelb

Gelb – Sonne – Licht – Leben – Lebensfreude. Die Assoziationskette zur Farbe Gelb wird bei vielen ähnlich aussehen. Gelb sind Osterglocken und Badeenten und lachende Kinder. Popcorn und Rapsfelder und Sonnenöl. Sommerurlaub und Eisdielen und Zukunftspläne. Sonnengelb ist durch und durch positiv, es hebt mit Leichtigkeit selbst die verkniffensten Mundwinkel an.

Eine sympathische Farbe, trotzdem habe ich mich lange um das Kapitel zu Gelb gedrückt, weil ich den Farbcharakter einfach nicht richtig greifen konnte. Sicher, Gelb ist sonnig, heiter und hebt die Laune. Aber was macht es aus als Farbpersönlichkeit? Vor allem: Was unterscheidet es von Orange, das einen ganz ähnlichen Charakter hat? Irgendwann hat es dann endlich »klick« gemacht: Orange ist wie ein ausgelassenes Kind, das hüpft und umherspringt. Aber Gelb ist anders, Gelb zappelt nicht rum. Gelb steht, majestätisch fast, und strahlt … auch Optimismus aus, aber in erster Linie Glanz. Herrlichkeit. Großartigkeit.

»Gelb ist die nächste Farbe am Licht«, hat Goethe festgehalten, Gelb kommt der Sonne gleich. Hehr, strahlend, unerreichbar, unsterblich – das ist die Sonne, und das ist die klassische Definition eines Gottes. Die Griechen, Römer, Germanen, Inder, Azteken, Ägypter, Perser, Inuit und viele andere beteten daher verschiedene Sonnengötter an, die fast alle gelbe Attribute oder Kleidung trugen; die ägyptischen Götter hatten sogar gelbgoldene Haut und Knochen, waren also quasi durchgefärbt, durch und durch göttlich gelb. Als göttlich sah auch William Turner die Sonne an, er ging später sogar so weit zu sagen: Die Sonne ist Gott.

Bei vielen ist das Licht auf der Leinwand angeknipst, bei Vermeer, de la Tour, Lorrain, den Impressionisten, Sorolla und bei vielen anderen. Aber Turner hat das Licht zu seinem Protagonisten gemacht – selbst Venedig verkommt zum Statisten, ist nur noch reine Kulisse für das Spiel des Lichts, gemalt vom Maler des Lichts. Turner deutet die Welt hier nur noch an, lässt Mauern

Amalfigelb. Auripigment.
Banane. Barockgelb.
Bernstein. Blütengelb.
Braungelb. Brillantgelb.
Buttergelb. Butterscotch.
Chromgelb. Curry.
Dahliengelb. Dottergelb.
Emojigelb. Fahlgelb.
Ginster. Goldgelb.
Goldocker. Herbstlaub.
Honiggelb. Kanariengelb.
Königsgelb. Kurkuma.
Leuchtgelb. Lichtgelb.
Mais. Mimosengelb.
Mondgelb. Narzissengelb.
Neapelgelb. Neongelb.
Nikotingelb. Ocker.
Osterglockengelb. Pariser Gelb.
Pastellgelb. Pollen.
Popkorngelb. Postgelb.
Prachtgelb. Quittengelb.
Rapsgelb. Säuregelb.
Schwefelgelb. Senf.
Signalgelb. Simpsongelb.
Sonnengelb. Strohgelb.
Taxigelb. Vanille.
Vollgelb. Warmgelb.
Zitronengelb.

unvollendet, überzieht sie mit einem Leuchten oder löst sie komplett auf in seinem mal diffusen, mal strahlenden, mal flirrenden, mal gleißenden Licht, dem er in seinem Spätwerk alles andere unterordnet: Turner malt Oden an das Licht. Neben dem Licht bestehen nur noch die Farben, die sich, nach Goethes Theorie, aus dem Ringen von Licht und Dunkelheit ergeben.

Joseph Mallord William Turner, Dogana und Santa Maria della Salute, Venedig, 1843

Knochenjob Gott

Eine Sonne, aber viele Sonnengötter. Fast jede alte Kultur kannte mindestens einen Sonnengott. Statt aber einfach zu befehlen »Es werde Licht!«, waren die Sonnengötter der Antike noch hart arbeitende Gottheiten, Apollo beispielsweise musste jeden Morgen seine vier Pferde anschirren und die Sonne mit seinem Wagen über den Himmel ziehen. Ebenfalls mit Sonnenwägen unterwegs waren die germanische Sol, der griechische Helios und der indische Gott Surya, also relativ viel Verkehr am Himmelszelt. Zwischendrin gondelte der ägyptische Gott Ra mit seiner goldenen Sonnenbarke über den Himmel (und ruderte auch nachts unermüdlich weiter, denn da brachte er den armen Seelen in der Unterwelt ein bisschen Licht). Am schlimmsten getroffen hatte es aber der sumerische Sonnengott Šamaš: Jeden Morgen aufs Neue musste er sich mit einer Säge erst mal mühsam den Weg zwischen den Bergen freilegen, um als Sonne aufsteigen zu können.

The Sun Always Shines on TV

In manchen Ländern zeigt sich die Sonne über lange Strecken fast ausschließlich auf der Mattscheibe, in nördlichen, sonnenarmen Ländern oder in besonders regenreichen wie den britischen Inseln zum Beispiel. Dort steht die Sonne aka gutes Wetter daher hoch im Kurs – und mit der Sonne die Farbe, die wir mit ihr verknüpfen: Gelb. Die Sonne erscheint und scheint scheinbar gelb, weswegen Gelb mit ihr verlinkt ist als Farbe des Lichts und der guten Laune.

Aber nicht jeder freut sich, wenn die Sonne scheint, wie eine Studie mit dem schönen Titel »The sun is no fun without rain« herausfand, die, nach einer Befragung von 6625 Teilnehmern aus 55 Ländern, zu dem Ergebnis kam: In Ländern, in denen die Sonne sehr häufig scheint und die Hitze eher eine Plage ist, ist auch Gelb als Farbe der Sonne weniger positiv besetzt. In sonnenarmen Ländern wie Finnland aber ist Gelb für neun von zehn Leuten gleichbedeutend mit Freude.

Als Faustregel gilt: Je weiter entfernt vom Äquator jemand lebt und je eher es einem Glücksspiel gleicht, ob die Sonne mal strahlend am Himmel steht oder nicht, desto mehr schätzt er sie und verbindet ihre Farbe Gelb mit Freude – und mit Glück.

YELLOW DAY Es gibt den Blue Monday, den Black Friday, den Pink Wednesday – und den Yellow Day, den fröhlichsten Tag des Jahres, der natürlich in den sonnenreichen Sommer fällt und nach einer Formel berechnet wird, die der britische Psychologe Cliff Arnall ausgetüftelt hat. Für sonnenarme Tage hatte schon Goethe in seiner »Farbenlehre« den passenden Tipp parat: Er empfahl, graue Winterlandschaften durch gelb getönte Gläser zu betrachten, um ihnen Wärme einzuhauchen. So wird »das Auge erfreut und das Gemüt erheitert«.

Mondgelb
Fahlgelb
Der bleichgesichtige kleine Bruder von Sonnengelb. Bisschen blass um die Nase, aber eine schöne schummrige Nachtbeleuchtung.

Helle Köpfchen: Gelb als Lieblingsfarbe

Gelb ist purer Glanz, ungebrochenes Strahlen – kein Wunder also, dass Menschen, die die Farbe lieben, ein sehr selbstbewusstes Auftreten haben. Gelb ist keine schüchterne Farbe, die sich versteckt, und keine, die sich eindämmen lässt, in Gelb will man gesehen werden, strahlen und glänzen – gern auch mit dem brillanten Verstand. Mit der Farbe der Götter ist man zwar nicht allwissend, aber in der Regel sehr intelligent, kann gut abstrakt denken und selbst komplexe Zusammenhänge schnell erfassen. Sich ausdehnendes Gelb steht auch für ein freies, schrankenloses Denken, und Gelbliebhaber sind meist offen für Neues, denken in alle Richtungen.

Generell sind Sie mit einer Vorliebe für Gelb sehr großzügig, offen, lebhaft, originell und immer begierig darauf, Ihr Wissen zu erweitern. Sie können andere motivieren, schon allein, weil Ihre optimistische Haltung ein bisschen auf jeden abfärbt, der mit Ihnen zu tun hat. Sie sehen fast alles in einem positiven gelben Licht und streben stets nach dem Optimum.

Falls Sie noch einen Beruf suchen, wäre nicht nur der des Gelehrten, sondern auch eine Karriere als Detektiv ganz passend für Sie als Gelbliebhaber, denn genauso wie die Farbe alles bis in den kleinsten Winkel ausleuchtet, lüften gelbbetonte Menschen gerne Geheimnisse, wollen sie aufdecken, erfassen und erforschen, auch weil sie ziemlich neugierig sein können, pardon: interessiert.

Der Kernsatz bei Gelb lautet: Ich weiß. Sie haben einen Verstand wie ein gut geschärftes Küchenmesser, allerdings auch die Neigung, sich nur auf den Intellekt zu verlassen, die Gefühle nicht in die Überlegungen einzubeziehen und etwas zu Tode zu analysieren. Die

Farbe und Form

Am Bauhaus wurde Gelb als Form das Dreieck zugeordnet, da es mit seinen spitzen Winkeln einen aggressiven, durch die Linien ins Unendliche einen sich ausdehnenden Charakter hat. Das nach allen Seiten weisende Dreieck symbolisiert zudem das freie, schrankenlose Denken, das typisch ist für gelbbetonte Menschen.

Lernaufgabe von Gelb besteht daher darin, von reinem Wissen zu echter Weisheit zu gelangen.

Goldgelb: Ich bewahre Wissen.
Sonnengelb: Ich weiß.
Gold: Ich bin weise.

Ein positiver Zug der Menschen, die Gelb als Lieblingsfarbe nennen, ist eine gewisse Unerschrockenheit den eigenen Fehlern gegenüber: Sie sehen sich so, wie sie tatsächlich sind, und lügen sich nicht in die eigene Tasche, sie beschönigen nichts. Gelbbetonte sind unverstellt, sehr offen und hassen Geheimnisse, sowohl bei sich als auch bei anderen, selbst auf schwammiges Herumgedruckse reagieren sie schnell ungehalten. Womöglich liegt hier ein Grund, weshalb Kinder Gelb noch lieben, viele Erwachsene aber lieber einen großen Bogen um die Farbe machen, die sie als unangenehm direkt empfinden.

Farbbotschaft von Gelb: »Ich zeige dir den Weg.«

Es ist ein bisschen wie mit der Yellow Brick Road im *Der Zauberer von Oz* von L. Frank Baum. Der Weg aus gelben Ziegelsteinen führt dort alle, die ihm folgen, wie ein Leitstrahl an ein Ziel: die Smaragdstadt im Herzen des Kontinents und das Ziel der Hauptfigur Dorothy. Daher ist »the yellow brick road« heute im englischsprachigen Raum ein Synonym für »die Straße zum Erfolg«.
Auch interessant: Zwar nicht im Buch, aber im Film gibt es noch eine zweite Straße, eine rote (in Warnrot!). Sie windet sich wie eine böse Schlange um die Yellow Brick Road und führt in die falsche Richtung.

Bernstein *Warmer Honigton*

Uralte Farbpersönlichkeit, die erst im hohen Alter Berühmtheit erlangte als Inneneinrichter mit pompösem Stil. Vorher arbeitete sie als antike Mückenfalle, die von Insekten, über Schnecken bis hin zu Pflanzenteilen alles einfing, was sich in dem klebrigen Baumharz verfing, das Bernstein ursprünglich einmal war, bevor es versteinerte und als Schmuckstein Furore machte.

Oben: Auch Meister können mal danebenliegen – Monets Küche in Gelb allover ist ein gutes Beispiel, wie man es nicht machen sollte.

Unten: Weniger ist mehr: Die sonnengelben Wände fluten den Raum mit warmem Licht, die neutralen Töne balancieren ihn aus.

Let the Sunshine In: Wohnen in Gelb

Gelbe Flächen schenken Räumen eine sonnige, heitere Atmosphäre. Narzissengelb zum Beispiel läutet den Frühling zu jeder Jahreszeit ein und leuchtet mit seinem warmen Leuchten die letzten (winter-)klammen Ecken endgültig aus. Es scheint auch eine von Claude Monets Lieblingsfarben gewesen zu sein, denn sein Esszimmer in Giverny ist in frischem Osterglockengelb gehalten. Allerdings hat er sich nicht nur auf die Wände beschränkt, sondern den Kamin, die Schränke und Stühle direkt mit gestrichen, der ganze Raum badet in Gelb. Auf den ersten Blick ein phänomenales Bild, wie sonnendurchflutet, freundlich, leuchtend. Ein bisschen zu leuchtend allerdings nach einer Weile, weil sich die Farbe ungehemmt ausdehnt, das Zimmer bis in den letzten Winkel ausleuchtet und einfach nur noch grell ist. Der Raum in Gelb wirkt außerdem haltlos, ihm fehlt die Erdung.

Optimismus, Heiterkeit, Licht und pure Lebenskraft: Sonnengelb wirkt wie ein Antidepressivum, es ist »Prozac in einem Farbeimer«, wie es die Pantone-Chefin Leatrice Eiseman auf den Punkt gebracht hat. Seine Schwester Zitronengelb allerdings übertreibt es manchmal ein bisschen, das stechende Gelb kann einem nach einer Weile wahnsinnig auf die Nerven gehen, so sehr, dass man das Gefühl hat, gleich den Verstand zu verlieren. Es gibt genügend Fälle, in denen die Farbe nervliche Belastungen tatsächlich verschlimmert hat, weswegen Menschen, die unter überreizten Nerven leiden, besser einen Bogen um Zitronengelb machen sollten.

Bei Gelb auf großer Fläche ist schnell nichts mehr zu spüren von sonniger Wärme, es ist eher ein aufdringliches Leuchten. Oder vielmehr: ein Ausleuchten und Durchdringen bis ins Letzte. Wie mit Flutscheinwerfern strahlt Gelb alles an, in dem hellen Licht bleibt nichts verborgen, sondern liegt offen da wie auf dem Seziertisch. Alle Ungereimtheiten, Fehler, Probleme, all das, was man so schön unter den Teppich gekehrt hatte ... Dumm nur, dass man dank Gelb jetzt über die Beulen stolpert. Aber Gelb ist eine starke Farbe, die fordert: »Zeig dich ohne Masken und Schleier!«

Warmgelb kann zwar auch anders, dann kitzelt es auf angenehme Art den Geist und regt das Denken an, aber grelles Gelb, vor allem über einen längeren Zeitraum hinweg, ist eine Zumutung, eine extrem lästige Stimulation, nervtötend, nur schwer zu ertragen. Ein aggressives Zitronengelb drängt

Auch die Kleinsten fühlen sich in leisem, freundlichem Vanillegelb wohl, dazu sanfte Farbkontraste in Pastelltönen, die die Ruhe nicht stören.

den Kopf regelrecht zum Arbeiten, unablässig, immer weiter, bis zur Überreizung.

Geistige Anregung ist in einem Arbeitszimmer, Klassenraum oder in Büros durchaus sinnvoll, außerdem wirkt sich der stimmungsaufhellende Effekt von Gelb positiv auf das Arbeitsklima aus. Allerdings sollten Sie dafür ein warmes Sonnen- oder Goldgelb wählen oder eine der hellen Nuancen von Vanille bis Lichtgelb, sie blenden nicht mehr, sondern schimmern sanft. Grelles Gelb ist die stechende Sonne zur Mittagszeit, Vanille dagegen das weiche Licht am Morgen, ein Weichzeichner als Farbe, eine sanft wärmende Decke, die sich locker über den Raum legt und eine freundliche, elegante Stimmung schafft.

Um die hellen Gelbtöne sicher zu verankern, sollte man sie wie mit einem Seil an Farben und Materialien mit Substanz binden. Modern wirkt Schwarz als stabiler, ausgleichender Partner, der jedoch

Einfacher umzusetzen als ein komplettes Umstreichen, aber ebenfalls hilfreich sind einzelne Akzentwände, Vorhänge oder Möbeln in Gelb. Selbst Accessoires in Gelb haben eine starke Wirkung und machen einen Unterschied.

nur als Akzent auftauchen sollte oder in Möbelstücken, die filigran und fein gearbeitet daherkommen.

Weiß ist ein Klassiker zu Sonnengelb, gemeinsam mit Holz wirkt das Duo schön natürlich und entspannt. Genauso passt Weiß für den sommerlich-klassischen Look, helles Grau für eine moderne Note, dunkles Blau für Mutigere, Holz- und Gewürztöne für eine warme, natürliche Stimmung oder kreidiges Grün für eine gelassene Raumwirkung.

Im Gegensatz zu klarem Gelb tippt helles Gelb den Geist nur noch sacht an, überreizt ihn nicht und eignet sich daher für fast alle Bereiche im Haus. Wenn es doch ein strahlendes Gelb sein soll, setzen Sie es besser nur als Akzent ein. Als Partner auf Augenhöhe präsentiert sich extravaganter Neobarock zu Gelb, das den Stil in Szene setzt – ins richtige gelbe Licht. Mondän in Schwarz-Weiß, mit Lackfronten und Acrylglaselementen spricht der Neobarock ohnehin eine sehr gelbe Sprache.

Mit Eiscremefarben wie Mint, Bleu und Rosé kann Gelb seinen unbekümmerten Charme ausspielen – perfekt für einen verspielten Stil oder eine Einrichtung im lässigen Scandi Chic.

Dunkelblauer Samt sieht sensationell aus vor gelben Wänden, während buttergelbe Plaids stilvoll über grauen Lehnen schmelzen und selbst sprödem Betongrau ein bisschen Wärme einhauchen.

TIPP: Wenn Sie jemandem etwas einmal sagen, kommt es vielleicht an, aber zweimal ist immer besser. Genauso kann man sich Farbwirkung im Raum vorstellen: Wir nehmen Farben meist nicht bewusst wahr, wenn wir

ein Zimmer betreten, aber eine gelbe Wand lässt uns den Raum als sonnig, strahlend und hell empfinden. Gut. Besser für die Wirkung ist es aber, wenn der Raum Ihnen das noch einmal sagt: »Ich bin strahlend und hell.« Das kann er mit allem tun, was noch mehr Helligkeit bringt und den Glanz, das Strahlen von Gelb verstärkt, wie glänzende und schimmernde Materialien. Oberflächen, die das Licht reflektieren. Glas, Acryl, Seide, Lack, Metall. Leuchten. Und für das Leuchten, das Sie nicht sehen, aber riechen können, sorgen die ätherischen Öle von Zitrone, Grapefruit, Verbene, Bergamotte, Litsea, Anis oder Basilikum.

Noch ein bisschen mehr gelbe Energie haben Räume, wenn Sie gelbe Musik laufen lassen. Wie Gelb klingt? Hell und voller Energie. Gelb sind strahlende Arrangements, die majestätisch, fast prachtvoll klingen. Oder Songs, die genauso sonnig und heiter sind wie die Farbe selbst.

Georg Friedrich Händel: Die Ankunft der Königin von Saba

Jo Blankenburg: Illumielle

Katrina & The Waves: Walking On Sunshine

TAXI

Taxigelb | Signalgelb

New Yorker Taxis sind leuchtend gelb, damit sie weithin sichtbar sind, damit wir das Taxi schon sehen können, obwohl es noch eine halbe Meile von uns entfernt ist. Wir sehen es auch sehr gut, wenn es einfach an uns vorbeirauscht, als wären wir gar nicht da. Vielleicht sollten wir das nächste Mal etwas in Taxigelb tragen.

FUN FACT

Viele denken, das Trikot des Führenden bei der Tour de France sei deshalb gelb, weil man ihn damit sofort ausmachen kann. Aber das »Maillot Jaune«, das Gelbe Trikot, war einfach nur Werbung für die Sportzeitung *L'Auto* (Nachfolger: *L'Équipe*), die das Rennen gesponsert hat und früher auf gelbem Papier gedruckt wurde.

Der erste Textmarker war gelb, weil es die perfekte Farbe ist, um Textstellen so hervorzuheben, dass man sie nicht übersieht und den Text trotz der Farbe noch problemlos lesen kann. Entwickelt hat ihn in den 1960ern die amerikanische Firma Carter's Ink, sie nannte ihn HI-LITER, woraus der »Highlighter« wurde.

Chromgelb: Ein schwacher Charakter

Chromgelb ist ein Gelb mit wenig Ausdauer, es strahlt nicht lange. Besonders schnell ermüdet ist es auf den Bildern von van Gogh, der das anfangs leuchtende Gelb gern und oft verwendete, weil er öfter mal knapp bei Kasse war. Das relativ günstige Chromgelb kam ihm da gerade recht, obwohl van Gogh wusste, dass es kein besonders stabiler (Farb-)Charakter war und unter Lichteinfluss schnell nachdunkelte. Weil Chromgelb in der Sonne gut bräunt und von leuchtendem Sonnengelb zu stumpfem Braun wechselt, sind die berühmten Sonnenblumen heute leider eher toffeefarben statt sonnengelb, sie sind auf der Leinwand verwelkt.

Van Goghs Sonnenblumen hat Chromgelb leider zum Welken gebracht, aber bei der Post leuchtet es noch – bei jedem Wetter.

.-.-.-.-.-.-.-.-.-.-.-.-.-.-.-.-.-.-.

Chromgelb

Geburtsdatum:	1797
Geburtsort:	Paris
Zweitname:	Pariser Gelb, Königsgelb, Narzissengelb
Eltern:	der Chemiker Louis-Nicolas Vauquelin, alleinerziehend
Charakter:	brillant, strahlend, unzuverlässig, wenig Ausdauer, giftig
Beruf:	Künstlerfarbe, Pigment in Lacken und Dispersionsfarben
Aktueller Job:	das Gesicht der Deutschen Post
Fans:	Vincent van Gogh, Thomas Lawrence, William Turner
Größter Fehler:	ließ van Goghs Sonnenblumen welken und braun werden
Auszeichnung:	2010 Aufnahme in die Kandidatenliste der besonders besorgniserregenden Stoffe (krebserregend und fortpflanzungsgefährdend)
Verwandte:	Blütengelb, Vollgelb, Pollen, Rapsgelb

.-

SCHWEFELGELB

Grellgelb mit grünlichem Teint Der Charakter: aggressiv, ätzend, der Weg zu Neongelb ist nicht mehr weit. Eine wahrhaft teuflische Farbe, die zwar nicht nach Schwefel stinkt, aber reizt. Augen und Nerven.

Gutes und schlechtes Gelb

Der Schweizer Maler und Kunsttheoretiker Johannes Itten hat eine klare Trennlinie gezogen: Für ihn gab es das gute, reine Gelb, das die Wahrheit symbolisiert und das hehre Gelb der Götter ist. Und dann war da noch das schlechte, verunreinigte Gelb, das so ungünstige Charaktereigenschaften hat wie Neid, Missgunst und Zweifel. Kommt Gelb in Berührung mit Grün oder Braun, verliert es seine Strahlkraft und bekommt nicht nur ein unansehnliches, angeschmutztes Aussehen, sondern ist auch gern in schmutzige Geschäfte verwickelt als Farbe der Falschheit und des Verrats.

NIKOTINGELB

Braungelb

Ein Gelb, dem man seine schlechte Gesundheit ansieht, das sich aber trotzdem nicht hängen lässt oder schwächlich daherkommt. Hat es sich einmal irgendwo niedergelassen, bleibt es zuverlässig an Ort und Stelle. Anders als bei den Rauchern, denen es seine Farbe verdankt, geht ihm nicht so schnell die Puste aus: Nikotingelb hält durch und verblasst sogar nach langer Zeit kein bisschen.

Breite Schultern oder nicht – ein gelber Mantel ist selbst an trostlosen Regentagen ein echter Lichtblick.

Helle Freude

Oben: Im Duo mit seinem Komplementär Violett strahlt Gelb erst richtig und legt noch ein paar Lumen drauf.

Unten: Reicht oft schon aus, um das Outfit aufzuhellen: eine gelbe Tasche à la Marnie.

Sonne macht glücklich! Weil unser Körper, wenn wir im Sonnenlicht baden, das Glückshormon Serotonin produziert, das unsere Laune hebt. Obwohl Sonnenlicht gar nicht gelb, sondern weiß ist, hat Gelb als Farbe, die wir mit der Sonne verbinden, einen ganz ähnlichen Effekt: Beim Blick auf Gelb spendiert unser Körper eine Runde Glückshormone, genauso wenn Sie die Farbe tragen und so Sonne und Freude anziehen. Die Farbe lädt unsere Batterien auf, unser Reservoir an Lebenskraft, das laut Chakrenlehre ziemlich in der Mitte des Körpers im Oberbauch liegt, Sonnengeflecht heißt und gelbe Energie abgibt.

Es ist allerdings keine Farbe, um sich zu verstecken, in Gelb werden Sie definitiv nicht übersehen, sondern stehen im Spotlight. Aber Sie fallen positiv auf, denn in gelben Kleidern wirken Sie sofort optimistisch, gut gelaunt und freundlich, und auch die eigene Laune hebt sich spürbar. Sie dürfen sich allerdings nicht wundern, wenn andere häufiger auf Sie zukommen, denn in Gelb erscheinen Sie offen und zugänglich.

Also alles nur eitel Sonnenschein mit Gelb? Leider nicht ganz, denn die Farbe hat eine etwas lästige Eigenart: Sie dehnt sich optisch aus. Und sie dehnt scheinbar auch unsere Hüften, Beine und alles andere aus, was wir mit Gelb bedecken, die Farbe lässt die Körperpartien gern eine Nummer breiter wirken.

FUN FACT

Gelbe Kleidungsstücke greifen in Filmen den Darstellern unter die Arme ... dabei zu zeigen, dass sie gerade glücklich und gelöst sind. Hitchcocks Marnie trägt ein sumpfdottergelbes Kleid, als sie fröhlich, völlig befreit ist und barfuß auf einem Pferd davongaloppiert, und in die »Ehre der Prizzis« zeigt uns sein gelbes Sakko, das Jack Nicholsons Charakter in Hochstimmung ist und verliebt. Verliebt zeigt sich auch Frank Sinatra in »Die oberen Zehntausend« – für ihn leuchtet Grace Kelly in einem gelben Kleid.

Warum sind die Simpsons gelb? Gelbsucht? Sie sollen besonders fröhlich wirken? Nein, der Grund ist eher banal: Die Schöpfer haben sich für Gelb entschieden, weil die Kinder Lisa, Bart und Maggie keinen Haaransatz haben. Gelb wirke ein bisschen wie Haut und ein bisschen wie eine Haarfarbe, ein Kompromiss also.

Ein Symbol für gute Laune, das jeder kennt, ist das Smiley-Emoji, 1963 von Harvey Ball entworfen und mittlerweile weltweit verbreitet. Harveys Lohn damals? 45 Dollar. Kann man auch nur drüber lachen.

Weisheit mit Löffeln essen:

Nahrungsmittel fürs Gehirn

»Mir geht ein Licht auf.« »Er ist ein heller Kopf.« Geistesblitze. Alles gleißend gelb. Gelb als Farbe des Lichts steht für den Durchblick, für Wissen, den Intellekt und rationales Denken, die Wörter »brillant« und »hell(e)« sind Synonyme für intelligent.

Die Roben vieler naturwissenschaftlicher Fakultäten sind gelb, weil Gelb als Farbe der Vernunft gilt.

Gelb wirkt mental anregend, fördert die Konzentration und sorgt für erhellende Einsichten. Die Farbe wirft quasi ein Licht auf etwas, leuchtet es aus, so dass das Problem oder direkt die Lösung augenfällig wird. Mit Gelb auf dem Schreibtisch können wir daher mehr »Helligkeit« im Sinne von Klarheit in unsere Arbeit bringen und selbst komplexe Sachverhalte schnell erfassen.

Zunutze machen können Sie sich die hilfreiche gelbe Farbenergie ganz einfach, indem Sie etwas Gelbes betrachten – oder essen, wie Ananas, Zitronen, gelbe Paprika, gelbe Zucchini, gelbe Tomaten, Kastanien, Mais, Ingwer, Honig oder Käse. Wenn Sie Ihrem Gehirn etwas richtig Gutes tun wollen, greifen Sie zu gelbem »Brainfood«:

- **Nüsse.** Viele haben eine Tüte mit »Studentenfutter«, eine Mischung aus Trockenfrüchten und verschiedenen Nüssen, auf dem Tisch stehen – aus gutem Grund: Nüsse enthalten Omega-3-Fettsäuren, Eiweiß und B-Vitamine, mit denen uns die Konzentration leichter fällt. Außerdem können wir uns besser daran erinnern, was wir schon gelernt haben, und wir ermüden nicht so schnell.

- **Eier.** Die grauen Zellen im Gehirn tun von alleine leider nichts, sie müssen aktiviert werden. Das geht mit Sudoku und mit Eiern, die die Gedächtnisleistung steigern, außerdem können wir uns dank des im Eigelb enthaltenen Cholins besser konzentrieren und an den Lernstoff erinnern.

- **Bananen.** Die Glukose in der Banane versorgt das Gehirn mit Energie, während Vitamin B6 an der Bildung von Botenstoffen im Gehirn beteiligt ist.

- **Kohlehydrate** wie (Süß-)Kartoffeln, Kichererbsen, (Vollkorn-)Getreide, Haferflocken. Unser Gehirn ist wie ein Extremsportler – pro Sekunde verarbeitet es über 10 Millionen Informationen –, der unglaublich viel Energie verbraucht, selbst aber keine generieren kann, weswegen wir sehr viel zuführen müssen über die Nahrung. Ideal geeignet sind leicht komplexe Kohlenhydrate, die der Körper langsam aufspaltet und die ihre Energie nach und nach an unser Gehirn abgeben. Die Mineralien und Vitamine in Vollkornbrot und Haferflocken fördern die Gehirnleistung, und speziell Süßkartoffeln haben extra viel Vitamin E, das sogar bei Krankheiten wie Alzheimer helfen kann, weil es der Zerstörung von Nerven- und Gehirngewebe entgegenwirkt.

- **(Gelbe) Karotten.** In Karotten ist Nitrat enthalten, das im Körper in Nitrit umgewandelt wird. Nitrit nun sorgt für einen guten Blutfluss, mit dem mehr Sauerstoff zu den Zellen transportiert wird, und wir wissen: mehr Sauerstoff, mehr Leistungsfähigkeit.

- **Curry für alle!** Das gelbe Gewürz Kurkuma, beziehungsweise das darin enthaltene Curcumin. hat einen positiven Effekt auf die Denkleistung.

- **Wasser.** Last but not least, eigentlich müsste Wasser an erster Stelle stehen in einer Liste mit Nahrungsmitteln für das Gehirn. Egal ob Sie reines oder gelb solarisiertes Wasser (Wasser in ein gelbes Glas füllen und eine Weile in die Sonne stellen) trinken, es ist essenziell für die Funktionsfähigkeit unseres Gehirns. Kein Wunder, es besteht zu drei Vierteln aus Wasser, und wenn wir nicht ausreichend Wasser trinken, schrumpfen die Dendriten im Gehirn – die »Antennen«, die die Informationen aufnehmen und weiterleiten. Dann heißt es: keine Empfangs- und Weiterleitungsstation, keine Hirnleistung. Also sollten wir mindestens zwei bis drei Liter Wasser pro Tag trinken, Sportler natürlich noch mehr.

Hat Gelb Ihre grauen Zellen schon zum Leuchten gebracht?

Testen Sie doch mal mit einem Sudoku-Rätsel, bei dem Sie alle Felder dann richtig ausgefüllt haben, wenn die Ziffern von 1 bis 9 jeweils nur genau einmal auftauchen in jeder Zeile, jeder Spalte und in jedem Block.

3			5			9		8
	9	2		4	8		3	
5		6	9	3		4		1
	3	1		9	7	5	6	
2			8	1			4	9
	5	9			3		8	
9			6		1	7		3
1		5		8	4		9	6
	2	3	7	5		8		

Die Lösung finden Sie auf Seite 169.

SAUER MACHT ... SCHLANK: ENTSCHLACKEN MIT ZITRONENGELB

Morgens auf nüchternen Magen ein großes Glas lauwarmes Wasser mit dem frisch gepressten Saft einer halben Zitrone trinken: Vielleicht nicht so lecker wie Kaffee, dafür schmeckt die Mischung dem Körper sehr. Der Zitronensaft pusht das Immunsystem und wirkt, obwohl er sauer schmeckt, im Körper basisch und hilft, das wichtige Säure-Basen-Gleichgewicht zu halten. Häufige Kopfschmerzen, Pilze, Gallensteine, Nachtschweiß und alle anderen Wehwehchen, die durch eine Übersäuerung des Körpers entstehen können, werden mit dem Zitronenwasser langsam, aber sicher ausgemerzt. Zitronensaft kann aber noch mehr: Er schwemmt Schlacken aus dem Bindegewebe und entgiftet, u. a. die Leber, die wiederum das Blut entgiftet.

Wem sich schon beim Gedanken an Zitronensaft am frühen Morgen der Mund zusammenzieht, der zieht Zitronengelb an. Die Farbe hat als Pullover oder Hose eine entschlackende Wirkung, zum Beispiel auf das Bindegewebe an Oberarmen und Beinen. Alternativ können Sie gelbes Farblicht anwenden, das eine reinigende und ausleitende Wirkung hat und Blut sowie Lymphe von Toxinen befreit.

7up fügte der Verpackung seiner Getränke einmal einfach 15 Prozent mehr Gelbanteil zu – und schon glaubten die Verbraucher, die Limo schmecke zitroniger.

Amalfigelb
Junges Sonnengelb
Das ultimative Sommergelb mit Gute-Laune-Garantie. Das Gelb sonnenreifer Amalfizitronen, süß-sauer, erfrischend wie ein Bad im Mittelmeer.

Unnützes Wissen

Sie machen einen Riesenbogen um jeden Briefkasten, haben Schweißperlen auf der Stirn, wenn Sie ein Rapsfeld nur sehen, und eine mittlere Panikattacke vor jeder Käsetheke? Dann leiden Sie womöglich an Xanthophobie. Es ist die irrationale Angst vor der Farbe Gelb.

Fast genauso erdverbunden und sicher wie in einer Höhle fühlt man sich mit ockerfarbenen Wänden, die den Raum umarmen.

Ocker | Erdiges Gelb

Das Leben der Steinzeitmenschen war nicht sonderlich bunt, weder in gesellschaftlicher Hinsicht (mal eine Einladung in die Nachbarhöhle, mal ein netter Grillabend am Lagerfeuer) noch wortwörtlich, denn die Farbpalette war sehr übersichtlich: Da gab es nur Rot, Weiß und Schwarz – und ein sattes, warmes Gelb, genauer: Ocker, eine Erdfarbe, die es in verschiedenen Tönen gibt. Am bekanntesten ist der Goldocker, der aus der Erde (fast) direkt auf die Höhlen- oder Leinwand gebracht wurde und wird.

When a Man Hates a Woman

Manchmal schlendere ich für ein Stündchen durch ein Einrichtungshaus. Neue Trends angucken – und Paare. Ist immer amüsant.

Ein Pärchen war mir beim letzten Mal direkt aufgefallen, wie Satelliten kreisten sie immer wieder um die Abteilung mit den Polstermöbeln. Sie aufgekratzt und begeistert. Er ... weniger.

»Ui, das ist mal eine tolle Farbe, die würde super bei uns aussehen!«, freute sie sich.

»Ernsthaft? Gelb?« Er.

»Das ist total schön!«

»Da irrst du dich.«

»Das Sofa würde so richtig Sonne ins Zimmer bringen!«

»Das Ding sieht aus, als wäre eine Tube Senf drauf explodiert. Oder eher mehrere.« Er umrundete die Couch mit skeptischem Blick.

»Das ist kein Senfgelb«, informierte sie ihn. »Die Farbe heißt Kurkuma.«

»Schatz, es ist mir völlig egal, ob Senf, Kurkuma oder Kürbissuppe. Ich will keine Couch, die aussieht, als hätte jemand Essen drübergekippt.«

»Es ist ja schon fast kein Gelb mehr, sondern mehr so ein Goldton, findest du nicht ...?«, lockte sie und streichelte verliebt über die Lehne.

»Unser Wohnzimmer ist doch nicht der Thronsaal von Versailles«, stellte er fest. »Gold geht gar nicht.«

»Gut ...« Mit sichtlich schwerem Herzen rückte sie von dem gelben Samt ab. »Welche Couch würdest du denn nehmen?«, fragte sie lustlos, um direkt deutlich energischer nachzuschieben: »Aber nix mehr in Schwarz, das sag ich dir gleich! Ich bin gottfroh, dass wir unser hässliches schwarzes Ungetüm von Sofa endlich los sind.«

Er blieb abrupt stehen und drehte sich zu ihr um. »Wie? Kein Schwarz? Wieso denn nicht? Schwarz ist zeitlos. Schwarz ist modern. Schwarz ist ... Ich mag Schwarz!«

»Ein schwarzes Sofa wirkt wie ein schwarzes Loch im Raum.«

»Jetzt übertreibst du aber!«

»Nein, überhaupt nicht. Außerdem zieht Schwarz Energie.«

»Bitte?!«

»Ist ganz schlecht fürs Chi, wenn man auf Schwarz hockt.«

»Dieses Chi ist mir wurscht, ich will ein normales Sofa!«, rief er laut und zog die Aufmerksamkeit einer Familie bei den Esszimmertischen auf sich. Sie zog ihn ein Stück weiter.

»Du wirst doch noch was anderes finden als Schwarz oder Grau«, zischte sie.
»Wie? Grau ist auch raus? Warum das denn?« Mittlerweile hatte sich ein leicht verzweifelter Ton in seine Stimme geschlichen, aber sie war erbarmungslos: »Weil Grau keine Farbe ist.«
»Doch, meine Liebe, ist es. Und zwar eine ziemlich coole!«
»Cool, eben«, sie schüttelte missbilligend den Kopf. »Cool, kalt, ohne Leben. Auch ganz schlecht fürs Chi.«
»Weiß?«
»Zu empfindlich.«
»Creme?« Jetzt klang er wirklich ein bisschen verzweifelt. »Oder ein schönes Beige?«
»Wenn du da die Flecken rauskriegst ...«
Er warf ihr einen nicht schwer zu deutenden Blick zu und schaute sich fahrig in dem Laden um. »Blau!« Froh, noch eine Farbe gefunden zu haben, die halbwegs neutral war, wedelte er sie zu einem Möbel in dezentem Graublau.
»Hm ...« Sie blieb einen Meter vor dem Sofa stehen und legte den Kopf schief. »Bisschen sehr frostig, findest du nicht auch? Da brauch ich ja schon eine Decke, wenn ich mir nur vorstelle, da abends länger draufzusitzen. Nein ... eher nicht.«
Auf seinem Gesicht bildeten sich hektische rote Flecken. Passend dazu hatte er scheinbar eine Eingebung: »Rot!«, rief er. »Wie wär's mit Rot? Rot ist gut!«
»Mario ...« Ein mitleidiger Blick. »Weißt du denn nicht, dass Rot wahnsinnig unruhig macht? Grade auf so großer Fläche? Also ich will ja nicht nörgeln, aber du zappelst abends so schon unnötig viel auf der Couch rum. Da will ich mir gar nicht vorstellen, wie es erst sein wird, wenn wir ein rotes Sofa ...«
»Ja, schon gut«, winkte er ab und wischte sich unauffällig ein paar Schweißperlchen von der Stirn. »Aber es gibt doch jetzt keine Farben mehr.«
»Doch. Lila.«
»Ich hasse Lila.«
»Tja ...«
»Und Orange auch! Bitte«, flehte er fast. »Bitte kein Orange!« Jetzt tat er mir ehrlich leid.
Aber sie kannte keine Gnade: »Grün dann.«

Schafft immer eine gemütliche Wohlfühlatmosphäre: Goldgelb.

»Nur über meine Leiche.«
»Schön«, säuselte sie, ein feines Lächeln in den Mundwinkeln. Und wie durch Zufall waren die beiden wieder am Ausgangspunkt ihrer Runde angekommen. Bei dem Sofa in Gelb.
»Dann ist es wohl Gelb, oder?«, entschied sie und man konnte sehen: Sie hatte ihn so weit. Dem armen Mann war schlagartig klar, in welche Richtung der Hase die ganze Zeit schon gehoppelt war. Aber er war fertig mit den Nerven und hatte noch nicht mal mehr die Kraft zu protestieren. Auch nicht, als er den Kaufvertrag für das kurkumagelbe Sofa unterschrieb.

Gerade die satten Töne von Herbstlaub sind Wohlfühlfarben, warmes Goldgelb ist ein Gelb wie das Licht alter Leselampen, ein Gelb, das den Spätsommer im Haus festhält. Und ein Gelb, das Niedergeschlagenheit einfach wegwärmt und Ihre leeren Akkus bei nervösen Erschöpfungszuständen ganz schnell wieder auflädt. Also ein Gelb, das Ihnen kein Chi entzieht, wenn Sie es sich auf Ihrem Sofa oder Sessel gemütlich machen, sondern Ihnen im Gegenteil positive Lebensenergie zuführt. Ein sonniger, bequemer Fleck zum Auftanken.

Charismatische Ausstrahlung: Goldgelb

Goldgelb strahlt, nicht nur durch seine augenscheinliche Verwandtschaft mit Gold, Adel aus. Da es aber der lockeren gelben Farbfamilie entstammt, ist es nicht besonders steif, sondern legt eine heitere Noblesse an den Tag. Es ist ein warmes, sattes Gelb mit leichtem Sonnen- bzw. Rotstich, durch den es gekräftigt und deutlich bodenständiger ist als ein leichtfüßiges, ruheloses Zitronengelb. Das dunklere Gelb ist zwar nicht mehr so hell strahlend, dafür gewinnt es eine bedächtige, ruhige Qualität, wirkt schlicht geerdeter, näher an der roten Erde – und damit auch näher am Genuss: Sattes Goldgelb steht für Üppigkeit und Sinnenfreuden, das wusste schon Dionysos, der Gott des Weines, der Freude und Fruchtbarkeit, der seine Feste in safrangelben Gewändern feierte.

Den Charakter von prächtigem Goldgelb kann man beschreiben mit selbstsicher, charismatisch, mächtig. Dabei wird jedoch weniger die Macht im Außen und über andere als vielmehr die über sich selbst angestrebt. Mit Goldgelb kann Ansehen genossen werden, missbrauchen wird es seine Stellung nie. Wie alle Gelbtöne steht auch dieses warme, goldene Gelb gern im Mittelpunkt, sicher, präsent. Allerdings tut es das mit einer unaufgeregten Gelassenheit, die purem Gelb fehlt.

Stechendes Gelb klang für Kandinsky wie »eine immer lauter geblasene, scharfe Trompete«, bei Goldgelb dagegen denke ich an klar, aber warm klingende Holzinstrumente wie ein Cembalo oder Violoncello in einer Bibliothek mit deckenhohen Holzregalen, denn Goldgelb steht auch für altes Wissen, historisches und gefestigtes. Es ist die fundierte Bildung und, da ein geerdetes Gelb, ein Wissen mit Wurzeln. Wenn die dunklen ruhigen Gelbtöne zu Ihren Lieblingsfarben gehören, sammeln Sie wahrscheinlich gern Informationen und setzen sich eingehend mit ihnen auseinander, statt ziellos immer neue Gebiete auszuprobieren und sie dabei nur zu streifen. Sie haben ein Interesse an historischen Forschungen, beschäftigen sich gern mit der Vergangenheit und können auf einen großen Wissensschatz zurückgreifen.

Harmonisch. Ausbalanciert.
Ausgewogen. Ruhig.
Unbeweglich.
Phlegmatisch. Tolerant.
Ausgleichend.
Genügsam. Natürlich.
Gesund. Erneuernd.

FARBPORTRÄT GRÜN

Auf der grünen Wiese

Wassily Kandinsky hat einmal etwas boshaft bemerkt, Grün sei wie »eine dicke, sehr gesunde, unbeweglich liegende Kuh, die nur zum Wiederkauen fähig ist«. Mag sein. Der springende Punkt ist aber: Es ist eine ausgesprochen zufriedene Kuh!

Grün ruht in sich, es hat seine Mitte gefunden. Aus warmem Gelb und kaltem Blau geboren, ist Grün weder das eine noch das andere. Oder vielmehr: das eine *und* das andere. Es hat die gegensätzlichen Qualitäten seiner Ursprungsfarben harmonisch in sich vereint, sie ausbalanciert und zu einer ausgeglichenen Haltung gefunden.

Grün ist der gelassene Typ, den kaum etwas aus der Ruhe bringt, der das Stillsitzen zur Kunstform perfektioniert hat. Dass Grün es bei aller Beschaulichkeit manchmal zu ruhig angehen lässt und eine gewisse Trägheit an den Tag legt, stimmt schon. Stört es selbst aber überhaupt nicht.

Wenn Grün mal von seiner gemütlichen Couch aufstehen will, muss es sich dafür etwas zur Seite lehnen, in Richtung seiner gelben, putzmunteren Seite. Mit mehr Gelbanteil bekommt neutrales Grün einen Energiekick und wird zu spritzigem Maigrün oder zu poppigem Limettengrün. Der andere Teil der Farbfamilie lässt es dagegen sehr unaufgeregt angehen. Mit mehr Blau in den Adern bekommt Grün eine nach innen gerichtete, nachdenkliche und ein bisschen abwartende Qualität. In seiner Mitte und ganz bei sich ist Grün aber ungestörte Ruhe, Balance und Harmonie pur. Die zufriedene Kuh auf ihrer Wiese.

Farbbotschaft von Grün: »Ich gleiche dich aus.«

»Ich bin Ausgleich. Halte die Waage gerade. Egal, wie stürmisch es im Außen auch sein mag, in mir herrscht Ruhe, hier gibt es keine Aufregung oder gar Streit. Manche sagen, ich sei der geborene Mediator, weil ich in meinem Umfeld für Harmonie sorge. Vor allem aber will ich dich in deine Mitte bringen, denn strahlst du Ausgeglichenheit aus, verändert sich dein Umfeld automatisch, es passt sich an deine Schwingung an und kommt ebenfalls wieder in die Balance.«

Absinthgrün. Antikgrün.
Aqua. Aquamarin. Avocado.
Bambusgrün. Biogrün.
Blattgrün. Blaugrün.
Celadon. Chartreuse.
Eau de Nil. Empiregrün.
Erbsengrün. Fenchel.
Flaschengrün. Forstgrün.
Froschgrün. Frühlingsgrün.
Geistergrün. Gelbgrün.
Geldgrün. Giftgrün.
Gischtgrün. Grasgrün.
Grünerde. Grünspan.
Irischgrün.
Jade. Khaki.
Koboldgrün. Laubgrün.
Limette. Lindgrün.
Maigrün. Malachit.
Marrs Green.
Meerschaumgrün.
Mint. Minze.
Oliv. Pariser Grün.
Pastellgrün. Peridot. Petrol.
Pistazie. Pradagrün.
Racing Green.
Saftgrün. Salbeigrün.
Säuregrün.
Scheeles Grün. Schimmelgrün.
Schwarzgrün. Schweinfurter
Grün. Smaragd.
Tannengrün. Tarngrün.
Teal. Tiffanyblau. Türkis.
Uraniagrün.
Verdigris.
Waldgrün. Wassergrün.
Wiesengrün. Wintergrün.
Zartgrün. Zengrün.

Eine sichere Bank ... ist grün

Die Dresdner Bank brauchte damals ein neues Logo und hat einen ganzen Stab Fachleute angeheuert, der die perfekte Farbe dafür auswählen sollte. Die Wahl fiel überraschenderweise nicht auf Blau wie bei der Deutschen Bank, was Vertrauenswürdigkeit und Professionalität vermittelt hätte, sondern auf Grün: das berühmte grüne »Band der Sympathie«.

Aber auch Grün wie ein Geldschein? Der Farbton stand tatsächlich Pate für das Logo, ein Grün, das keine falschen Assoziationen weckt mit den Grünen oder dem Bioladen um die Ecke. Das Grün der Bank sollte den Kunden vielmehr genau zwei Botschaften vermitteln: »Ihr Geld ist bei uns sicher. Und es wird sich vermehren.« Nur ein Grün leistet das: reines Mittelgrün, das genauso viel aktives Gelb in sich hat wie passives Blau: die statische Mitte, die signalisiert: »Ihr Geld ist sicher aufgehoben, hier bewegt sich absolut nichts.«
Da wir Grün daneben mit Natur und Wachstum verbinden, suggeriert das grüne Logo aber auch: »Die Fülle ist nah! Ihr Geld ist nicht nur sicher, sondern Ihr Guthaben wird sogar noch wachsen.«

Grünes Glück

Auf Spieltischen, die mit grünem Stoff bezogen sind, ist das Vertrauen in das Glück und das Casino größer als bei roten oder blauen Tischen. Größer sind daher auch die Einsätze.

> Ich wollte einen billardtischgrünen Hintergrund für ein Foto. Also ging der Fotograf los und schoss das Bild. Ich mochte es nicht. Er ging erneut los und schoss ein weiteres Foto und ich mochte es immer noch nicht. »Ich habe nach einem Billardtischgrün verlangt!«, soll ich gesagt haben. »Aber das ist ein Billardtisch, Mrs. Vreeland«, antwortete der Fotograf. »Mein Lieber«, habe ich sicher gesagt, »ich meinte die IDEE eines Billardtischgrüns.«
>
> Diana Vreeland, ehemalige Chefredakteurin der Vogue

Ausgefuchst

Juristen sind den ganzen Tag nur mit Paragrafen beschäftigt? Nicht ganz, viele Anwaltskanzleien investieren daneben einiges an Zeit, um über die passenden Farben für ihr Logo oder ihre Räumlichkeiten nachzudenken. Diese Farben müssen natürlich in erster Linie dem Image, der Außenwirkung und dem Kundenstamm der Kanzlei gerecht werden und sind daher sehr individuell. Trotzdem gibt es ein paar Allrounder, die fast immer erfolgreich eingesetzt werden können.

Neben klassischem, seriösem Blau sind grüne Akzente in Besprechungsräumen beliebt, weil ... die Farbe Vertrauen einflößt und entspannt. Sie schafft so die idealen Voraussetzungen, um der Gegenpartei ein paar Geheimnisse zu entlocken, die sie sonst vielleicht nicht preisgegeben hätte.
Falls jemand misstrauisch werden und nachfragen sollte, gibt es eine einfache Erklärung für die grüne Farbwahl: Grün strahlt Ordnung und Struktur aus, und das ist schließlich immer gut in einem Büro.

Frühlingsgrün: Der Gute-Laune-Booster

Der Schreibtisch: voll. Der Kopf: noch voller. Die Energiereserven: leer. Hier hilft die frische, unverbrauchte Energie von Frühlingsgrün, ein agiles Gelbgrün, das wirkt wie von der Sonne beschienen – vergnügt und unbeschwert bringt es einen regelrechten Schub an neuer Kraft. Es ist ein vor Lebendigkeit summendes Grün, vital und beschwingt. Was ja nicht gerade typisch ist für ein Grün, das von Haus aus eher phlegmatisch veranlagt ist. Eigentlich ist Grün der Couchpotato unter den Farben oder, um es netter auszudrücken: Grün hat einen enorm entspannenden Effekt. Aber: Ein Grünton mit einem hohen Gelbanteil trägt die Qualität von Jugend in sich, von Neubeginn und unverfälschter Lebensfreude, für die es gar nicht viel braucht: eine Handtasche in Chartreuse, ein Schal in Verbene oder ein gelbgrüner Duft mit Bergamotte weckt die Lebensgeister aus dem Winterschlaf auf. Dazu ein frischer limegrüner Smoothie für den Frühjahrsputz von innen!

Chartreuse

Spitzes Gelbgrün

Ein etwas ätzender Farbcharakter, noch deutlich grüner im Gesicht als bissiges Säuregrün. Kommt vielleicht von zu viel Kräuterlikör, dem der Farbton seinen Namen verdankt.

Maigrün ist die Farbe der jungen Liebe, noch knospend und zart wie die ersten Blätter im Frühling. Schon der mittelalterliche Amor, Frau Minne, war ganz in Grün gewandet als Zeichen der wachsenden Liebe, die das Potenzial hatte, sich zu entfalten. Aus demselben Grund und weil Grün die Farbe der (Körper)Mitte, des Herzens, ist, entschied sich die Vorgängerin von Frau Minne, die römische Liebesgöttin Venus, für frisches Grün als Kleiderfarbe. Die griechische Kollegin Aphrodite war als Schaumgeborene dagegen wahrscheinlich in Meer(schaum)grün unterwegs. Wenn sie denn überhaupt mal etwas anhatte.

Die perfekte Braut: Grün als Farbe der Fruchtbarkeit und Fülle

Jan van Eyck hat auf seinem berühmten Gemälde, dem Arnolfini-Porträt aus dem Jahr 1434, Grün als Farbe für das Brautkleid gewählt. Einerseits, um das dominante Rot im Hintergrund auszubalancieren, andererseits sicherlich auch, weil Grün die Farbe der Gesundheit und Fruchtbarkeit ist. Die Farbe für Wachstum, Fülle und Hoffnung … auf ein Kind im Fall der Frau auf dem Bild, die noch nicht schwanger ist, sondern nur nach der damaligen Mode gekleidet mit stark gefälteltem Rockteil vor dem Bauch. Und mit einem Brautkleid in der idealen Farbe.

Jan van Eyck, Die Arnolfini-Hochzeit, 1434

Das gute Gewissen ist Grün

Und welche Farbe hat die Gesundheit? Auch Grün. Grün ist die Farbe des Lebens, der Natur und des Natürlichen. Bio-Labels auf Lebensmittelverpackungen leuchten daher grasgrün, was uns klar signalisiert, dass wir hier Gesundes kaufen. Die Farbe codiert aber noch mehr: Saftgrün steht nicht nur für gesunde Ernährung, sondern auch für einen verantwortungsvollen Umgang mit der Natur, die durch unseren Kauf schön grün bleibt. Grün ist mittlerweile für uns gleichbedeutend mit »gut«, ein internationaler Farbcode, den jeder versteht.

Weil das so ist, verpassen sich viele Firmen gern einen grünen (Neu-)Anstrich, auch wenn die Farbe oft schneller abblättert, als die Unternehmen ihre Nachhaltigkeitsseiten aufbauen können – und das wahre, gar nicht grüne Gesicht kommt zum Vorschein.

Avocado ist ein Farbton, der gerne für solch ein grünes Facelift benutzt wird – als Synonym für ein gesteigertes Umweltbewusstsein und für die Sehnsucht nach einem natürlicheren Leben.

Avocadogrün stand schon einmal im Rampenlicht ... mit gemischten Gefühlen:

Interview mit Umweltaktivist und Trendsetter Avocado

Hallo, Avocadogrün, wie geht es dir? Danke, gut. Vor einiger Zeit war es zwar ein bisschen hektisch, aber ich kann mir eigentlich ganz gut meine innere Ruhe bewahren. Trotzdem war ich froh, als der Hype um mich etwas abflaute, im Grunde bin ich ein zurückhaltender Charakter, der nicht gerne im Mittelpunkt steht.

»Wir Grünen sind entspannt.«

In deiner Jugend warst du aber schon einmal ziemlich berühmt und standest über ein Jahrzehnt im Scheinwerferlicht. Das war sogar in einem ganz ähnlichen Zusammenhang wie heute, oder? Ja, das war im Zuge der Umweltbewegung der 70er-Jahre, als 1968 Bilder des kilometerlangen Ölteppichs vor Santa Barbara um die Welt gingen. Grün als Farbe der Natur wurde damals zum Markenzeichen der Bewegung.

War Grün das denn nicht schon immer? Ein Symbol für die Natur? Sicher, schon die altägyptische Hieroglyphe für Grün war ein Papyrushalm. Aber man hatte es einfach so gut wie vergessen, und die Natur war bis zur Katastrophe selbstverständlich gewesen. Immer da. Immer schön grün. Aber nichts, um das man sich groß hätte kümmern oder das man hätte bewahren müssen. Und genauso wenig stand daher die Farbe Grün im Fokus.

Das änderte sich damals aber schlagartig. Oh ja! Mit der Sorge um die Umwelt und dem Zurück-zur-Natur-Movement rückten neben Grüntönen auch natürliche Erdtöne wie Terrakotta ins Rampenlicht. Da ich in meiner Farbfamilie das Familienmitglied bin, das am besten dazu passte, wurde ich rausgepickt als Vertreter der Grüntöne.

Gab das kein böses Blut bei den anderen in der Familie? Nein (lacht). Wir Grünen sind ziemlich entspannt.

Aber du wurdest damals quasi über Nacht zum Star. Stimmt, aber man muss auch sehen, dass die avocadogrüne Mode seltsame Blüten trieb. Jeder wollte sein Umweltbewusstsein zeigen und am besten gut

Sogar Plastik und Autos waren in der 1970ern avocadogrün. Nicht unbedingt gut für die Umwelt, aber immerhin gut fürs Gewissen. Sogar bei einem Maserati.

sichtbar vor sich hertragen. Je häufiger, desto besser.

Wie muss man sich das vorstellen? Na ja, nicht nur die Blusen und Cordhosen waren damals politisch korrekt avocadogrün, sondern auch Badezimmerkacheln, Küchenfronten, Telefone oder Sofas. Richtig grotesk wurde es, als sogar Autos in umweltschonendem Grün durch die Gegend fuhren.

Dieses Aus-dem-Ruder-Laufen eines an sich guten Trends haben wir ja wieder erlebt … Du meinst die vielen Bildchen von Avocado-Toasts auf Instagram und Co. vor ein paar Jahren? Gesunde Ernährung ohne mindestens eine Avocado pro Tag auf Brot, im Wrap oder gegrillt schien undenkbar. Spaß beiseite, es ist gesund, sicher, aber wie du schon sagst, es hat, wie schon in den 70ern, eine Schattenseite. Die Avocadoimporte in Amerika sind etwa viermal so hoch wie noch vor 15 Jahren. 2015 wurden allein in Deutschland 45.000 Tonnen Avocados gegessen – mit den problematischen Folgen für die Anbaugebiete, die Umweltbilanz, mit dem immensen Wasserverbrauch beim Anbau und so weiter.

Eigentlich bist du also als Frucht und Farbe ein Synonym für Umweltbewusstsein und einen gesunden Lebensstil. Allerdings nahm und nimmt der Trend so sehr an Fahrt auf, dass er seine hehren Ideen selbst überholt. Würde ich so unterschreiben. Und wenn ich das noch sagen darf: Als Autolack gefalle ich mir überhaupt nicht (verzieht das Gesicht).

Worauf würdest du dich denn gerne sehen? Auf Kleidern und Stoffen fand ich mich damals schon chic. Als Wandfarbe würde ich mich auch gerne öfter sehen, da hole ich ein Stück Natur ins Wohnzimmer, denn ich bin sehr bodenständig und verbinde dich wieder mit deinen Wurzeln. Ich bringe ein bisschen Ursprünglichkeit in die westliche Industriegesellschaft zurück.

In deiner Nähe fühlt man sich angenehm beruhigt, das kann ich bestätigen. Danke. Ja, ich rege sicher niemanden auf, im Gegenteil.

»AUF AUTOS GEFALLE ICH MIR NICHT. ABER IM INTERIEUR FÜHLE ICH MICH WOHL UND WIRKE SCHÖN NATÜRLICH.«

GRÜNES LICHT GEBEN

Die Farblichttherapie ist keine Neuerfindung unserer Zeit, schon die alten Ägypter waren auf derselben Wellenlänge unterwegs und errichteten Farbheiltempel mit Räumen, in denen in Farbe gebadet wurde. Im Gegensatz zu Kleopatra, die ja angeblich Eselsmilch vorzog für ihr Bad, nahm Nofretete gern ein grünes Bad zum Entspannen.

Bei der heutigen Farblichttherapie kommen elektromagnetische Wellen in einem Wellenlängenbereich von etwa 400 bis 750 nm zum Einsatz, das ist das, was wir als sichtbares Licht kennen von Violett, das etwa bei 400 nm liegt, bis Rot bei etwa 750 nm. Jedes farbige Licht hat also eine festgelegte Wellenlänge, Frequenz und Energie, die auf Körper, Psyche und Geist einwirkt. Grünes Licht (reines Grün liegt bei 497–530 nm) geben sollten Sie sich häufiger, wenn Sie entspannen wollen. Grün wirkt wunderbar ausgleichend auf den gesamten Körper, vor allem aber beruhigt es die Nerven und lindert sogar migräneartige Kopfschmerzen, Stress und Erschöpfungszustände.

Ein schöner Bonus: Grünlicht ist ein echtes Beautytalent, weil es störende Altersflecken verblassen lässt. Es hemmt die Bildung von Melanin und verhindert, dass sich die Pigmente in den oberen Hautschichten absetzen. Hat man schon Verfärbungen, können wiederholte Bäder in Grünlicht helfen, die Melaninansammlungen wieder zu spalten und die Flecken zum Verschwinden zu bringen; dafür gibt es neuerdings futuristische LED-Masken fürs Gesicht. Klassischer können Sie mit einer Farblichttherapielampe zum Beispiel gegen Cellulite vorgehen, wobei das etwas zeitintensiver ist: 3-mal am Tag für etwa 10 Minuten die Stellen mit grünem Licht bestrahlen.

GRÜN als Notfallmedizin

Rot regt auf. Rot kann uns in Panik versetzen. Rot ist die Farbe des Schocks. Erste Hilfe bietet hier der Gegenspieler von Rot, seine Komplementärfarbe[6]: Grün, das den Menschen aus dem Extrem-, dem Ausnahmezustand wieder in seine Mitte bringt. Grün schafft es, dass wir wieder ruhiger und tiefer atmen, außerdem wird durch Grün die Ausschüttung von Stresshormonen gedrosselt.

Auch bei Tieren, die unter Schock stehen oder sehr erregt sind, erzielt man gute Erfolge mit einer Farblichttherapie mit grünem Licht. Oder Sie legen den Schlafplatz mit einer grünen Decke aus, denn die Farbschwingung wird, wie beim Menschen, neben den Augen auch über die Haut[7] bzw. die Hautzellen aufgenommen, weitergeleitet und im ganzen Körper verteilt.

[6] Farbpaare, die sich auf dem Farbkreis gegenüberliegen, nennt man Komplementärfarben, so ist Rot das Komplementär zu Grün, Blau das zu Orange und Violett steht Gelb gegenüber. Komplementärfarben steigern sich gegenseitig in ihrer Leuchtkraft, wenn sie direkt nebeneinanderstehen. Mischt man die beiden Farben, »löschen« sie sich, in gleichwertiger Mischung, gegenseitig aus zu Unbunt, sprich zu Grau oder Braun. Auch in der Wahrnehmung stehen die Komplementärfarben diametral zueinander, so wirkt Rot z. B. trocken, während sein Gegenspieler Grün feucht erscheint; Rot ist erregend und stark, während Grün beruhigend und eher schwach wirkt.

[7] Wir nehmen bis zu 80 Prozent der Farbstrahlung über die Haut auf, nur 20 Prozent der Farbreize werden über den Sehnerv rezipiert. Das ist ein Grund, weswegen auch blinde Menschen Farben zwar nicht sehen, aber durchaus empfinden können.

GRÜNE MÄNNCHEN … UND WEIBCHEN.

WAS DIE LIEBLINGSFARBE GRÜN ÜBER SIE AUSSAGT

Mit einer Vorliebe für Grün sind Harmonie und Frieden essenziell für Sie, und damit Ihr Seelenfrieden nicht ins Wanken gerät, brauchen Sie zusätzlich viel Raum für sich. In der Regel sind Sie aber mit sich im Reinen, achten sich und Ihre Bedürfnisse. Daher fällt es Ihnen leicht, auch mit anderen verständnisvoll und entspannt umzugehen. Sie sind gern großzügig, haben aber auch kein Problem damit, etwas anzunehmen.

Grünliebhabern wird gerne vorgeworfen, keinen Antrieb zu haben und allzu lethargisch zu sein. Das kann vorkommen, denn Grün ruht nun mal in sich, hat alles, was es braucht, und sieht überhaupt keine Notwendigkeit, seine komfortable Mitte zu verlassen. Grün sind oft die Leute, die sagen: »Ich brauche keinen Urlaub weit weg, ich bin zu Hause absolut zufrieden, mir fehlt nichts.« Und die das auch genau so meinen.

Irischgrün | Grasgrün

Ein Grün … so lebendig wie die irische Flagge im irischen Wind, das wogende irische Gras oder irische Kobolde.

Als Farbe der Mitte wirkt Grün auf die Körpermitte, das Herz, ein. Grünbetonte Menschen handeln häufig auch aus dem Herzen heraus oder versuchen, beruhigend auf andere einzuwirken. Die Farbe wirkt sich dabei besonders positiv auf die Emotionen aus bzw. schafft ein Gleichgewicht zwischen Gefühlen und Rationalität, zwischen Herz und Verstand.

Manche Grünbetonte haben sogar die »Lizenz zum Heilen«. In jedem Fall bringen sie viel Verständnis auf und Toleranz, weil sie meist die Beweggründe beider Seiten nachvollziehen können. Als geborener Mediator werden Sie sich immer für eine Lösung einsetzen, die einen fairen Ausgleich schafft – und die typische grüne Balance wiederherstellt.

Helles Grün erinnert mich an einen buddhistischen Meister: friedvoll, leise, ausgeglichen. (Auf eine gute Weise) einfach, bei sich und gelassen. Helles Grün kann dabei aber auch seltsam unbeteiligt wirken. Hellorange scheint einen freundlich in die Arme zu schließen, Zartgelb tippt sachte den Geist an, Hellblau weitet und klärt ihn, aber ein Pastellgrün bleibt einfach nur neutral. Lernt man den Farbcharakter allerdings näher kennen, ändert sich das Bild und statt unbeteiligt oder neutral passen plötzlich Begriffe wie besonnen und zentriert viel besser. Auch die – in letzter Zeit immer wieder von den Medien aus ihrem ruhigen Jetzt gezerrte – Achtsamkeit ist zartgrün.

Noch ein Modebegriff neben »Achtsamkeit«: Zen-Grün für die hellen Grüntöne von Jade bis Celadon, von Minze bis Eau de Nil. Im Gegensatz zu den mittleren Grüns, die ausgleichend wirken auf körperlicher und emotionaler Ebene, wirkt helles Grün auf den Geist, es gleicht ihn aus und lässt ihn zur Ruhe kommen. Helles Grün schafft eine meditative Atmosphäre, so dass das Kopfkino zum Stillstand kommt und nur noch ein entspannendes Standbild zeigt.

Zengrün
Mildes Hellgrün

Der entspannteste Vertreter der grünen Farbfamilie, meditiert den ganzen Tag und bringt selbst gestresste Workaholics zur Ruhe.

Eau de Nil
Bläuliches Blassgrün[8]

Eau de Nil … das klingt wie ein Parfüm. Roch aber sicher schon im späten 19. Jahrhundert, als der Name aufkam, nicht besonders, denn der blumige Begriff Eau de Nil bedeutet nun mal nichts anderes als: Nilwasser. Dass das ein delikates Wassergrün ohne jede Trübung sein soll, hielten damals schon viele für unglaubwürdig – den Farbton sahen sie aber trotzdem gern an ihren Schlafzimmerwänden.

Celadon
Helles Graugrün

Ein sagenumwobenes Grün, geheimnisumwittert, Legenden und Mythen rankten sich um den Farbton … der, endlich für alle Augen sichtbar, eher blass aussah.

Ein angenehmer Mitbewohner: Zengrün als Wandfarbe

Farbe ist oft das Erste, was wir wahrnehmen, wenn wir einen Raum betreten, und da die Wandfarbe die größte Fläche einnimmt, legt sie die Stimmung im Raum fest. Daher sollte man sich etwas Zeit lassen bei der Auswahl des Farbtons, denn eine Wandfarbe ist wie ein Mitbewohner, der einzieht. Einer, der immer zu Hause ist und nicht zu übersehen.

Wenn Sie unsicher sind, in welcher Farbe Sie streichen sollen, denken Sie mal über die milden Grüntöne als Untermieter nach, ihren Einzug bereut man in der Regel nicht. Meditatives Jade- oder Bambusgrün, kreidiges Salbeigrün oder das verhüllte Dunstgrün wie früh am Tag, wenn der Morgennebel Wälder und Wiesen mit durchsichtigen Schleiern überzieht … Zengrün malt friedliche Naturlandschaften an die Wände und schafft so eine harmonische, ruhige Stimmung. Die sanften, etwas vergrauten Grüntöne sind dabei für fast alle Räume geeignet, aber speziell in Schlafzimmern können sie nervös bedingte Einschlafstörungen lindern und für einen erholsamen Schlaf und Entspannung pur sorgen.

Salbeigrün

Verdigris

Ihre Wirkung in den Wohnräumen beschreibe ich gern am Gegenspieler von Grün, an Rot: Rot als sehr dynamische Farbe kommt Ihnen schon an der Tür entgegen und drängelt, will Aktivität sehen und wirkt auf Dauer sehr fordernd. In einem grün gestrichenen Wohnzimmer dagegen hat man das Gefühl, als würde einem jemand den Arm um die Schultern legen und sagen: »Harten Tag gehabt? Tässchen Tee? Setz dich erst mal hin und komm zur Ruhe. Dann sehen wir weiter.« Grün will nichts von uns, das macht es so unglaublich entspannend und angenehm. Ein Rot wird an der Wand hinter Ihnen mit der Zeit so aufdringlich und laut werden, dass es die Schießerei im Krimi übertönt, ein Zengrün aber entlässt Sie selbst nach drei Leichen noch einigermaßen entspannt ins Bett.

Milde Grüntöne schaffen eine Atmosphäre, in der man die Dinge in aller Ruhe betrachten kann. Sie helfen, das Gleichgewicht wiederzufinden und neue Kraft zu schöpfen. Es sind Farbpersönlichkeiten, die ruhig auftreten und Halt bieten, wenn man ihn braucht, sie fordern im Gegenzug aber nichts ein. Hübsch anzusehen sind sie auch noch und stehen im Ruf, das Auge nicht nur zu erfreuen, sondern sogar zu entspannen. Die idealen Mitbewohner also.

---

[8] Es gibt zwei ziemlich unterschiedliche Farbtöne, die als Eau de Nil bekannt sind. Einmal das reine, blasse Wassergrün, einmal ein helles Gelbgrün, dem jede Frische fehlt und für das wohl eher das leicht brackige Wasser rund ums Schilf Pate stand.

Sie ist das bekannteste Beispiel für Grünspan: die Freiheitsstatue. Gut steht der Farbton aber auch extravaganten Badfliesen oder Einzelstücken mit Patina.

Grüner wohnen

Obwohl damals sehr im Trend, war Goethe kein großer Freund grüner Wände, weil sie so sehr zur Ruhe kommen lassen, dass man leicht träge wird. »Man will nicht weiter, und man kann nicht weiter«, fand Goethe. Ganz anders George Washington: Der erste Präsident der Vereinigten Staaten soll regelrecht besessen gewesen sein von dem grünen Farbton, den er für sein Esszimmer ausgesucht hatte: Verdigris, die Farbe von Grünspan. Weil er die Malerarbeiten nicht selbst überwachen konnte, da er mit dem Unabhängigkeitskrieg beschäftigt war, ließ er sich nach der Schlacht nicht nur regelmäßig berichten, wie die Lage für die Kolonisten stand, sondern auch, welche Fortschritte seine grünen Wände zu Hause machten.

FORM FOLLOWS FARBE

Die Talente von Grün gefallen Ihnen gut, die Farbe selbst dagegen weniger? Dann »übersetzen« Sie Grün einfach in einen Stil, der dem Farbcharakter entspricht. Damit haben Sie eine ähnliche Raumwirkung, ganz ohne grüne Wände oder Textilien.

Grün ist die Mitte des Farbkreises und daher absolut in Balance – quasi der Yogi unter den Farben. Grün ist weder warm noch kalt, weder weiblich noch männlich, sondern beides. In ausgewogenen Anteilen. Daher entsprechen dem Charakter von Grün harmonische, ausbalancierte Formen und eine symmetrische, klar geordnete Raumaufteilung, die dem Auge Ruhe bietet. Ein ausgeglichenes Verhältnis von vertikalen (hohe Regalwände, lange schmale Spiegel, Stehlampen, die Seiten von Bilderrahmen ...) und horizontalen Linien (Sofa, Tischplatte, Sideboard, breite Fußleisten ...) schafft beispielsweise eine ruhige Raumstimmung, genauso eine Farbpalette in klassischen Neutralen wie Creme, Sand und Taupe.

GRÜNER WOHNEN

EINEN GRÜNEN DAUMEN BEWEISEN SIE MIT ÜPPIGEN ZIMMERPFLANZEN. SIE HANDELN SICH WOMÖGLICH EINEN EIN BEIM STREICHEN IN GRÜN. ODER SIE STREICHEN ENTSPANNT MIT DER GANZEN HAND ÜBER SAMTGRÜNE KISSEN.

GRÜN IST EIN UNKOMPLIZIERTER FARBCHARAKTER, DER SICH AUF VIELFÄLTIGE ART INS INTERIOR INTEGRIEREN LÄSST: ALS WANDFARBE, AUF TEXTILIEN ODER ÜBER GRÜNPFLANZEN.

GRÜNER WOHNEN 2.0

WIRKLICH HARMONISCH - UND DAMIT GRÜN - WOHNEN SIE, WENN ALLE KOMPONENTEN IM RAUM AUFEINANDER ABGESTIMMT SIND: EINRICHTUNGSSTIL, FARBKONZEPT UND MATERIALIEN.

WESENTLICH IST ABER AUCH DIE »IMMATERIELLE ARCHITEKTUR« EINES RAUMES, UND SIE WIRD U. A. BESTIMMT DURCH DEN RAUMDUFT UND DIE MUSIK, DIE GESPIELT WIRD. GRÜN SIND AUSGEWOGENE, EMOTIONAL BERUHIGENDE DÜFTE WIE ROSE, GERANIE, LINDENBLÜTE ODER SIBIRISCHE TANNE. GRÜN KLINGEN VIELE KLASSISCHE STÜCKE WIE HÄNDELS PASTORALE ODER NEOKLASSIK WIE »NUVOLE BIANCHE« VON LUDOVICO EINAUDI.

Grün ~~hinter~~ in den Ohren

Noch nicht genug von Grün? Sie liegen schon auf dem Sofa vor Ihrer grünen Wand, überblicken entspannt die harmonische Raumgestaltung, aber es darf noch etwas mehr sein? Dann hören Sie doch ein bisschen Grün … mit Musik, die, genau wie die Farbe selbst, beruhigt und entspannt. Grüne Musik bringt in die Mitte, ist die vertonte Mitte. Nicht zu treibend. Nicht zu langsam. Nicht zu vordergründig. Nicht zu dezent. Ausgewogen.

Grüne Musik strahlt eine ruhige Präsenz aus, ist aber trotzdem nicht nur Relaxmusik, sondern viele klassische Stücke sind tiefgrün, z. B. Pachelbels D-Dur-Kanon. Unaufgeregt und nicht zu hoch ist auch Lissies »Back to Forever«. Der entspannendste Song der Welt soll übrigens »Weightless« der Band Marconi Union sein, klassische Massagemusik.

Zusatztipp Nicht nur Farben beeinflussen die Stimmung, sondern auch der Raumduft. Von gewieften Immobilienmaklern kennt man es: Da wird frischer Backduft verwedelt oder es werden weiche Vanillearomen versprüht, damit die Leute das Haus bei der Besichtigung als angenehm und wohnlich wahrnehmen. So sind schon einige Verkäufe zustande gekommen, denn auch wenn Düfte nur unterbewusst aufgenommen werden, haben sie einen großen Einfluss darauf, ob wir uns in einem Raum wohlfühlen oder nicht. Und sie können darüber entscheiden, ob wir einen Raum als stimmig und harmonisch empfinden – das ist dann der Fall, wenn der Duft auf Farbkonzept und Stil abgestimmt ist, dazu passt.
Der passende Raumduft zu Grün? Muss nicht unbedingt klassisch grün nach Gras, grünem Tee und Co. riechen. Probieren Sie mal einen Mix aus Geranium und Kardamom, die, typisch grün, beide allzu hohe emotionale Wogen glätten und Stress abbauen.

Scheeles Grün

Aus der grünen Farbfamilie kennen die meisten nur die Heiler wie Blattgrün oder die Naturverbundenen wie Avocado. Dass es in der Familie aber auch eine schlimme Giftmörderin gibt, ist weniger bekannt. Das schwarze Schaf der Familie Grün heißt Scheeles Grün und ist auf keiner Familienfeier eingeladen. Man distanziert sich von ihm, und am liebsten würde man die Erinnerung an es komplett tilgen. Doch dafür ist der Farbton auf zu vielen Gemälden zu sehen, und spätestens seit seiner mutmaßlichen Mitwirkung am Tod Napoleons hat sich sein Name fest ins Gedächtnis vieler Menschen eingeprägt.

Traditionell steht die Farbe Grün für Natur, Wachstum und Regeneration und ist daher positiv besetzt. Gerne erinnert man sich in der grünen Farbfamilie auch zurück an die Zeit, als Dichter die Natur als etwas Wundervolles besungen haben. Grün stand damals hoch im Kurs, und alles, was grün war, wurde für gut befunden. Zu diesem Zeitpunkt schien die Welt der Grüns noch in Ordnung zu sein. Doch nur wenig später erschütterte ein Skandal die Familie, von dem sie sich nie wieder erholen sollte.

Weit ab von jeder Natur experimentierte der Chemiker und Apotheker

Carl W. Scheele 1778 nach Ladenschluss in seiner Hexenküche mit Arsen, als er auf die chemische Verbindung Kupferarsenit stieß. Ein besonderer Grünton, von dem er zwar wusste, wie giftig er war, den Scheele aber auch direkt als äußerst gut verkäuflich einstufte. Er sollte recht behalten. Das Grün, damals einmalig, fand reißenden Absatz und bescherte Scheele zwar einige schlaflose Nächte, aber auch ziemlich viel Geld auf dem Konto.

Denn Scheeles Grün ist nicht nur grün, es ist leuchtend grün. Fast fluoreszierend. Dieses Grün ist von einer derart brillanten Leuchtkraft, dass zahlreiche Maler und Liebhaber grün tapezierter Wohnzimmer die Gefahren der Farbe, die bald bekannt waren, willentlich in Kauf genommen haben.

Etwas später, im Jahr 1805, wandelte in Wien der Edle von Mitis auf den wenig ehrenwerten Spuren von Scheele und braute aus Kupferarsenit und Grünspan, beides allein schon giftig, einen veritablen Gift-Cocktail. Mitis schuf en passant die giftigste Farbe, die man auf die Leinwand pinseln konnte … aber auch ein Grün von solcher Leuchtkraft, die die von Scheeles Grün noch übertraf. Dass die hinreißende grüne Schönheit unter ihrer Oberfläche von wirklich teuflischer Boshaftigkeit war, beweist die lange Liste von Todesopfern, die der Hübschen verfallen sind.

Verheerend war auch, dass sich der Farbstoff so schnell verbreitete. Das Grün wurde unter anderem zum Bedrucken von Tapeten verwendet, wo es eine besonders perfide Wirkung entfalten konnte: Zersetzten Bakterien oder feuchte Luft das bedruckte Tapetenmaterial, konnten Arsenverbindungen in die Atemluft übergehen. Die Diagnose »Tapetenvergiftung« klingt für uns heute vielleicht seltsam, war damals aber leider ernst gemeint und weit verbreitet. Kein Wunder, denn bis zum Jahr 1858 sollen allein in Großbritannien rund 250

VERHÖRPROTOKOLL

Vorgeführt erscheint

SCHEELES GRÜN

geb. 1778 in Stockholm, ledig, Modefarbe, zuletzt wohnhaft in den USA, bei Herrn J. P. Wilson.

Zur Person:
»Ich wurde 1768 bei Apotheker Scheele in Stockholm geboren und verbrachte meine Kind- und Jugendzeit dort, bis mich ein Farbenfabrikant aus Schweinfurt entdeckte und als ›Schweinfurter Grün‹ richtig berühmt machte.«

Werdegang:
Beginn der Karriere als Tapetenfarbe, später Einstieg ins Modegeschäft und Arbeit als Färbemittel für Kinderspielzeug und Konditorenwaren sowie als Malerfarbe. Am Ende der Karriere Anstellung als Insektenvernichtungsmittel.

Vorstrafen:	keine bekannt
Anklage:	Mord in mehreren Fällen
Nebenklage:	Verschleierung der Taten und Abtauchen unter mehreren Decknamen, dabei illegale Weiterführung der Tätigkeit
Urteil:	seit 1882 in Deutschland als Fassaden- und Tapetenfarbe verboten

Quadratkilometer mit Kupferarsenit getränkte Tapeten die Wände geschmückt haben. Selbst Kinderspielzeug, Konfekt, Kuchen ... es gab kaum etwas, das nicht mit dem leuchtenden Modegrün gefärbt war.
Das Trendgrün machte aber nicht nur als Wandkleid eine gute Figur, auch Ballkleider aus blassgrünem Musselinstoff waren äußerst begehrt. Leider wusste zunächst niemand, dass pro Quadratmeter Stoff mehr als 60 Körnchen Arsen verarbeitet wurden, weswegen in manchem Ballsaal eine wirklich giftige Atmosphäre herrschte.

Der Berühmteste, den Schweinfurter Grün auf dem Gewissen haben soll, war sicherlich Napoleon Bonaparte. Triumphaler Feldherr, Kaiser der Franzosen und ein Mann, der sich selbst aus dem Exil zurückkämpfte. Besiegt hat ihn am Ende? Eine grüne Tapete?
Nein, das ist ein Mythos. Obwohl in den Haaren Napoleons Arsen nachgewiesen werden konnte, stammte es, wie neuere Untersuchungen zeigen, nicht von der Tapete allein. Trotzdem hat die Legende dazu beigetragen, dass sich der Begriff »Giftgrün« in den Köpfen festgesetzt hat. Grün, die Farbe des Lebens, umwehte jetzt ein Hauch des Todes.

Nachdem die extreme Giftigkeit von Schweinfurter Grün etwa ab Mitte des 19. Jahrhunderts bekannt wurde und viele entsetzt davor zurückwichen, schlich es sich, getarnt mit allerlei neuen Künstlernamen, trotzdem immer wieder in Wohnzimmer, auf Esstische und in Malerwerkstätten. Unter harmlosen Namen wie Wiener Grün, Patent Grün oder – ganz elegant – Pariser Grün war es nach wie vor im Umlauf und trieb weiterhin sein Unwesen. Unter dem Decknamen Uraniagrün war es immerhin so ehrlich, sich als sehr effektives, da sehr aggressives Insektenvernichtungsmittel anzupreisen.

Warum sehen Geister aus, als wäre ihnen übel?

Wenn ein Grün todkrank wird, heißt es ... Geistergrün. Normalerweise pumperlgsundes Grün rutscht hier in einen wenig vital wirkenden Farbton ab: blass bis fast durchsichtig, fahl, mit ungesundem Grauschleier.

Aber Moment, Geister sollen grün sein? In aktuellen Filmen sehen wir das untote Grauen eher in kaltem Blau wie Biolumineszenz, oder das Gespenst ist klassisch unterwegs und hüllt sich in weiße Nebel. Trotzdem hält sich eine Farbbezeichnung wie Geistergrün hartnäckig, und spukende Bösewichter sowie andere unheimliche Gestalten im Film schimmern immer wieder mal grünlich, zum Beispiel Geisterkapitän Davy Jones in »Fluch der Karibik«.

Mein Lieblingsbeispiel zu Geistergrün sind zwei Szenen aus Hitchcocks »Vertigo« mit dem bezeichnenden Untertitel »Aus dem Reich der Toten«. In dem Film täuscht Kim Novak den Hauptdarsteller Scottie (James

Stewart) auf üble Art: Madeleine, eine Frau, die er beschatten und vor dem Selbstmord bewahren soll, bringt sich vor seinen Augen um. Er kann sie nicht retten, weil er durch seine Höhenangst daran gehindert wird, auf den Kirchturm zu steigen, von dem sie sich stürzt. Vermeintlich. Denn: Die echte Madeleine ist schon lange tot, der »Selbstmord« des Doubles war fingiert, um den mörderischen Ehemann reinzuwaschen.

Die Schauspielerin Judy, die er für das Schmierenstück angeheuert hatte, trifft nun Scottie eines Tages zufällig wieder und der ist, kein Wunder, von der Ähnlichkeit zu Madeleine verblüfft. Im Gegensatz zum Zuschauer weiß Scottie nicht, dass es ein und dieselbe Frau ist, und in seiner Besessenheit drängt er Judy dazu, sich wie Madeleine zu kleiden. Den Moment, als Judy als Madeleine aus dem Badezimmer tritt, hüllt Hitchcock in das grünliche Licht einer Neonreklame, das auf die vermeintlich aus dem Reich der Toten zurückgekehrte Madeleine fällt. Verlinkt und verstärkt wird diese Szene durch eine frühere auf dem Friedhof, über dem dank Nebelfilter ebenfalls ein geisterhaft grünlicher Schimmer lag.

Geistergrün
Fahles Hellgrün
Geistergrün geistert unheimlich, kränklich und leblos über Friedhöfe, durch Filme und Köpfe.

Aber warum war Grün früher die Farbe für das Geisterhafte? Wieso nicht damals schon eiskaltes Blau, das einem allein beim Anblick das Blut in den Adern gefrieren lässt? Eine Erklärung könnte sein, dass Grün die Farbe der Natur und des Lebens schlechthin ist, die Farbe der Gesundheit. Entzieht man dieser Farbe nun ihre Kraft, so dass ein kränkliches Blassgrün übrig bleibt, wäre das die ideale Farbe für das Leblose.

Eine andere Theorie stützt sich auf das Mittelalter und seinen Aberglauben. Damals trieb der Teufel nicht standesgemäß in Fegefeuerrot und Höllenschwarz sein Unwesen, sondern erschien komplett gruselig grün. Auch die Kompagnons des Teufels sowie das ganze dämonische Bestiarium aus Reptilien, Unken, Dämonen, Zauberern, Hexen und ihren Tränken war schleimig grün oder eben geistergrün, dieses blasse, leblose Grün, das die Farbe von Schimmel ist, von verwesendem Fleisch, von Leichnamen, von Krankheit, von Fäulnis ... und von Untoten.

Türkis

Türkis umfasst eine breite Palette von Farbtönen, die in hellem Aqua, Aquamarin und Mint, in Lagunenblau und Cyan bis Pfauenblau schillern und zwischen Blau und Grün liegen. Türkis ist ein fröhlicher Geist, den ich gerne mit einem Surfer vergleiche, der die Welle nur reiten kann, wenn er im Kopf blau und frei ist und gleichzeitig die Verbindung zur grünen Natur, zum Meer spüren kann. Türkis ist ein sorgloser, entspannter, junger Farbcharakter.

Obwohl klar ein Blaugrün, fällt es mir daher schwer, Türkis in diese Schublade zu stecken. Es lebt in einer eigenen Welt, ist eine eigene Kategorie, ähnlich wie Magenta. Für mein Empfinden sind die hellen Türkistöne ein mit Gelb angewärmtes Hellblau, das so mehr von dieser Welt ist, nicht mehr zu vergeistigt und flüchtig. Die Farbe hat in allen Schattierungen Sonne im Herzen, und mit Türkis kann man ausdrücken, was das Herz bewegt, klar, aber mit Wärme.

Der Name Türkis stammt von dem französischen *pierre turquoise,* was türkischer Stein bedeutet, weil die ersten Steine in der Türkei gefunden wurden.

Tipp: Wenn Ihr Kind eher schüchtern ist und vielleicht sogar Angst hat, zur Schule zu gehen, weil es von seinen Mitschülern gemobbt wird, kann laut Farbexpertin Annemarie Strebel Türkis helfen. Rot für ein selbstbewusstes Auftreten wäre hier zu viel, zu wuchtig in der Farbwirkung für ein ohnehin zartes, ängstliches Kind, aber Türkis vermittelt ihm echte innere Sicherheit, die nach außen strahlt und ihm das Leben leichter macht. Daneben entspannt Türkis das Nervenkostüm, weshalb es gern ein bisschen mehr sein darf: türkises Shirt, Bettwäsche in der Farbe, mit der Farbenergie aufgeladenes Wasser, ein Türkis als Handschmeichler für die Tasche ... Mehr ist in diesem Fall mehr.

Ein schöner Bonus: Unter dem Einfluss von Türkis fühlt man sich nicht nur selbst aufgeräumter, sondern hat auch das Bedürfnis, sein Umfeld in Ordnung zu halten. Für so manches Kinderzimmer ein echter Vorteil ...

TÜRKIS: EINE FARBE IM PORTRÄT

Ein Bild, auf das geschossen wurde[9]: *Shot Sage Blue Marilyn* ist aber auch aus anderen Gründen ein besonderes Gemälde. Andy Warhol malte es 1964, und es zeigt die damals kürzlich verstorbene Schauspielerin Marilyn Monroe als die Essenz des Hollywoodglamours: platinblondes Haar, Schlafzimmerblick unter geschwungenem Eyeliner, makelloser Teint und rote, leicht geöffnete Lippen. Warhol betont genau diese Markenzeichen mit unnatürlich gelbem Haar, blauem, unbeholfen aufgetragenem Lidschatten, hyperpinkem Gesicht, übermalten Lippen und zeigt die Monroe so bewusst nicht mehr als Mensch, sondern als Hollywoodartikel, hinter dem die Person verschwindet. Eine Kunstfigur. Ein Produkt. In der Serie aus fünf Marilynporträts, die es in verschiedenen Farben gibt, findet jeder seinen Favoriten: eine Marilyn für jeden – *choose*

Andy Warhol, Shot Sage Blue Marilyn, 1964

[9] Warum heißt die Serie »Shot Marilyns«? Es kursieren einige Versionen der Geschichte, allen gemeinsam ist, dass Ende 1964 die Aktionskünstlerin Dorothy Podber Warhols Studio betrat – publikumswirksam mit ihrer Deutschen Dogge und einigen Freunden als Entourage sowie in eine schwarze Motorradkombi gekleidet. Sie deutete auf die Marilyn-Bilder und fragte Warhol: »Can I shoot them?« Er dachte, sie wolle ein Foto der Bilder schießen (»to shoot« ist im Englischen wie im Deutschen doppeldeutig, es kann sowohl meinen, ein Foto zu schießen, als auch den Schuss mit einer Waffe), tatsächlich aber zog Podber eine kleine Pistole aus ihrer Tasche und schoss ein mal auf die hintereinander an der Wand lehnenden Leinwände. Ein glatter Durchschuss. Durch alle vier Leinwände. Direkt in den Kopf. Einzig das Bild mit dem helltürkisen Hintergrund lehnte damals nicht an der Wand und ist daher das einzig unversehrte; die übrigen besserte Warhol aus, die Einschussstelle ist bei näherer Betrachtung allerdings auch heute noch zu erkennen. Einige der Anwesenden nahmen das Ganze als Happening wahr, der entsetzte Warhol jedoch gab Anweisung, Podber nie mehr einen Fuß in sein Studio setzen zu lassen. Egal ob mit oder ohne Dogge.

your model. Ein Massenprodukt, leicht reproduzierbar und in jeder beliebigen Farbe lieferbar.

Und was hat das mit der Farbe Sage Blue zu tun? Sie ist der Schlüssel zu dem Gemälde.

Auf den ersten Blick ist Sage Blue ein sorgloses Türkis, eine der Farben, die nach dem Krieg boomten. Aus dieser Zeit stammt auch die Vorlage für das Gemälde, ein Pressefoto von 1953, als die Monroe auf dem Höhepunkt ihres Ruhmes war. Doch gemalt wurde das Bild nach ihrem Tod, und Warhol legte auf das typische American-Dream-Türkis einen Schatten. Aus dem erfrischenden, sonnendurchtränkten Schwimmbadblau ist ein gedämpftes Blaugrün ohne Kraft geworden. Getrübt. Verschattet. Grau verschleiert wie zu einer Beerdigung. Die Farbe erinnert sicher nicht zufällig an das Geistergrün in Hitchcocks *Vertigo – Aus dem Reich der Toten.* Es ist die perfekte Hintergrundfarbe für eine Totenmaske.

Liegt derzeit bei rund 185 Millionen Euro. Für diese Summe wurde im Mai 2022 das Bild »Shot Sage Blue Marilyn« bei Christie's in New York versteigert. Das ist der höchste Preis, der bislang auf einer Auktion für ein Gemälde des 20. Jahrhunderts erzielt wurde.[10]

[10] Das teuerste Gemälde zurzeit ist *Salvator Mundi*, das Leonardo da Vinci zugeschrieben wird und 2017 bei einer Auktion 450,3 Millionen Dollar erzielte.

DER NAME DER FARBE

»Aber nix zu essen!«, mahnte Jörg.

»Bitte?«

»Wir benutzen nur Farben, die nicht wie etwas zu essen klingen. Ich will nichts hören von Obst oder Gemüse. Fische sind auch tabu!«

»Fische?!«, fragte ich verständnislos.

»Na Lachs.« Er spuckte den Namen verächtlich aus. »Oder so was wie Aubergine.« Wie er das sagte, könnte man meinen, es sei etwas wirklich Ekliges. »Mango, Pfirsich, Apricooot, der ganze farbige Obstkorb. Will ich nix von hören.«

»Gut, ist ja schon in Ordnung.«

Seit ich Jörgs Kopfschmerzen vor einiger Zeit damit zum Verschwinden gebracht hatte, dass er sich eine bestimmte Farbe um seinen Kopf vorstellen musste, hatte er Blut geleckt. Obwohl vorher ein ausgemachter Gegner jeder Farbtherapie, kam er jetzt regelmäßig mit irgendwelchen Wehwehchen von Fußpilz bis Herzschmerz zu mir und wollte wissen, mit welchem Farbton er etwas dagegen ausrichten könne. Aber er vertraute nur »echten« Malkastenfarben wie Rot oder Grün, gegen alle anderen hegte er ein ausgeprägtes Misstrauen. Und er konnte sich rein gar nichts darunter vorstellen, wie sich herausstellen sollte.

»Mit so kryptischem Zeug wie Mauve oder Greige brauchst du mir gar nicht erst kommen.«

»Dafür, dass du so eine Abneigung dagegen hast, kennst du relativ viele Farbtöne«, meinte ich.

»Ich kenne die Namen«, nickte er weise. »Aber ich hab keine Ahnung, was ich mir darunter vorstellen soll. Der Geier allein weiß, wie ›Cosmic Latte‹ aussieht.«

»Ach, das ist einfach nur …«, begann ich.
»Nein, stopp!« Er schüttelte vehement den Kopf. »Ich will's nicht wissen.[11] Sag mir jetzt einfach eine ganz normale Farbe!«, blaffte er mit hochrotem Kopf.
»Blau!«
»Okay. Warum Blau?«
»Die Farbe senkt den Blutdruck.«
»Witzig«, meinte er, lächelte aber gar nicht. »Ich will wissen, welche Farbe ich gegen meinen Ausschlag anwenden soll. Da, guck, gegen den …!« Unvermittelt hatte ich seinen Arm im Gesicht. Die Farbe darauf war ein astreines Feuerrot.
»Oha.« Ich ging erst mal einen Schritt zurück.
»Was jetzt?«
»Na ja … also Türkis wirkt antientzündlich, versuch es mal damit.«
»Türkis?«
»Ja.« Auf seinen verständnislosen Blick hin, erklärte ich: »So Karibischblau. Wie das Wasser auf einem Postkartenstrand.«
»Aber das ist doch Grün.«
»Seit wann?«
»Schon immer.«
»Nein.«
»Doch.«
Gut, so kamen wir nicht weiter. »Dann stell dir Gletschereis vor«, schlug ich vor.
»Aber das ist weiß.«
»Blödsinn, das ist ein grünliches Blau. Türkisfarben eben.«
»Eis ist weiß. Auch schon immer.«
»Okay«, ich überlegte. »Ah, ich weiß! Erinnerst du dich noch an das Armband, das du Anne zum letzten Geburtstag geschenkt hast?«
»Erinner mich bloß nicht daran!«, schnaufte er und verdrehte die Augen.
»So teuer?«
»Frag nicht. Aber warum soll ich an ein Armband denken, das mich fast ruiniert hat?«
»Weil es in einer türkisfarbenen Schachtel lag. Kannst du dich an die erinnern?«
»Nee. Hab ich wohl verdrängt.«
»Weißt du was«, seufzte ich. »Wir lassen das. Ich suche den türkisen Farbfilter.«

Farbfilter gibt es als dünne Folien zu kaufen, ähnlich den Vorsatzfiltern für Kameras, die Sie vor einer Lampe befestigen können. Beliebt sind auch Farbtherapiegeräte mit farbwechselnden LEDs, die oft auch Türkis im Repertoire haben.

Türkis war bei Jörg nicht nur für seinen Ausschlag eine gute Wahl, denn die Farbe fördert auch die geistige Offenheit. Es ist oft die Lieblingsfarbe geistig flexibler Menschen – aber das behielt ich für mich. In erster Linie wirkt türkises Farblicht kühlend, weswegen man es unterstützend bei Verbrennungen einsetzt, und Türkis beruhigt das Nervensystem. Die kühle Frische von hellem Türkis lindert Spannungskopfschmerzen und hilft generell dabei, einen kühlen Kopf zu bewahren (oder aber auf frische Ideen zu kommen).

Bei Jörg führte der Anblick der türkisfarbenen Schachtel zu schlechter Laune, bei Frauen ist das anders: Sie bekommen Herzklopfen. Ein Blick auf eine Tiffany-Box und der Puls erhöht sich um satte 20 Prozent, womit Tiffanyblau eine echte Alternative zu Rot ist, wenn sie weiblich sind und unter niedrigem Blutdruck leiden.

[11] Für alle, die es wissen wollen: *Cosmic Latte* ist kein überirdisch gut schmeckender Milchkaffee, sondern der Name, den Marketingexperten dem Farbton gegeben haben, der als durchschnittliche Farbe des Universums erforscht wurde – das eigentlich einfach beige ist. Klang nur eben ziemlich fad. Eintönig. Wenig galaktisch. Daher gibt es den trendigen Namen *Cosmic Latte*, der sich übrigens gegen Namen wie *Skyvory, Univeige* oder *Big Bang Buff* durchgesetzt hat.

Die schönste Farbe der Welt?

It's a blue ... It's a green ... It's teal!
30 000 Menschen in 100 Ländern können sich nicht irren. Sie alle haben bei einer Umfrage des britischen Papierhändlers G. F. Smith abgestimmt und mich zur schönsten Farbe der Welt gewählt!

Das Rezept:
Man nehme den All-Time-Favorite Blau, rühre einen guten Schuss gutmütiges Grün unter, gebe eine winzige Prise Chilirot dazu, schmecke als Ausgleich mit etwas modernem, nüchternem Grau ab – et voilà: ein Gewinner ist geboren!

Marrs Green gewann dann auch tatsächlich den Schönheitswettbewerb um die schönste Farbe der Welt. Die Medien applaudierten, Social Media trommelte dazu und alle waren sich einig, dass dem gefälligen Blaugrün eine beispiellose Karriere in Fashion, Produktdesign, Inneneinrichtung und vielem mehr bevorstand.

Mein Ursprung. Alles Leben kommt aus dem Meer … und ich auch! In einigen Sprachen ist das Wort für Blaugrün sogar dasselbe wie das für Meer – und der Blick auf mich ist genauso entspannend. Sogar der Herzschlag beruhigt sich.

Doch seit dem ersten (und einzigen) Rummel ist es ruhig geworden um Marrs Green. Es erinnert ein bisschen an eines von Heidis Klums Meeedchen: gefeierter Sieg, dann eine Gardinenwerbung und ab – husch, husch, zurück in die Bedeutungslosigkeit.

Der Grund? Der Persönlichkeit von Marrs Green fehlt es schlicht an Charisma, es fehlt das Originäre, das, was sich ins Gedächtnis krallt. Marrs Green ist zu angepasst, will es jedem recht machen – und wirkt dabei einfach nur seltsam indifferent, langweilig und fad. Es ist weder warm noch kalt, weder hell noch dunkel, weder männlich noch weiblich. Alles und nichts.

Im Gegensatz zu leuchtenden Petroltönen in der Natur wie auf Vogelfedern bleibt Marrs Green stumpf, leblos, hockt einfach nur da, hält sein glatt geschmirgeltes Mainstreamgesicht in jede Kamera und ruft: »Ihr müsst mich einfach lieben!« Vielleicht ja aber auch nicht.

PETROL: *Das Original*

Ganz anders ein strahlendes Petrol, das ist eine Farbe ganz ohne Grauschleier! Räume in Petrol haben Tiefe, geben einem aber trotzdem das Gefühl, sicher und gut aufgehoben zu sein. Sie strahlen eine kontrollierte, ruhige Kraft aus und haben eine unglaublich entspannende Atmosphäre.

Diese souveräne Gelassenheit überträgt Petrol auch auf uns, wenn wir es als Kleiderfarbe wählen. Dazu beruhigt sich die Atmung, und wir fühlen uns von innen heraus gestärkt. Petrol schenkt einfach Sicherheit.

Die Farbe hat, wie alle Blaugrüntöne, eine nachdenkliche, abwartende Qualität. In ihr treffen sich der zurückhaltende Charakter von Blau und die Ausgeglichenheit von Grün, Petroltöne stahlen daher etwas Weises aus, eine unaufgeregte Ruhe, die man mit Lebenserfahrung und Besonnenheit verbindet.

GRÜNER MENTOR:
Besser lernen und arbeiten mit Grün

Ihr Sohn sitzt seit Ewigkeiten am Schreibtisch, aber das Blatt ist immer noch leer (bis auf eine wirklich gelungene Karikatur seiner Deutschlehrerin)? Er beharrt darauf, dass nur seine Schreibweise »Turbolenzen« richtig sein kann, weil es dabei schließlich sehr rasant zugeht. Oder er hat die Textaufgabe in Mathe so gelöst, dass Tim Annika kurzerhand sein Ticket geschenkt hat – womit Tim gar nicht mehr ausrechnen muss, wann ein Zug, der um 14.05 Uhr mit 80 km/h losgefahren ist und ... am Bahnhof ankommt. Dann müssen Sie sich um die Kreativität Ihres Kindes schon mal keine Sorgen machen. Und für eine bessere Konzentration gibt es farbige Hilfe.

Mit ausgleichendem Grün, vor allem mit ruhigen Blaugrüntönen, wird die Inspiration gefördert und es fällt den Kindern leichter, strukturiert zu denken und Klarheit in ihre Arbeit zu bringen. Vor allem aber fällt es mit Grün, der Farbe der Mitte und des Zentrums, leichter, den Fokus zu halten und sich zu konzentrieren.

Auch für Schulräume eignen sich Grüntöne hervorragend, weil mit ihnen immer eine gewisse »Grundruhe« im Raum schwebt, die selbst dann nicht ins Wanken kommt, wenn es mal laut und turbulent zugeht. Damit die Schüler aber nicht zu phlegmatisch oder träge werden, sollte man ein Gelbgrün wie Maigrün streichen, das sanft belebt. Reines Gelb als Farbe des Intellekts verstärkt als Akzentfarbe den anregenden Charakter von Maigrün und unterstützt das logische Denken.

Was für Kinderzimmer gilt, können Sie auch für Ihr Arbeitszimmer übernehmen: Mit Grün lassen sich neue Vorhaben gut planen, denn durch die gelben Impulse ist man ideenreich, durch die blauen hat man die nötige Distanz, um den Plan überblicken zu können. Dabei schafft Grün seine berühmte stressfreie Atmosphäre, in der man die Dinge in aller Ruhe betrachten kann. Mit Smaragdgrün dürften sogar ein paar Geistesblitze die Ruhe durchbrechen.

Everything is alright

Wenn Sie emotional aufgewühlt sind und den Siedepunkt längst überschritten haben, wenn Sie nicht nur auf kleiner Flamme still vor sich hinköcheln, sondern schon überkochen vor Wut, dann ... sollten Sie einfach etwas Grünes anziehen. In smaragdgrüner Loungewear entspannt es sich noch mal so gut und Sie fühlen sich extra-relaxt. Ein schöner Nebeneffekt: Ein rotes Gesicht fällt über grüner Kleidung weniger auf. Das ist ganz praktisch, bis sich Ihr Blutdruck wieder auf ein gesundes Level eingependelt hat, ebenfalls mit der Hilfe von Grün.

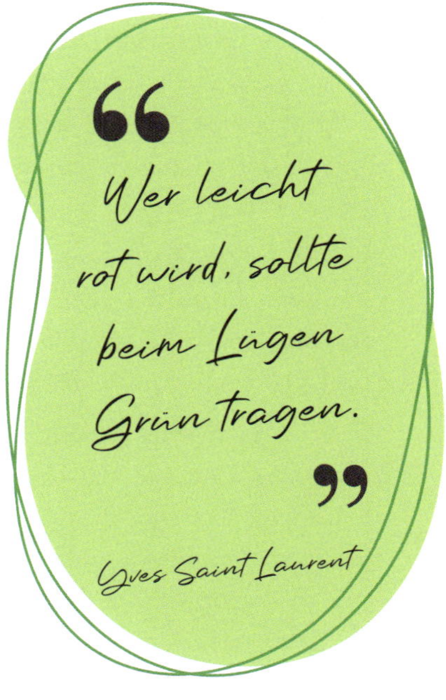

FUN FACT

Die innere Ausgeglichenheit zeigt sich sogar an den Augen? Laut einer Umfrage ruhen grünäugige Menschen mehr in sich als blau- oder braunäugige. Sie sind weniger reizbar und nicht so leicht aus der Ruhe zu bringen.

Grün wirkt so beruhigend, dass es sich sogar angehende Selbstmörder noch einmal anders überlegt haben:

Im 19. Jahrhundert war die Blackfriars Bridge in London, passend zu ihrem Namen, ein mönchskuttenschwarzer Koloss, dessen düstere Bögen wie eine bösartige Fledermaus über dem Wasser der Themse lauerten. Der perfekte Ort für alle Schwermütigen und Verzweifelten, die aber leider nicht einfach nur niedergeschlagen über die Brücke schlurften, sondern reihenweise von ihr in den Fluss sprangen – wofür sensible Zeitgenossen die depressive Farbe der Brücke verantwortlich machten. 1928 wurde sie daher neu lackiert »in a happy combination of light green, trimmed with bright yellow« – und tatsächlich stürzten sich, umgeben von hoffnungsvollem Grün, plötzlich deutlich weniger Menschen in den Tod: Die Selbstmorde gingen um mehr als 30 Prozent zurück.[12]

(Ob das dynamische Rot, in dem die Blackfriars Bridge heute gestrichen ist, als Warnfarbe und überdimensionales Stoppschild fungiert oder eher zu mehr Sprüngen führt, hat noch niemand untersucht.)

[12] Siehe »London Suicide Bridge Gets Bright New Paint«. In: Yonkers Herald Statesmen, September 15, 1928.

Alles wieder im grünen Bereich

Es gibt Tage, an denen steht man so weit neben sich, dass man sich ohne Brille selbst kaum noch erkennt. An so einem Morgen stand ich im Bad, drehte den Wasserhahn am Waschbecken voll auf, stellte mich unter die Dusche – und wunderte mich, dass ich nicht nass wurde. Das wirklich Schlimme daran war, dass es eine ganze Weile gedauert hat, bis mir klar wurde, wo der Fehler lag.

In solchen Momenten weißt man: Man braucht dringend Erholung. Wenn der nächste Urlaub aber noch genauso weit entfernt ist wie das Land, in das er führen soll, ist die erste Wahl zur Entspannung ja meistens die Meditation: Hock dich auf die Couch, den Boden oder ein gesegnetes Sitzkissen, klapp die Augen zu und ... na ja, meditiere. Komm eben zur Ruhe. Kann ich so aber nicht. Ich schlafe entweder ein (kommt auf die Unterlage an) oder werde noch gestresster. Bei mir schwenkt jede Entspannungsphase spätestens nach zehn Minuten die weiße Fahne und ergibt sich.

Für alle, denen es ähnlich geht und die allein bei dem Wort »Meditation« eher juckenden Ausschlag als Ruhepuls kriegen, helfen Farben. In dem Fall Grün.

Man kann sich jetzt natürlich auf sein Yogakissen schwingen, das man sowieso noch hat, und dabei die Zimmerpflanze angucken. Besonders Begabte können sich die Farbe auch einfach nur vorstellen. Das funktioniert, besser ist aber ein Spaziergang im Wald. Der Blick in einen Wald ist deshalb so heilsam, weil hier jeder »sein persönliches Grün« findet, das ihn anspricht und in seine Mitte zurückbringt. Daneben wirken die vielen verschiedenen Grüntöne von Unterholz, Büschen und dem Laub der Bäume zusammen immer harmonisch, da helle und dunklere Töne zu einem mittleren Grün verschmelzen.

Bereits 20 Minuten in der Natur reduzieren Stress und senken den Cortisolspiegel im Körper deutlich – dass das nicht nur frommes Wunschdenken ist, bewies eine Studie der University of Michigan. Erklären lässt sich der Effekt unter anderem mit der Qualität von Grün als Farbe des Ausgleichs und der Balance, in der die Gegensätze zur Ruhe kommen – und man selbst auch. Weil Grün seine Mitte gefunden hat, kann es auch uns zentrieren und wieder zu unserem Kern zurückführen, wenn wir uns auf die Farbe einlassen, sie auf uns wirken lassen.

Grün hat einen richtigen Fimmel:

Es muss alles und jeden ins Gleichgewicht bringen. Die Farbe reguliert Verdauungssystem und Blutdruck, glättet Gefühlswogen, gleicht Stress aus, bringt nervöse Geister wieder in die Waage … und würde wahrscheinlich sogar Reifen auswuchten, wenn sie könnte. Grün stellt insgesamt gerne die Ordnung wieder her, die Farbe ist ein Synonym für Harmonie und Struktur. Man ist also nicht umsonst »jemandem grün« oder gibt »grünes Licht«, wenn alles okay ist. Mit Grün ist alles »im grünen Bereich«, nur eine »grüne Welle« ist eine gute Welle, an jemandes »grüner Seite« sitzt es sich sehr angenehm und selbst Geldsorgen kann man getrost vergessen, hat man es auf einen »grünen Zweig« geschafft.

Grüne Kraft voraus: GESÜNDER LEBEN MIT GRÜN

»Kind, iss dein Gemüse!« Bekannter Satz. Oft gehört. Gern überhört. Leider … denn seit ich mich mit Farben beschäftige, weiß ich, dass ich das Grünzeug auf dem Teller früher mal besser gegessen hätte. Wie Sie jetzt auch wissen, ist Grün die Farbe der Mitte, des Ausgleichs, sie bringt alles in die Balance – auch den Körper, dort unter anderem den Säure-Basen-Haushalt. Grün ist *die* Farbe der Entsäuerung.

Viele werden es aus leidvoller Erfahrung kennen: Den Säure-Basen-Haushalt im Körper auszugleichen, ist ein eher mühsamer Prozess, bei dem man so einiges auf dem Zettel haben muss: immer schön basisch essen, säurebildende Lebensmittel dagegen sind absolut tabu, das heißt kein Zucker, kein Alkohol und um Gottes willen kein Croissant oder Baguette zum Frühstück, da böses Weißmehl. Dazu tief atmen, ein Abo für die Sauna buchen und sich nie, aber wirklich nie ärgern oder stressen lassen, weil Sie dann sofort wieder sauer sind, im übertragenen und im wahrsten Wortsinn. Alles richtig und wichtig, aber eben auch nicht immer leicht in den Alltag zu integrieren. Die Farbe Grün dagegen schon.

Wenn Sie also unter Unausgeglichenheit leiden oder wenn Ihr Körper aus dem Gleichgewicht geraten (z. B. übersäuert) ist, können Sie mit der Farbe und mit grünen Nahrungsmitteln gegensteuern. Tragen Sie mehr Grün, umgeben Sie sich mit grünen Zimmerpflanzen oder gehen Sie in die Natur (dort kann man auch wunderbar tief ein- und ausatmen), nehmen Sie grüne Farbbäder und essen Sie grüner mit Chlorella- und Spirulinaalgen,

Weizen- oder Gerstengras, (Wild-)Kräutern, Spinat, Grünkohl, Mangold, grünen Salaten, Gurken, Zucchini, grünem Spargel, grünen Bohnen, Erbsen, Avocados, grünen Trauben, Kiwis, Äpfeln …

Aber grüne Nahrungsmittel können noch mehr, Chlorophyll, das Blattgrün, wirkt wie ein echter Jungbrunnen:

- Es reinigt und entgiftet die Zellen und sorgt so für mehr Vitalität.
- Es fördert die Zellregeneration, und als Folge davon kann sich z. B. die Haut verjüngen.
- Chlorophyll hat eine antioxidative Wirkung, will sagen, die grüne Armee bekämpft erfolgreich freie Radikale, was das Krebsrisiko minimiert, auch weil Zellmutationen durch die grüne Kraft blockiert werden.
- Chlorophyll unterstützt die Blutproduktion und die Reinigung des Blutes.
- Zu guter Letzt können natürliche grüne Lebensmittel den Heißhunger eindämmen und so helfen, ein gesundes Gewicht zu halten.

Natürliche Nahrungsmittel zeigen mit ihrem milden Grünton ihre ebenfalls milde, schonende Wirkung auf zum Beispiel Magen und Darm an. Gute Beispiele dafür sind grüner Tee, Aloe vera, Avocado oder Fenchel.

> „Es ist eine Kraft aus der Ewigkeit
> und diese Kraft ist grün.
> Aus lichtem Grün sind
> Himmel und Erde geschaffen
> und alle Schönheit der Welt."

Viriditas hat Hildegard von Bingen diese Kraft genannt, unsere Lebenskraft, die trendiger Qi oder Chi heißt und in allen Lebewesen schlummert – mal mehr, mal weniger lebendig. Quicklebendig ist die Grünkraft, wie sie auch genannt wird, nach Aufenthalten in der Natur. Nach monotoner Arbeit, die lustlos verrichtet wird, ist die grüne Kraft dagegen ziemlich ermattet und geschwächt, also maximal noch blassgrün. Im Idealzustand, voll aufgeladen, leuchtet die Viriditas aber lebhaft grün in einem frischen, unverbrauchten und vor Energie sprühenden Frühlingsgrün, einem satten Blattgrün. Essen wir daher echtes Blattgrün in Form von frischem grünem Gemüse und Kräutern, können wir unserer inneren Grünkraft wieder eine gesunde Färbung geben.

IM GRÜNEN

Grün macht seinem Ruf als Seelenheiler alle Ehre: Psychopharmakagaben konnten um rund 30 Prozent reduziert werden, wenn die Patienten regelmäßig ins Grüne gingen.

Die Natur ist aber auch ein echter Jungbrunnen: Teure Cremes, Collagendrinks und Co. können Sie sich in Zukunft sparen, gehen Sie einfach häufiger ins Grüne. Egal, ob Wald, Wiese oder Park, eine amerikanische Studie hat belegt, was man schon lange ahnte: Verbringen Menschen häufig Zeit in Gärten oder auch nur in den Grünanlagen von Städten, verlangsamt das die biologische Alterung. Im Schnitt sind diese Menschen zweieinhalb Jahre biologisch jünger als andere, die sich nicht im Grünen aufhalten.

Es grünt so grün ...

John Everett Millais, Ophelia, 1851/52

Grün, die Farbe der Gesundheit und des Lebens, hat eine bedeutende Nebenrolle in dem Bild »Ophelia« von John Everett Millais. Er malte Shakespeares Ophelia, wie sie, kurz vor dem Ertrinken, im Flüsschen treibt, blasser als blass – auch dank des üppigen Grüns auf beiden Seiten des Ufers, das im Kontrast zum bleichen Teint der Frau noch vitaler wirkt – und im Gegensatz zur welkenden Schönheit lebhaft wuchert. Ophelia sieht inmitten des lebhaften Grüns noch erbärmlicher aus.

Der leidende Gesichtsausdruck dürfte dem Modell, Elizabeth Siddal, im Übrigen leichtgefallen sein, denn die Arme lag wirklich im eiskalten Wasser. Dass sie sich dort tatsächlich den Tod holte, war gar nicht so unwahrscheinlich, denn sie trieb ziemlich lange in dem kleinen Bach, weil Millais nicht nur ein langsamer, sondern auch ein extrem pingeliger Maler war, der es sich nicht nehmen ließ, direkt vor Ort im Schilf zu hocken mit seinen Farben und Pinseln, um jeden Grashalm exakt abzumalen. Fünf Monate lang. Umgeben von Grün. Und jeder Menge Mücken. Als im Winter weder Mücken noch Grün da waren, verfrachtete er Miss Siddal in eine Badewanne in seinem Londoner Studio, wo sie sich prompt eine Erkältung zuzog. Man kann nur hoffen, dass sie ein paar gute grüne Kräuter zur Hand hatte.

Grünzeug flaschenweise

Brokkoli, Spinat und Co. haben ein gutes Image als Gesundmacher – so gut, dass es sogar auf Lebensmittel abfärbt, die mit Gesundheit so viel zu tun haben wie ein Frankfurter Kranz mit Diät. Aber die Nahrungsmittel sind grün … und das reicht, um sie gesund und natürlich erscheinen zu lassen.

Schönes Beispiel: Ein grüner Ketchup, der vor ein paar Jahren in den USA eingeführt wurde und ursprünglich eigentlich nur als Gag gedacht war (der Film »Shrek« war gerade ein Riesenthema). Der Gag wurde aber ein so durchschlagender Erfolg, dass die Fabrik 24 Stunden durchproduzieren musste, um die Nachfrage bedienen zu können. Die Macher sagten sich dann: »Wenn die Leute Ketchup in Schockfarben toll finden, können sie das gerne haben, an uns soll es nicht liegen!« In die Läden kam daher bald Ketchup in Orange, Lila und Pink, dass sich die Regalbretter nur so bogen. Aber dort blieben die Flaschen leider liegen.

Das große Rätselraten begann. Woran lag es denn nur, dass die Leute ihnen das knallgrüne Ketchup schier aus den Händen gerissen hatten, aber alle anderen Farben ein absoluter Flop waren? Ganz einfach: Es gibt rote und (reife) grüne Tomaten, aber weder lilafarbene noch welche in Knallpink oder Grellorange. Natürlichkeit war das Stichwort: Die Käufer verbanden mit dem grünen Ketchup (etwas optimistisch) nichts Künstliches, sondern eine natürliche Zutat, nämlich grüne Tomaten. Allerdings nur in den USA, in Deutschland fiel die grüne Soße komplett durch bei den Verbrauchern. Grüne Tomaten scheinen hierzulande nicht sehr bekannt zu sein.

IM PORTRÄT

DUNKELGRÜN

Die Queen im Schottlandurlaub: klassischer, ein bisschen steifer Tweed, robustes Schuhwerk und den Regenschirm im Anschlag. So ungefähr können Sie sich Dunkelgrün vorstellen: konservativ, solide und praktisch.
Klingt ein bisschen langweilig? Kann man die Farbe nicht ganz von freisprechen. Mittelgrün ist schon unbeweglich, aber im Vergleich zu den dunklen Grüntönen wirkt es wie eine ausgelassen auf der Lichtung hüpfende Elfe.

Woran liegt's? Na ja, Dunkelgrün ist ein bisschen zu schwer. Da hängen einfach ein paar Pfund massiges Schwarz zu viel auf den grünen Hüften, die dunkles Grün allzu statisch wirken lassen. Das schwere Schwarz zieht nach unten ... auf den sicheren Boden, und den muss ein Dunkelgrün unbedingt unter den Füßen spüren, um sich wohlzufühlen.

Klingt bis hierhin ein bisschen negativ? Ich will die Farbe überhaupt nicht schlechtreden, denn sie hat definitiv ihre Qualitäten. Gut verwurzeltes Dunkelgrün hält die für Grün charakteristische Balance auf einer tieferen Ebene, bildet die berühmte sichere Basis, das verlässliche Fundament, auf dem man sicher steht. Von hier aus kann man sich ohne Hast die nächsten Schritte überlegen – oder einfach noch abwarten und den Status quo wahren, bis man sicher weiß, wohin es gehen soll.

Dunkelgrün ist kein Farbton, der leicht zu verunreinigen oder – im übertragenen Sinn – zu verunsichern wäre, kaum etwas bringt ein dunkles Grün aus der Fassung. Dieses dichte Grün strahlt eine so wohltuende Schwere und Stabilität aus, dass man sich in seiner Gegenwart fast augenblicklich beruhigt und gefestigt fühlt.

FORSTGRÜN
Dunkles Gelbgrün
Robuster Vertreter der Grünfamilie, ein echter Naturbursche, der sich in Wald und Flur oder auf Lodenjankern wohlfühlt.

Wintergrün / Dunkelgrün
Ein Schwarzgrün, passend gekleidet für die dunkle Jahreszeit: das Grün von Ilex und Tannennadeln.

*!! Tipp !!
Stimmungsschwankungen? Tragen Sie häufiger Grün!*

Tiefe Waldesruh

Tannengrün … der Farbname malt Bilder in den Kopf von dichten Wäldern mit hohen, alten Bäumen. Erhaben. Unantastbar. Sicher. Der Wind zaust vielleicht ein bisschen die Kronen, aber die Bäume stehen davon unberührt und still. Kirchenstill ist es im Wald. Früher Sonntagmorgen. Außer Ihnen sind nur die Vögel schon wach und singen in der grünen Kathedrale ihren Gottesdienst. Ein Gesang aus tausend Kehlen, während der Wald ruhig atmet und lebhaft duftet. Bald schon sind die Bäume ein wogender Wall hinter Ihnen, der die Welt abhält, der den Zivilisationslärm und auch laute Gedanken einfach schluckt. Mit jedem Schritt tiefer in den Wald bleiben die grauen Sorgen im Gestrüpp hängen und die grüne Sicherheit wächst. Das ist die Qualität von Tannengrün.

Keine Zeit für einen Waldspaziergang? Dann holen Sie sich die tiefe Ruhe eines Waldes nach Hause, mit der stillen Kraft von dunklem Grün. Vielleicht in einem (Samt-)Sofa in Flaschengrün, das nicht nur hübsch aussieht (besonders vor zartrosa überhauchten Wänden), sondern auch Ruhe in den Raum bringt. Eine verlässliche, sichere Insel, auf die Sie sich vom Alltagsstress zurückziehen können.

Umgekehrt auch schön: Blushrosa Sofa vor waldgrüner Wand.

Gelassen.
Ruhig.
Passiv.
Weit.
Gefühlvoll.
Sehnsuchtsvoll.
Tiefsinnig.
Grenzenlos.
Unendlich.
Distanziert.
Kühl.
Zurückhaltend.
Immateriell.
Schlicht.
Pur.
Friedlich.
Verlässlich.

FARBPORTRÄT

BLAU

EIN BLAUES WUNDER

Bei Blau sehe ich eine unterkühlte Schönheit, extrem distanziert bis scheu, aber mit großer Anziehungskraft. Nur wirklich nahbar ist sie leider nicht. Geht man auf sie zu, weicht sie zurück. Versucht man, nach ihr zu greifen, ist da nichts als leere Luft.

Blau sucht nicht die Nähe wie die warmen Farbtöne, sondern entzieht sich in Bereiche, in die man ihm nicht folgen kann – helles Blau verliert sich in der Weite des Himmels, Mittelblau zieht sich in die Ferne des Horizonts zurück und dunkles Blau sinkt in die Tiefe der Meere oder des Nachthimmels. Wenn Sie in den Himmel greifen, ist da nichts als farblose Luft, den blassblauen Horizont werden Sie nie erreichen können, er wird immer vor Ihnen zurückweichen, und das Wasser verliert seine blaue Farbe in dem Moment, in dem Sie die Hand aus den Wellen ziehen, das Blau rinnt Ihnen im wahrsten Sinn des Wortes durch die Finger. Blau ist das große Nichts: nicht greifbar, flüchtig und irreal.

Was ist Blau? Das Blau ist das sichtbar werdende Unsichtbare.

Yves Klein

Interessant in dem Zusammenhang ist, dass sich der Farbname für Blau vielerorts erst spät entwickelt hat, als ob es sogar ein Problem darstellt, diesem farbigen Nichts einen Namen zu geben.[13]

Blau aber nur als unnahbar einzuordnen, wird der Farbpersönlichkeit nicht gerecht. In seiner Abgeschiedenheit hat sich Blau ein klares Wesen bewahrt, unverfälscht und mit einer Ruhe, die sich selbst genügt. Reines Blau ist ein fast asketischer Charakter, still, schlicht, ohne Allüren, dafür mit Tiefgang – Attribute, auf die man nur selten trifft, vielleicht am ehesten bei einsamen Mönchen auf noch einsameren Berggipfeln. Besondere Qualitäten also für eine besondere Farbe.

Ägyptischblau. Ätherblau.
Arktisblau. Atlasblau. Azur.
Babyblau. Berliner Blau.
Bergblau. Blassblau. Bleu. Businessblau.
Capriblau. Chagallblau.
Dazzling Blue. Delfter Blau.
Denimblue. Dunkelblau. Dunstblau.
Eisblau. Electric Blue. Enteneiblau.
Fayenceblau. Frittenblau.
Gletscherblau. Graublau.
Hellblau. Himmelblau.
Indigo. Islandblau.
Jeansblau.
Karibikblau. Kobaltblau. Königsblau.
Kornblumenblau. Kristallblau.
Lanvinblau. Lapislazuli. Leuchtblau.
Lichtblau. Luftblau.
Marienblau. Marineblau. Mingblau.
Mitternachtsblau. Monetblau.
Nachtblau. Nattierblau.
Navy. Nordischblau.
Pastellblau. Pfauenblau. Picassoblau.
Poolblau. Porzellanblau.
Preußischblau. Puderblau.
Rauchblau. Romantikblau. Royalblau.
Saphirblau. Schwimmbadblau.
Sehnsuchtsblau. Septemberhimmelblau.
Skyblue. Smalte. Sommerblau.
Stahlblau. Sturmwolkenblau.
Taubenblau. Tiefblau. Tintenblau.
Topaz. Traumblau.
Ultramarin.
Van-Gogh-Blau. Vermeerblau.
Waid. Wasserblau. Waterfordblau.
Yves-Klein-Blue.

[13] Kein Blau bei den Griechen! In antiken griechischen Texten findet sich kein echter Begriff für Blau, was zu teils absurden Spekulationen geführt hat: Die alten Griechen hatten angeblich was an den Augen. Oder: Sie sahen einfach zu viel Blau um sich herum mit Himmel und Meer, so dass sie die Farbe als selbstverständlich, aber nicht als wichtig erachteten. Nichts davon ist richtig, vielmehr galten in der Antike leuchtende Farben als schön, solche, die nahe am Weiß stehen; Blau aber bewegt sich in der Sphäre kurz vor Schwarz, am anderen Ende der Skala, es war daher schlicht nicht sonderlich beliebt und wurde nicht groß erwähnt.

Das Blaue vom Himmel ist selten auf der Erde zu finden

Wenn wir **ins Blaue fahren**, weil wir einfach mal **blaugemacht** haben, steuern wir ohne Plan und festes Ziel auf den flirrenden Horizont zu, wir fahren ins Ungewisse.
Im Ungewissen bleiben auch andere, wenn wir **ins Blaue hinein reden**, sprich: ohne Struktur – und manchmal auch ohne Verstand.
Vielleicht neigen wir dann dazu, **das Blaue vom Himmel zu versprechen** …
Hoffen wir mal, dass die anderen sehr **blauäugig** sind und unsere Lügen nie auffliegen, ansonsten haben wir Glück, wenn wir noch mal **mit einem blauen Auge davonkommen**.

VOM VAMPIR zum Teenie in 3, 2, 1 …

In der Fotografie und beim Film wird der Blaufilter gerne eingesetzt, um eine Szene unwirklich, etwas irreal erscheinen zu lassen. Oder auch ein bisschen geheimnisvoll und unheimlich. Ein lustiges Beispiel dafür ist der erste Teil der »Twilight«-Reihe, für den die Regisseurin einen starken Blaufilter einsetzte, damit die Szenen mystischer wirkten. Als eine Aufnahme ohne den Filter im Netz auftauchte, wirkte das Ganze auf einmal unfreiwillig komisch: Die Darsteller sahen nicht mehr mysteriös oder sogar gefährlich aus, sondern eher wie einem High-School-Film entsprungen.

In Holland regnete es ständig? Unzuverlässige Smalte

Vom Charakter her flüchtiges Blau macht sich auch als Farbstoff gerne aus dem Staub. Diese Erfahrung mussten einige Maler machen, die zum blauen Pigment Smalte griffen, weil sie sich kostspieliges Ultramarin nicht leisten konnten. Smalte wurde aus mit Kobalt gefärbtem und pulverisiertem Glas gewonnen und färbte ab Mitte des 16. Jahrhunderts zum Beispiel Sommerhimmel über niederländischen Landen wunderschön azurn. Nur leider wechselte das Wetter auf den Bildern ziemlich rasch, und der blaue Himmel wurde tristgrau. Der Grund: Blaue Smalte verblasst, auf Grund von Wechselreaktionen mit den Bindemitteln in Ölfarben, oft ins Mattgraue, und daher sind die einstmals sonnenhellen Himmel auf den Gemälden heute regengrau und verhangen.

Caspar David Friedrich, Der Mönch am Meer, 1808-10

Es geht aber auch andersherum, von Schietwetter zu klarem Azur: Eines der bekanntesten Beispiele für eine gealterte, grau gewordene Smalte war lange Caspar David Friedrichs »Mönch am Meer«, der einsam unter bleischwer auf seinen Schultern lastendem Himmel stand, schwermütig und einsam. Selbst die Möwen machen sich aus dem Staub. Die Schiffe, die er ursprünglich auf die Wellen gesetzt hatte, hat Friedrich übermalt und den Mönch so selbst dieser Gesellschaft beraubt. Nach der Restaurierung ist der verloren wirkende Mönch daher immer noch kein Bild, das sich trübsinnige Leute an die Wand hängen sollten, aber immerhin blickt der Mönch jetzt in lichtes Luftblau. Auf etwas Hoffnungsvolles. Vielleicht auch Jenseitiges.

BLAUMALEREI

Blaue Verzierungen auf weißem Porzellan, das war zuerst bei den Chinesen im 13. Jahrhundert populär. Später folgten die berühmten Ming-Vasen, die aber damals schon so kostbar waren, dass sie sich nur wenige leisten konnten. Daher machten die Europäer das, was heute chinesische Firmen mit westlichen Marken tun: Sie kopierten die Vasen einfach, zum Beispiel in Delft oder in Meißen, wo man den symbolgeladenen chinesischen Granatapfel im Meissener Porzellan als bodenständige Zwiebel neu interpretierte.

Warum aber gerade die Farbkombination Blau-Weiß? Weil sie im damaligen China als besonders ästhetisch galt, als schlicht, gelassen und bescheiden – was angesichts der Preise für Ming-Porzellan ein bisschen lustig wirkt.

Je tiefer das Blau wird, desto mehr ruft es den Menschen in das Unendliche, weckt in ihm die Sehnsucht nach Reinem und schließlich Übersinnlichem. Es ist die Farbe des Himmels.

Wassily Kandinsky

ISLANDBLAU

Ein verhüllter Farbcharakter, der nicht frei strahlen kann. Ein Blau unter grauen Wolken, leicht depressiv verstimmt. Aber auch ein Blau, in dem sich die Gelassenheit des Nordens spiegelt mit seiner klirrenden bis klärenden Kälte und der endlosen Weite.

Zu nordischem Blau passen klare Stimmen, sie schweben über betont schlichten, leicht melancholisch eingefärbten Melodien, die sich beständig auszudehnen scheinen … und dabei ein Lied von Rückzug singen.

Titel:

»Runaway« von Aurora

»Weit weg« von Bosse

»Kun Mun Kultani Tulisi« von Loituma

»Her and the Sea« von CLANN

WENN BEI CAPRI DIE ROTE SONNE IM MEER VERSINKT …

… sind Sie zu spät dran. Um das faszinierende, fast unwirkliche Leuchten in der Blauen Grotte bewundern zu können, muss man zur Mittagszeit hin, wenn die Sonne richtig steht. Denn: Die Grotte schimmert in diesem einzigartigen Blauton, weil der Höhleneingang so niedrig ist. Das Sonnenlicht muss daher den Weg durch das Meer nehmen, wobei die Rotanteile im Licht absorbiert werden. Nur die blauen bleiben erhalten und lassen das Wasser in der Grotte in einem fast elektrischen Blau leuchten. Sogar in einem opaleszierenden Blau, wenn sich das Licht im weißen Sand auf dem Boden der Höhle bricht.

Keinen blauen Dunst? Schon das Ende des Bleistifts und die Fingernägel abgenagt, aber Ihnen ist immer noch kein brillanter Gedanke gekommen? Wenn Sie mal wieder ideenlos vor Ihrem Rechner sitzen, wechseln Sie einfach das Hintergrundbild – in etwas Blaues. Ersetzen Sie das Foto vom letzten Wanderurlaub in den Bergen mit seinem wenig inspirierenden Grau durch eines von Meer und Himmel oder färben Sie den Desktop einfach komplett in Blau ein. Sie werden sehen, dass Ihnen die Arbeit (vor allem bei hellem Blau) leichter von der Hand geht und Ihnen die Ideen wieder zufliegen. Der Blick auf eine blaue Fläche macht einfallsreicher, phantasievoller und sogar produktiver. Kindern, die sich schwertun mit den beliebten Erlebnisaufsätzen (und dem Stillsitzen beim Schreiben), kann ein blauer Hintergrund am Computer oder eine blaue Wand hinter dem Schreibtisch genauso helfen, phantasievoller zu schreiben und konzentriert zu bleiben.

ELECTRIC BLUE / LEUCHTBLAU

Ein Blau unter Strom. Ein Blau, das auf Zack ist, elektrisierend, erhellend. Es drückt sich nicht in dunklen Ecken herum, sondern blitzt gern in großer Show am Himmel auf.

dazzling blue: Der IT-Spezialist packt aus!

»Warum ich gerade Blau für das Logo von Facebook gewählt habe? Ach, wissen Sie, das ist einfach meine Lieblingsfarbe«, sprach Mark Zuckerberg und lächelte zuckersüß. Seine Rot-Grün-Schwäche lasse ihn vor allem Blautöne besonders gut sehen, deswegen liebe er sie.[14] Kann man glauben, muss man aber nicht. Wahrscheinlicher ist, dass Zuckerberg die Auswahl der Logofarbe seines Multimilliarden-Dollar-Unternehmens farbpsychologisch geschulten Beratern überlassen hat, die ihm gesagt haben, dass Blau Vertrauenswürdigkeit suggeriert. Die Menschen sollen sich sicher und geschützt fühlen auf seiner Plattform – und ihre intimsten Dinge preisgeben. Und Blau schafft Vertrauen, das blau eingefärbte Facebook strahlt Zuverlässigkeit und Neutralität aus – wer käme da auf die Idee, dass es sich für meine Daten interessiert?
Da Dazzling Blue bei Facebook schon einen so guten Job gemacht hatte, wechselte der Marketingstar direkt mit zu Meta und ziert jetzt ein Unendlichkeitszeichen, das Meta wohl eine endlose (Erfolgs-)Geschichte prophezeien oder es als zukunftsorientiertes Unternehmen kennzeichnen soll.

SIDEFACT: Blau ist nicht nur bei Facebook unter Vertrag, sondern hilft auch Microsoft, das für seine Suchmaschine Bing schon 2010 eine Untersuchung startete, um den idealen Farbton für die Werbelinks zu finden. Die Wahl fiel auf ein Blau mit einer ausgeprägten, für die Farbe typischen Sogwirkung, die den Cursor magisch anzuziehen schien. Wohl auch, weil verlässliches Blau einem zuraunt: »Diesem Link kannst du vertrauen. Klicke ruhig drauf …«
Google hat sich nur kurze Zeit später ebenfalls für Blau als Farbe für kommerzielle Links entschieden, für einen Blauton mit einem Touch ins Violette – der ordentlich abgefärbt hat auf den Gewinn von Google: runde 200 Millionen Dollar mehr hat das Unternehmen eingenommen seit der Farbumstellung auf Blau.

SICHER IST SICHER … und blau. Viele Banken und Versicherungen haben ein vertrauenswürdiges blaues Logo, generell werben Unternehmen, denen Sie Ihr Geld anvertrauen sollen, gerne mit der Farbe Blau, denken Sie nur an Paypal, Visa oder American Express. Aber auch Tech-Firmen von IBM bis intel verschafft Blau ein gutes Image, in dem Fall ein sehr kompetentes.

[14] Interessant ist, dass die Zentrale von Facebook im kalifornischen Palo Alto in sehr warmen Mid-Century-Farben gehalten war: gelbe Sessel, orangefarbene Wände und viel Braun. Auch im Büro des Facebook-Chefs, das nicht, wie zu vermuten, in klarem Blau, sondern komplett in schmuddeligen Brauntönen gestaltet war. »Wir wollten, dass es aussieht wie ein zwielichtiges Highway-Five-Motel« (Eibl 2010, S. 56), meinte der Architekt dazu.

KÜNSTLERFARBEN

1. Jan Vermeer, Briefleserin in Blau, 1662–1664
2. Vermeer-Blau
3. Picasso-Blau
4. Pablo Picasso, Das Leben, 1903
5. Chagallfenster der Kathedrale Notre-Dame in Reims
6. Chagall-Blau
7. Claude Monet, Seerosen, 1916
8. Monet-Blau
9. Jean-Marc Nattier, Marie-Anne de Mailly-Nesle, 1740
10. Nattier-Blau
11. Vincent van Gogh, Sternennacht, 1889
12. Van-Gogh-Blau

Vermeer-Blau

Gelb neben Blau, dieses Farbpaar taucht immer wieder auf in Vermeer-Bildern, ein Farbkontrast mit Wiedererkennungswert und ein Spiel mit gelbem Licht und blauem Schatten, für den der Maler kostbares Ultramarin verwendete.

Picasso-Blau

In Paris angekommen, sank die Temperatur in Picassos Bildern rapide: Einige Zeit lang war alles in ein kaltes blaues Licht getaucht. Die Bilder seiner Blauen Periode (1901–1905) atmen Melancholie – wegen der Motivwahl, Picasso malte in dieser Zeit unter anderem Bettler, vereinsamte Menschen oder Trinker, aber auch aufgrund der kühlen Blaugrüntöne und des schwermütigen Graublaus, die Elend und Kummer passend einfärbten. Einer von Picassos Freunden, Jamie Sabartés, sagte einmal, Picasso könne »einem Seufzer eine Form geben«.[15] Offenbar auch eine Farbe.

Der Selbstmord eines Freundes von Picasso wie auch die Geldsorgen des Malers sollen die Gründe für die Palette in trostlosen Blautönen gewesen sein, mit denen der Maler seine Depression verarbeiten konnte, und dementsprechend ist Picassoblau ein kränkliches, hohlwangiges Blau ohne jeden Lebensfunken.

Die Melancholie von Blau findet sich auch im Blues, der ursprünglich der Gesang der Sklaven auf den Baumwollfeldern war, die in der Musik ihre Mutlosigkeit und ihr Leid ausdrückten.

Van-Gogh-Blau

Für Vincent van Gogh war Kobalt eine göttliche Farbe, und Kobaltblau ist in vielerlei Hinsicht ein echtes »Van-Gogh-Blau«: modern, lebhaft, kraftvoll. Ein intensives Blau, das einen nicht kaltlässt. Er hat den Himmel seiner berühmten »Sternennacht« großzügig mit diesem Blau gefüllt[16] – ein besonderes Blau für ein besonderes Motiv. Denn der Sternenhimmel soll van Gogh richtiggehend umgetrieben haben, vielleicht weil die leuchtenden Sterne, die aussehen wie kleine Sonnen, die dunkle Nacht erhellen und das Licht der Hoffnung sind, das die tiefste Dunkelheit durchdringt – ein Gefühl, das dem Maler in der Phase, in der er das Bild malte, wohl nicht fremd war. Die »Sternennacht« ist keine ruhige Nacht, wilde Pinselstriche[17] lassen eine innere Unruhe oder starke Emotionen erkennen, das Bild hat eine aufgewühlte, quecksilbrige Aura. Doch da ist eben das Licht der Sterne. Da ist das friedliche Dorf am unteren Bildrand, das Sicherheit verspricht. Da sind die Zypressen, die zwar wie Flammen in den Himmel züngeln, aber bereits erloschen sind, nur noch ein schwaches oranges Glimmen ist zu sehen. Und da ist das tiefe Blau: kraftvoll und ruhig.

Das ist eine gängige Deutung. Die berühmten wilden Pinselstriche ... spiegeln sie van Goghs seelisches Leiden? Seine Krankheit? Wobei wir bisher nicht wirklich wissen, an welcher Krankheit Vincent van Gogh litt – und ob er überhaupt krank war.

Der berühmte »Wahn(sinn)« zumindest ist wohl nur ein verkaufsfördernder Mythos. Van Gogh war ein Mensch mit sehr starken Emotionen, und vielleicht sind schlicht sie es, die wir in seinen Bildern sehen. Dann malte van Gogh nicht sein (mehr oder weniger aufgewühltes) Innenleben, sondern was er in der Natur sah und wie er dabei empfand. Und er brachte es so auf die Leinwand, dass jeder nachvollziehen konnte, was er beim Malen erlebt hat. Vielleicht übertrieb es van Gogh absichtlich mit seinen Wirbeln, den Bewegung simulierenden Pinselstrichen oder dem bewussten Einsatz von clashenden Komplementärfarben, damit wir beim Betrachten der Bilder (die er nicht im

---

15 Sabartés 1948, S. 67.
16 Neben Preußischblau und Ultramarin.
17 »(…) die Linien darin sind konturiert wie auf alten Holzschnitten«, schrieb van Gogh an seinen Bruder Theo. Plachta 2019, S. 304.

Rausch auf die Leinwand geworfen, sondern sehr genau geplant hat!) exakt das intensive, aufwühlende Gefühl haben, das er empfand beim Malen.

»(…) in Van Gogh, everything is an event.«
Sean Scully

Van Gogh wusste, dass nicht jeder die Welt und ihre Farben so lautstark wahrnahm wie er, also hat er einfach ein bisschen, im wahrsten Sinn des Wortes, auf die Tube gedrückt, Farben und Formen übersteigert – und uns so nicht nur seinen Blickwinkel einnehmen, sondern uns auch an seinem Empfinden teilhaben lassen. Die ruhelosen Wirbel, die wie Flammen züngelnden Bäume, die teils ins Extreme gesteigerte Farbigkeit … zeigen dann nicht das qualvolle Leiden eines Malers, sondern seine Ekstase beim Anblick einer sternenvollen Nacht in der Provence. Ein berauschendes Erlebnis, ja, aber sicher nicht im Rausch gemalt.

Nattier-Blau

Jean-Marc Nattier war ein französischer Porträtmaler, der mit seinen zarten Farben die Frauen am Hof von Louis XV. wie mit einem Weichzeichner überzog. Das Blau, für das er berühmt wurde, ist ein sanftes Graublau, ähnlich Hortensien kurz vor dem Verblühen. Oder ähnlich dem modernen Lavin-Blau, auch eine Modefarbe und praktisch der Nachfolger von Nattiers Blau.

Monet-Blau

Einen Tag nach dem Waffenstillstand, der den Ersten Weltkrieg beendete, bot Monet seinem Freund, dem Politiker Clemenceau, seine Seerosen-Tafeln als Geschenk an Frankreich an. Sie zeigen eine intakte Welt, fernab von allen Gräueln. In einem absolut friedlichen Blau.

Chagall-Blau

Chagalls Blau sei nicht von dieser Welt, es sei »übernatürlich«, meinte der französische Dichter Apollinaire. Eine Ahnung von dieser überirdischen Qualität des Blaus bekommt man zum Beispiel in der Sankt-Stephan-Kirche in Mainz oder in der Kathedrale Notre-Dame in Reims mit ihren Chagallfenstern. Wenn dort das Sonnenlicht durch die hohen Fenster fällt, badet man in dem mystischen Blau, in das jenseitige Welten traditionell gefärbt sind.

ULTRAMARIN

Blau mit goldenen Sprenkeln – man sieht dem Lapislazuli direkt an, dass er etwas Besonderes ist. Lapislazuli heißt übersetzt eigentlich schlicht »blauer Stein«, wurde aber viel häufiger »der Stein der Könige« genannt. Und man brauchte eigentlich auch die Schatztruhen eines Königs, um das Pigment aus dem Halbedelstein bezahlen zu können, das lange mit Gold aufgewogen wurde.

Nach einem genauso langen Weg (ultramarin(us) bedeutet »über das Meer«), einem aufwendigen Herstellungsprozess und schließlich fein vermahlen lieferte der Stein leuchtendes, tiefblaues Ultramarin, das noch heute, sofern es nicht synthetisch hergestellt wurde, eine der teuersten Malerfarben ist. Ultramarin war so teuer, dass Auftraggeber in der Renaissance, die den Malern das kostspielige Blau zur Verfügung stellten, die Künstler gern überwachten, um sicherzugehen, dass nichts von der Farbe abgezweigt wurde. Andere Kunden nutzten den teuren Farbstoff, um ihren Reichtum (mehr oder weniger subtil) zur Schau zu stellen, wobei das Stundenbuch des Duc de Berry auf eine besonders hübsche Art protzt: Der strahlend ultramarinblaue Himmel und der Halbkreis darüber mit den astrologischen Angaben spannen sich teils über die Hälfte der Bilder und machen deutlich, dass Geld keine Rolle spielte bei den Illustrationen. Dafür leuchtet das Blau heute aber noch genauso intensiv wie im 15. Jahrhundert.

Der Monat September im Stundenbuch des Herzogs von Berry

Marienblau. Oder: Warum ist der Mantel von Mutter Maria blau?

Raffael, Sixtinische Madonna, 1512

Die einen sagen: Für die Gottesmutter durfte es nur das Beste sein, und das war wertvolles Ultramarinblau. Das kostbare Pigment sollte die Sonderstellung Marias betonen – ein bisschen wie Purpur, das sich früher auch nur die Herrscher leisten konnten, in diesem Fall die weltlichen.

Andere suchen den Ursprung des blauen Marienmantels in der Bibel, in der die Farbe Blau als himmlische Farbe beschrieben wird, aber auch als die des Meeres. Damit verbindet Blau Göttliches mit dem Irdischen, genauso wie Maria als Mittlerin zwischen Himmel und Erde auftritt – was auf vielen Darstellungen noch unterstrichen wird durch die Kombination aus rotem Untergewand (die Materie, die Erde) und blauem Überwurf (das Immaterielle, das Himmlische).

Was hätten die Künstler der Renaissance dafür gegeben, wenn sie eine echte Alternative zu kostspieligem Ultramarin gehabt hätten ... Heute gibt es sie. Das Blau heißt YInMn Blue oder Mas Blue nach seinem Erfinder Mas Subramanian von der Oregon State University, der 2009 durch Zufall auf das leuchtstarke kobaltblaue Pigment stieß. Das Blau ist farbecht, lichtecht, ungiftig, deckend ... und von einer Reinheit, die es so bisher nicht gab.

EIN BLAU MIT ROTEM HERZEN: YVES-KLEIN-BLUE

Kleins Blau ist blau, sicher. Aber es ist absolut kein typischer Vertreter der blauen Farbfamilie, besonders sein Auftreten fällt doch arg aus dem Rahmen. Die Blaus im Allgemeinen sind eine dezente Truppe, die ganze Farbfamilie gibt sich zurückhaltend und steht nicht gern im Rampenlicht. Aber Kleins Blau, dieses farbsatte Ultramarin? Ist ein Performer, genau wie der Mann, der es erfunden hat.

Jeder kennt die Geschichte vom jungen Yves, der in Südfrankreich am Strand lag, in den Himmel blickte und auf die Idee kam, ihn zu signieren: der Himmel als sein größtes Meisterwerk. Klingt ein bisschen überspannt, macht sich aber wahnsinnig gut fürs Image, und das pflegte Klein immer. Deswegen denken viele auch, für Yves Klein habe es von Anfang an nur eine Farbe gegeben: Blau. Stimmt aber nicht, denn Blau war zuerst gar nicht Kleins Obsession, es war nur die Farbe, die besonders gut funktioniert hat bei ihm – ob mit oder ohne nackte Mädels, die sich bei der Performance in Klein Blue wälzten. Davor experimentierte er unter anderem mit Orange[18], was ironischerweise die Komplementärfarbe, also das komplette Gegenteil zu Blau ist. Wobei ich ihm wahrscheinlich gerade Unrecht tue … In Kleins Brust sollen zwei Herzen geschlagen haben, im Gleichtakt: Er war ein spiritueller Materialist und ein bodenständiger Träumer. Er vermarktete die Einsichten eines Mystikers mit dem Geschäftssinn eines geschickten Unternehmers. Und er erfand folgerichtig ein Blau, das im Herzen rot ist.

Aber gerade deshalb ist Klein Blue, mit vollem Namen International Klein Blue (IKB), eine der atemberaubendsten Farben, die je auf Leinwand gebracht wurden. Nicht nur wegen ihrer samtigen, matten Oberfläche. Nicht nur weil das Blau dieses aufregende, hypnotische Leuchten, dieses innere Glimmen hat. Sondern weil es ein absolut außergewöhnliches, da ungewöhnliches Blau ist: Klein Blue ist ein extrovertiertes Blau. Es kommt einem entgegen. Geht nah – und das irritiert, weil es so atypisch ist für eigentlich scheues Blau. Klein Blue ist wie schwarze Milch: inkonsequent, absurd, aber gerade deshalb so faszinierend.

Yves Klein, L'accord bleu (RE10), 1960

FUN FACT

IKB ist eigentlich keine neue Farbe, obwohl Yves Klein sie sich 1957 patentieren ließ – wobei das so nicht ganz richtig ist, Klein ist nur als geistiger Urheber des Farbtons eingetragen, er hatte nie das exklusive Recht auf die Farbe. Und sein Blau war auch »nur« altbekanntes Ultramarin, das auf neuen Schuhen daherkam: Klein und sein Farbenhändler hatten ein neues Bindemittel erfunden, mit dem die Leuchtkraft und Materialität der Farbpigmente auf der Leinwand erhalten blieb.

> Blau …
> Diese volle Leere,
> dieses Nichts,
> das alles Mögliche umfasst,
> diese übernatürliche
> ästhetische Stille der Farbe.
> Yves Klein

[18] Yves Kleins monochrome Gemälde bieten durch die Reduktion auf die reine Kraft der Farbe eine ideale Möglichkeit, Farbenergien auf sich wirken zu lassen. Neben den Arbeiten im berühmten International Klein Blue gibt es noch eine ganze Reihe weiterer monochromer Werke, zum Beispiel in Pink und Gold, womit Klein seine ganz individuellen drei Primärfarben gefunden zu haben schien: Er intensivierte das Blau in seiner Dichte und Leuchtkraft, verjüngte das Rot zu Pink und wertete Gelb zu Gold auf.

79 Minuten Blau.
Nur Blau. Genauer: International Klein Blue.

Derek Jarmans letzter Film »Blue« (1993) ist ein Standbild in Blau. Darüber hat er einen Klangteppich gelegt aus Stimmen, Musik, Geräuschen, aus Biografie, Politik, Geschichte. Die Hauptgeschichte aber erzählt das sehr präsente Klein-Blau, das vorwiegend … von Leere spricht.

Blau ist die Farbe der Leere, und blaue Bilder stellen sie häufig dar, diese Leere. Ein gutes Beispiel dafür ist David Hockeys »A Bigger Splash« von 1967, das auf den ersten Blick der Inbegriff von guter Laune ist: sommerblauer Himmel, gesundgrüne Palmen, türkissauberer Pool. Aber kein Mensch zu sehen, die perfekte Welt ist unbelebt in jedem Wortsinn. Leer eben.

David Hockney, A Bigger Splash, 1967

FUN FACT *An den Wasserspritzern, die im echten Leben nur etwa zwei Sekunden lang zu sehen wären, malte Hockney satte zwei Wochen.*

DIE HITCHCOCK-DIÄT.
Oder: Einfach abnehmen mit blauen Tellern

Die Pasta einfach mal auf einen blauen Teller packen, und schon isst man nur noch die Hälfte? Das wirkt nicht bei jedem, aber Essen auf blauem Geschirr erscheint uns weniger appetitlich, weswegen wir oft tatsächlich weniger oder gar nichts davon essen. Der Grund ist einfach: In der Natur gibt es kaum Genießbares in Blau, dafür einiges, von dem man besser die Finger lassen sollte, wie einige giftige Pilze oder Schimmel. Das Blau ist hier als Warnung zu verstehen, die wir genauso in blauem Geschirr sehen.

Sie können das Ganze für die nächste Party noch steigern, wenn Sie nicht nur blaue Teller benutzen, sondern auch die Speisen blau einfärben, so wie Alfred Hitchcock. Der fand es sehr lustig, seine Dinnergäste mit blauem Essen zu überraschen. Und er war konsequent: Alles war blau. Gabeln, Servietten, Tischdecke, Blumengestecke, Suppe, Obst, Hühnchen und das Eis. Sogar das Brot war blau eingefärbt, allerdings nur innen, damit der Gast für einen kurzen Moment die Illusion hatte, etwas Normales, etwas Essbares auf dem Tisch gefunden zu haben – bevor er es aufbrach und dann auch das blaue Brot enttäuscht zur Seite legte. Insgesamt sollen die Gäste bei Hitchcocks Party extrem wenig gegessen haben.

Eine neue Diätmethode sind blaue Teller allerdings trotzdem nicht, denn der Effekt hält nur so lange an, bis Sie sich an das blaue Geschirr gewöhnt haben. Dann fallen die Portionen wieder ganz normal aus, blauer Teller hin oder her.

Frittenblau | Ägyptischblau Klingt nach einer Farbe ganz nach Hitchcocks Geschmack, nach einer Farbe für extravagant blau gefärbtes Fast Food! Frittenblau hat damit aber gar nichts zu tun, es ist eine andere Bezeichnung für das älteste synthetisch hergestellte Pigment: Ägyptischblau. Die Zutaten dafür, unter anderem Quarzsand und Kupfererze wie Malachit, werden im Ofen gebrannt, und das Ergebnis nennt sich »Fritte«, die zu blauem Pulver verrieben wird. Je nach Zusammensetzung der Fritte kann das Blau von hellstem Azur bis zu dunkelstem Ultramarin alles sein, die ganze Bandbreite von Blau in einer Handvoll Fritten. Und die Fast-Food-Riesen bekommen in ihre noch nicht mal Nährwert rein.

Luftblau

Winterluft, blau schimmerndes Kristall, die Farbe des Horizontes an einem klaren Tag … Luftblau ist ein kristallines, ätherisches Blau, das fast schwerelos wirkt. Aber auch unglaublich gelassen und unkompliziert, sorglos, losgelöst. Die Leichtigkeit des Seins in einer Farbe.

Da Luftblau selbst so flüchtig wirkt wie Gas, ist das Gefühl von Freiheit, das die Farbe auslöst, fast mit Händen greifbar. Genau wie ein wolkenloser Himmel öffnet sich lichtes Blau nach oben und entschwebt in luftige Höhen, grenzenlos und frei.

Blassblau macht den Kopf frei, es lässt Denken und Geist weit werden: Die Farbe beflügelt, erfrischt, befreit das Denken, sie dehnt und weitet den Horizont – vor allem den eigenen. In luftiger Höhe hat man einen ganz anderen Blick auf die Dinge, betrachtet sie aus einer anderen Perspektive und behält den Überblick.

Tipp: All das macht helles Blau zu einer idealen Farbe für Arbeitszimmer, denn, obwohl entspannend, stärkt Blau gleichzeitig die Konzentration und wirkt auf das Gehirn wie einmal kräftig Durchlüften. Daneben kann die Farbe in all ihren Nuancen die Leistungsfähigkeit unseres Gehirns signifikant steigern, besonders wenn es darum geht, kreativer zu arbeiten oder neue Lösungen zu finden.

Bei Wänden in luftigem Blau sollten Sie allerdings ein paar Anker in warmen Farben werfen im Raum, um geistig nicht ganz abzudriften und den Bezug zu Ihrer Arbeit nicht zu verlieren.

BLAUE LEICHTIGKEIT

Blau ist die Farbe, die wir am wenigsten mit etwas Festem, Greifbarem oder Solidem verbinden, im Gegenteil sie wirkt körperlos, ohne Masse. Das könnte ein Grund dafür sein, warum es Bodybuildern leichter fällt, blaue Gewichte anzuheben. Der Glaube versetzt Berge – und offensichtlich auch schwere Hanteln.

Produkte in Blau werden übrigens generell als leicht und luftig wahrgenommen, weswegen die Verpackungen von Light-Produkten gern in Blau gestaltet sind. Allerdings wirken Gegenstände in Blau auch etwas kleiner als solche in warmen Farben.

Schließlich sieht man luftiges Blau auch als Coverfarbe von Ratgebern, die ein leichteres Leben versprechen: Befreit von Pfunden, Ängsten oder Hausstaub, helles Blau ist oft die Farbe der Wahl.

Hellblau für Jungs … und Mädchen!

Helles Blau ist ein Klassiker für Kinderzimmer, wo es weit mehr kann als ein offenes Raumgefühl voller Leichtigkeit zu schaffen: In Hellblau wird vieles tatsächlich nicht so schwer genommen, was es zu einer guten Farbe macht für die Zimmer von ängstlichen oder belasteten Kindern. Pastellblau ist ein freundlicher, nicht zu starker Farbreiz und eignet sich daher auch gut für Räume, in denen die Kinder sich länger aufhalten. Schön und hilfreich dazu: fröhliches Orange oder Gelb als Akzent. Klassenzimmer in kühlem Bleu strahlen eine große Klarheit und Ruhe aus, ohne die Kinder müde werden zu lassen. Trotzdem geht es in diesen Räumen weniger laut und hitzig zu, und auch das Lernen fällt vielen mit der Farbe leichter, weil luftiges Hellblau, wie schon im Büro, den Kopf frei macht und Gedankenknäuel zuverlässig entwirrt.

Tipp: Keine Farbe schiebt Wände so mühelos nach hinten wie ein helles Blau, es vergrößert Zimmer, hebt Decken an und lässt den Raum insgesamt weiter, luftiger wirken – auch frischer und sogar sauberer. Wenn Sie Wände und Decke in dem Ton streichen, kann die Farbe die Raumgrenzen regelrecht auflösen und Ihnen ein Gefühl von luftiger Weite schenken.
Den Boden sollten Sie jedoch nicht in Blau halten, sondern in einem dunklen Ton (warme Hölzer eignen sich hervorragend als Partner für Blautöne), denn die Farbe löst als Bodenfarbe Unsicherheit aus. Mit Blau, speziell mit den hellen Blautönen, verbinden wir Luft, den Himmel, das Unendliche – sprich: das nicht Greifbare. Ein hellblauer Boden scheint daher wenig stabil, und viele Menschen zögern, ihn zu betreten.

Septemberhimmelblau

Ein müdes, alt gewordenes Azur. Ein Sommerblau, bei dem sich die ersten grauen Haare als Herbstnebel vor den Himmel schieben, ein Blau, das ein bisschen verbraucht wirkt, ausgebleicht von zu viel Sommersonne. Es ist aber auch ein gemütliches Spätsommerblau mit einer wunderbar gelassenen Ausstrahlung.

Dunstblau
Helles Graublau
Etwas unentschieden hängt Dunstblau zwischen Himmel und Horizont, verschwommen und gar nicht richtig da. Vergraut, verhüllt, verträumt.

Wie blau ist der Himmel?

Auf einer Skala von 1 bis 52, von milchig weiß bis nachtblau, wie blau ist der Himmel? Schauen Sie mal aus dem Fenster … und dann auf das Cyanometer des Schweizer Naturforschers Horace Bénédict de Saussure, der Ende des 18. Jahrhunderts den Gipfel des Mont Blanc erklomm, um auf der Bergspitze die Farbe des Himmels zu messen. Dabei hatte er: 19 Träger, einen Kohleofen und diverse Messgeräte, darunter ein Cyanometer. Das war im Grunde nur eine Pappscheibe, auf die verschiedene Abstufungen von Preußischblau aufgemalt waren zum Vergleich mit dem Himmelsblau. Denn de Saussure war überzeugt: Mit zunehmender Höhe intensiviert sich das Blau des Himmels, bis es ins Schwarze übergeht. Nicht ganz richtig, aber er fand heraus: Je sauberer und trockener die Atmosphäre ist, desto blauer erscheint der Himmel, daher ist das Himmelsblau auf Bergen intensiver, denn Dunst- und Staubpartikel kommen gehäuft eher in den untersten Luftschichten vor. Auf dem Mont Blanc will de Saussure ein sattes Königsblau gesehen und gemessen haben. Mit dem gleichen Cynaometer brach später Alexander von Humboldt zu einer Reise auf und konnte dem tropischen Himmel 46 von 52 Punkten geben.

Preußischblau

Die Formel für die Erfindung von Preußischblau: ein saumseliger Chemiker + ein dubioser Apotheker = Preußischblau. Bei der Erfindung von Preußisch- oder Berliner Blau kamen nicht nur in chemischer Hinsicht ungewöhnliche Komponenten zusammen, auch die Akteure fielen aus dem Rahmen.

Der Chemiker Johann Jacob Diesbach war eines Nachmittags im Jahr 1706 ein bisschen spät dran mit seiner Farbproduktion, und dummerweise fehlte ihm auch noch Pottasche, um das leuchtende Rot fertigzustellen, das bestellt war. In seinem Labor fand sich kein Stäubchen Pottasche mehr, weshalb er sich beim nächstbesten Händler[19] den fehlenden Rohstoff besorgte. Leider waren weder der Händler (dem nicht der beste Ruf vorauseilte) noch die Pottasche (die mit Tierblut verunreinigt war) empfehlenswert. Diesbach aber kümmerte das nicht, sondern er eilte zurück zu seiner Mixtur aus in Alaun und Eisensulfat gut gar gekochten Cochenilleläusen, kippte zur Ausfällung des Farbstoffs die Pottasche dazu – und wunderte sich sehr, als die Farbe nicht wie gewohnt rot ausfiel, sondern tiefblau. Preußischblau war geboren.

Preußischblau oder Berliner Blau ist ein lichtechtes, tiefes Blau, ein starker Charakter. Es hat eine hohe Färbekraft und lässt sich gut mischen oder aufhellen. Das Beste daran: Preußischblau war eine echte und erschwingliche Alternative zu kostspieligem Ultramarin, weswegen das neue Blau schnell seinen Weg auf die Paletten vieler Künstler fand.

Die Zeiger am Big Ben in London leuchten in Berliner Blau.

[19] Manche erzählen diese Geschichte ein bisschen anders, in ihrer Version spielt kein undurchsichtiger Händler eine Rolle, sondern Johann Konrad Dippel, ein Theologe, Physiker, Alchemist … und derjenige, der im selben Labor wie Diesbach herumexperimentierte. Von ihm soll sich Diesbach die mit Tierblut verunreinigte Pottasche geliehen haben.

Aus stillem Grün, das kräftigend beschränket,
Bin ich ins leichte Blau hineingekommen,
Hat das Unendliche mich hingenommen,
Als sanftes Meer mich in sich selbst versenket.

Vom heitern Licht ist diese Flut getränket,
Ein Sonnenstrom kommt linde hergeschwommen,
Als wären sie zu luftger Flamm entglommen,
Glühn Wipfelsäulen, tempelgleich verschränket.

Doch ist der Seele selger Traum erfüllet?
Nimmt oder gibt ihr Wehmut diese Bläue,
Die weit ins Grenzenlose sich verlieret?

Nie wird hier ganz von Flor die Fern enthüllet,
Doch dieser Duft um Well und Bergesreihe
Wird Flamme, die zum Flug die Schwinge rühret.

Otto Heinrich Graf von Loeben

In der Ruhe liegt das Gefühl

Menschen, die Blau lieben, gelten als introvertiert, weil sie eher zurückhaltend auftreten. Sie verhalten sich in Gesprächen beobachtend, statt selbst das Wort zu ergreifen. Oberflächliche Unterhaltungen interessieren sie aber ohnehin nicht, sondern nur Gespräche mit Tiefgang, an denen sie sich jedoch nicht zwingend beteiligen müssen. Dabei ist diese scheinbare Teilnahmslosigkeit eher ein Abwarten, ein gründliches Nachdenken über die Situation als echte Passivität. Mit Blau gelingt es, einen Schritt zurückzutreten und alles in Ruhe, mit Abstand zu betrachten; wenn sich blaubetonte Menschen dann wieder zu Wort melden, sind sie klar in ihren Ansichten und transparent in ihrem Ausdruck.

Die Sicherheit, die sie ausstrahlen, muss von ihnen nicht immer so empfunden werden, weswegen Menschen, die Blau lieben, innerlich auf Abstand gehen und unzugänglich wirken können. Die Distanz, die sie aufbauen, ist aber nur ein Schutz für ihr sehr verletzliches Wesen, das gern vertrauen möchte, aber Angst hat, (wieder) enttäuscht zu werden. Blaubetonte selbst sind sehr zuverlässig, verantwortungsbewusst, diskret, loyal und aufrichtig. Sie legen Wert auf Ehrlichkeit sowie echte Verbindungen und lehnen im Gegenzug alles Verlogene oder Künstliche ab. Genügt jemand ihren Wertvorstellungen nicht, ziehen sie sich ohne Bedauern zurück, denn blaubetonte Menschen können sehr gut mit sich allein sein. Selbst eher gleichförmige Phasen, die andere als eintönig empfinden, machen ihnen nichts aus, im Gegenteil, gerade in der scheinbaren Ereignislosigkeit und in der Einsamkeit finden sie ihre persönliche innere Wahrheit, die sie allerdings meist nicht nach außen tragen. Sie gibt ihnen persönlich das, was man als Seelenfrieden und innere Kraft bezeichnet, die so nur über Blau erreicht werden können. Mit Blau erlebt man durch die Sogwirkung der Farbe automatisch eine Vertiefung, ein Loslösen von der äußeren Welt. Im Gegensatz zu seinem Komplementär Orange, das im Außen agiert und sich dort erleben will, zieht sich Blau zurück und sucht die Antworten in sich selbst.

Farbbotschaft von Blau:

»Ich bringe dich zu dir selbst.«

Blau ist die Sehnsucht nach Reinheit und Ruhe – vor allem in sich, um echten inneren Frieden und ein tiefes Vertrauen in sich zu erleben, aus denen wiederum echte Gelassenheit und Treue für andere erwachsen. Das Problem kann nur darin bestehen, dass niemand etwas von diesen Qualitäten ahnt, weil es Blaubetonen schwerfällt, andere an ihren Empfindungen teilhaben zu lassen.

Ab und an wirken Blauliebhaber vielleicht ein bisschen zu ernst, aber sie können ausgesprochen beruhigend auf andere einwirken und mit ihrer Gelassenheit selbst hitzige Situationen entschärfen. Aufpassen sollten Blaubetonte, wenn es um allzu hohe Ansprüche an sich selbst geht, entweder neigen sie zu Perfektionismus, der sie regelrecht auslaugen kann, oder sie fühlen sich für Gott und die Welt verantwortlich. Es besteht auch die Gefahr, die eigenen Grenzen nicht zu wahren, weil Blaue sofort zurückweichen, statt ihren Raum einzunehmen und ihre Wünsche zu verteidigen.

Blaubetonte Menschen haben das, was man so schön »Gefühlstiefe« nennt, sie erkennen, indem sie fühlen. Blau ist die Einladung, den Verstand vor der Tür und die Zügel locker zu lassen. Wir müssen nicht immer alles »im Griff« haben, sondern dürfen auch einfach mal alles laufen, fließen lassen wie das Wasser in einem ruhigen Fluss …

Tipp

Sie haben in letzter Zeit einen regelrechten Hunger auf Blau? Dann brauchen Sie womöglich mehr Frieden in Ihrem Leben. Hören Sie auf Ihre Intuition – und gönnen Sie sich mehr Ruhe.

Rosen sind rot und …

… Veilchen sind blau, und dabei würden es die Rosen auch ganz gern belassen. Ein japanisches Forscherteam, angeheuert von der Firma Suntory, allerdings nicht. Sie haben Rosen ein Gen von Stiefmütterchen untergejubelt, das das blaue Pigment Delphinidin produziert, und den Rosen dafür ihr klassisches Rot aberzogen. Denn eine blaue Rose, das ist nicht nur eine Sensation, sondern auch eine echte Goldgrube: Für den zehnfachen Preis einer regulären Edelrose verkauften sie ihre Kreation, die erste blaue Rose »Applause«. Obwohl die nur tristmauvefarben ist und beileibe nicht blau. Und daher auch nicht wirklich Applaus verdient.

Applaus für »Applause«? Auf der Suche nach der blauen Blume … wurde man auch in Japan nicht fündig.

Nachruf

Wir nehmen Abschied von

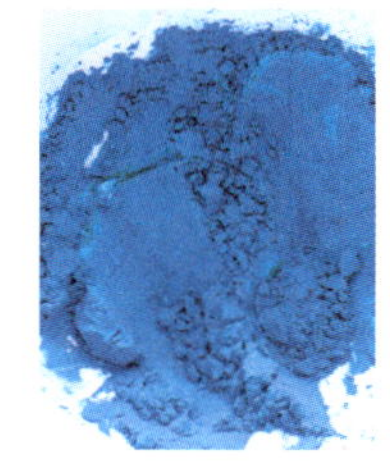

Manganblau

* 1907 † 1988

Nach langer Krankheit ist Manganblau seiner Toxizität erlegen.

Der Farbton hat viele Jahre als treuer Partner für uns gearbeitet und unsere Gemälde, Hauswände oder Fresken mit seinem unnachahmlichen Leuchten bereichert. Wir haben ihn kennengelernt als außergewöhnlichen, universell einsetzbaren Mitarbeiter, den wir sehr vermissen und der nicht zu ersetzen ist. Mit Manganblau verlieren wir eine einzigartige Farbpersönlichkeit, die eine echte Lücke in unseren Paletten hinterlässt.

Unser tiefes Mitgefühl gehört allen Künstlern, Malern und Restauratoren dieser Welt. Wir werden Manganblau stets in dankbarer Erinnerung behalten.*

** Manganblau hat sich leider nicht nur als einmaliger, sondern auch als etwas toxischer und teurer Mitarbeiter erwiesen. Wegen des hohen Preises und aufgrund von Umweltproblemen bei der Produktion wird das Pigment in Deutschland heute nicht mehr hergestellt.*

Arktisblau | Eisiges Grünblau

Unterkühlte Farbpersönlichkeit mit frostiger Ausstrahlung. Der Charme eines Eisbergs, aber dafür unmissverständlich klar im Ausdruck. Kühlt zuverlässig Produkte, die frisch wirken sollen, oder Räume, in denen sich die Stimmung schnell aufheizt.

Sturmwolkenblau
Wuchtiges Graublau

Ein Blau mit dem Talent zum großen Auftritt, die Dramaqueen unter den Blautönen. Ein eigenwilliges Blau mit kaum verhüllter Kraft. Atmosphärisch dicht und kraftvoll. Ein starker Charakter.

Ein lebensechtes Porträt von einem Sturmwolkenblau stammt von dem englischen Maler John Constable, der Wolken so genau abbildete, dass er der Lieblingsmaler aller Meteorologen ist.

John Constable, Weymouth Bay with Approaching Storm, 1818/19

NIMM DOCH EINFACH DAS BLAUE!

Ich hatte einen neuen Freund und eine neue Waschmaschine. Kamen in der Reihenfolge ins Haus, waren sich bis dato aber noch nicht begegnet. Das wollte ich ändern. Also bat ich ihn, sich um die Wäsche zu kümmern, und ließ die beiden, Mann und Maschine, allein. Nach etwas über einer Stunde kam ich wieder nach Hause und fand einen Mann mit merklich nervlicher Belastung vor – inmitten von acht Stapeln Wäsche. Fragend blickte ich erst ihn, dann die vielen Stoffhaufen an.

»Ich hab erst mal alles sortiert.« Er selbst sah mittlerweile ein bisschen unsortiert aus.

»Aha.« Ich bemühte mich um einen neutralen Tonfall. »Aber du weißt schon, dass man Wäsche nicht alphabetisch, sondern einfach nur nach Farben sortiert?«

»Natürlich!« Ein pikierter Blick. »Das ist Weißwäsche, sehr helle, helle, mittelbunte, dunklere, ganz dunkle und schwarze«, klärte er mich auf.

»Und der Stapel hier?«, fragte ich und deutete auf zwei einsame T-Shirts direkt vor seinen Füßen.

»Das ist geringelt. Das geht extra.« Na super, wenn er vorhatte, alles mehr oder weniger einzeln zu waschen und dabei der Maschine beim Kreisen zuzusehen, wäre ich per Hand schneller. Geduldig erkundigte ich mich trotzdem: »Womit fängst du denn an?«

Und wann?!

»Das ist noch nicht raus«, bekam ich zur Antwort.

Ich holte tief Luft und dachte an was Schönes. Ich war sehr stolz auf mich, dass ich sogar mit einem Lächeln rauswürgte: »Woran liegt's denn noch, hm?«

»Am Waschmittel.« Fahrig deutete er auf die Maschine, auf der fünf verschiedene Flaschen standen. Alle randvoll.

»Es ist doch genug da! Nimm doch einfach irgendeins«, flehte ich.

»Irgendeins?!« Ungläubig starrte er mich an. »Du kannst doch nicht irgendwas in die Kammer kippen, das muss doch genau zur Wäsche passen! Also so langsam wundert mich nicht mehr, warum meine Poloshirts so verblasst aussehen! Da guck«, der Mann schritt zur Maschine, aber leider immer noch nicht zur Tat. Stattdessen erklärte er mir: »Es gibt Feinwaschmittel und Colorwaschmittel und Vollwaschmittel und eines für Sensitives. Und dann noch eins für schwarze Wäsche. Ich bin gerade dabei, die Flaschen den Stapeln zuzuordnen. Ich google nur mal eben schnell noch, was die Hersteller auf ihren Seiten genau empfehlen, und dann ...«

Machen wir's kurz: Eine halbe Stunde später stand die Waschmaschine immer noch still, mich hielt aber nichts mehr an Ort und Stelle. Ich floh nach oben, wobei ich mir ernsthaft überlegte, ob ich ihm seine (verblassten) Polohemden nicht direkt in einen Koffer packen und den vor die Tür stellen sollte.

Wenn ich damals gewusst hätte, was ich heute weiß, hätte ich ihm im Handumdrehen helfen können, indem ich gesagt hätte: »Achte einfach auf die Farben!« Denn die Marketingfachleute machen es uns einfach: Die Verpackungen der Waschmittel sind nach einem lange getesteten Farbcode gestaltet, der uns zielsicher zum richtigen Produkt greifen lässt. Wir haben gelernt, dass die Wäsche mit dem Waschmittel in der arktisblauen Box sauberer wird, und greifen danach. Eine dreckig braune würde dagegen jeder stehen lassen.[20]

Damit die Werber aber auch wirklich immer die richtige Farbe aussuchen, hat man Testpersonen schon häufiger wochenlang mit unzähligen Waschmitteln hantieren lassen, um sie danach zu fragen, wovon sie überzeugt sind und warum. Was die armen Leute nicht wissen: Es ist immer dasselbe Produkt in den vielen bunten Flaschen und Kartons. Trotzdem waren die Tester bisher davon überzeugt, die Wäsche rieche frischer, wenn blaue Kügelchen im Pulver waren, porentief rein wurde sie damit übrigens auch. Waren gelbe Kügelchen untergemischt, erschnupperten sie einen Zitrusduft und waren sich sicher, dass Fettflecken viel besser rausgingen. Aggressiv rote Kügelchen griffen die arme Wäsche angeblich an, aber rosafarbene Reiniger, deren Farbe an zarte Babyhaut erinnerte, haben die Tester, sehr zur Freude der Marketingprofis, direkt richtig als das passende Produkt für alles Empfindliche erkannt. Sie waren sogar der Meinung, es schone die Haut. Wieder ganz im Gegensatz zu dem Karton mit dem teils rot gefärbten Pulver – der aber genau dasselbe Waschmittel enthielt.

---

20 Interessant ist auch, dass für komplizierte Waschladungen (zum Beispiel der Klassiker: Buntwäsche mit hochsensiblen Fasern, die sich schon krümmen, wenn sie eine Waschmaschine nur sehen) häufig auch eine komplexe Farbe für das entsprechende Waschmittel gewählt wird: Violett.

Coolness zum Streichen

Blau ist ein sehr gelassener, cooler Charakter, der viel Ruhe ins Zuhause bringt. Bei roten Wänden oder einer Einrichtung mit viel Rot tritt der Raum forsch auf einen zu und fordert etwas ein, steht einem regelrecht auf den Füßen. Blau dagegen hat sich in die hinterste Ecke zurückgezogen, hält sich als stiller Beobachter im Hintergrund und wirkt daher sehr angenehm. Grün entspannt zwar auch, allerdings auf eine andere Art: indem es wie ein guter Freund neben mir sitzt und mir gut zuredet. Blau dagegen lässt mich allein, es lässt mich wirklich in Ruhe.

Ruhiges Blau ist daher der Klassiker für Schlafzimmer, wo seine distanzierte Art jedoch auch Probleme aufwerfen kann. Feng-Shui-Experten werden Ihnen mit Händen und Füßen von Blau im Schlafzimmer abraten, weil es eher dafür sorgen wird, dass die Partner sich gegenseitig den Rücken zudrehen, statt sich einander zuzuwenden. Kein Wunder bei einer Farbe, die dazu animiert, mit sich allein zu sein und sich in sich selbst zurückzuziehen. Als Einschlafhilfe ist Blau neben hellem Violett aber unübertroffen.

> **Tipp:** Trauen Sie sich und streichen Sie das Schlafzimmer mal nicht dezent Graublau, sondern in tiefem Saphirblau – der dunkle Ton schafft ein sicheres Kokon-Gefühl.

Für Badezimmer wird gern ein wässriges Blau gewählt, weil wir uns damit erfrischt fühlen und mit der Farbe Reinheit sowie Hygiene verbinden. Aber morgens kommt man mit passivem Blau leider nur schwer in Schwung, und der kühlende Effekt der Farbe lässt einen zudem schnell frieren – ungünstig für einen Raum, in dem man selten mehr anhat als ein Handtuch. Mit Gelb angewärmtes Türkis ist für ein Bad die bessere Wahl.

Blau allein in einem Raum ist kaum auszuhalten, es wirkt unwirtlich und seltsam unbewohnt, Johannes Itten ging sogar so weit zu sagen, blaue Räume seien leblos, erschreckend, man wage kaum zu atmen in ihnen. Mit seiner ungastlichen Art soll Blau sogar Gäste vergraulen können, weswegen die goldene Regel gilt: Das Gästezimmer nie blau streichen, wenn der Besuch bleiben soll. (Sie können natürlich auch Ihre eigene Regel daraus ableiten ...)

Es kommt aber immer auf den Blauton an, nicht jede Nuance wirkt kalt und abweisend, sondern Blau kann sich auch dramatisch, mondän oder freundlich geben

Oben: Stylisch wirken cognacfarbene Ledermöbel vor jeansblauen Wänden.

Mitte: Als Einschlafhilfe ist Blau unübertroffen.

Unten: Keine Angst vor dunklen Farben: Dramablau für einen glamourösen Cocooning-Effekt.

in Tönen wie Sturmblau, Kobalt oder Porzellanblau. Ansonsten balancieren weiche Naturtöne ein allzu kühles Blau aus, genauso Hölzer in Honigtönen und samtige, wollene oder flauschige Polsterstoffe.

Typisch blau sind schlichte, pure Formen, ein bescheidener Minimalismus und runde Formen oder abgerundete Ecken für ein weiches Wohnbild. Dazu dezente

Muster, Wellenformen und kühle Stoffe, die fließen, sowie alles, was eine ruhige Atmosphäre schafft.

Der passende Duft für blaue Räume ist ebenfalls unaufdringlich mit aquatischen Düften, die riechen wie eine frische Meeresbrise, marin und klar. Sie passen zum dezenten Farbcharakter von Blau, evozieren Reinheit und unterstreichen cleane Linien.

FUN FACT

Marcel Proust hat nicht nur die verlorene Zeit, sondern auch die Ruhe und Einsamkeit von Blau gesucht – und gefunden in seinem Schlafzimmer, in dem er einen großen Teil seines berühmten Romans geschrieben hat. Im dem Zimmer war Blau dominant vertreten als Bettüberwurf, Vorhangfarbe und als Farbe von Kronleuchter und Kerzenständern. Allerdings muss man erwähnen, dass Proust nicht nur auf die isolierende Farbwirkung von Blau vertraut hat, sondern die Wände zusätzlich mit schalldämpfendem Kork verkleiden und die Fenster verriegeln ließ. Nur zur Sicherheit.

»Keine Farbe isoliert sich so sehr wie Blau.«

Fairfield Porter

Blau, blau, blau sind alle meine Straßen:
Chefchaouen, die blaue Stadt

Das marokkanische Chefchaouen im Rif-Gebirge ist als »blaue Perle« bekannt, denn die Häuser und Gassen der Altstadt sind in verschiedenen Blautönen gestrichen: von Himmelblau und Azur über Kobalt bis Kornblumenblau. Manche Sträßchen sind tatsächlich komplett blau, von oben bis unten, von den Pflastersteinen über die Fenstergitter bis zum Hausgiebel – und wirken seltsam irreal.

Warum gerade Blau? Dafür gibt es mehrere Theorien. Das Blau soll vor Unheil und dem bösen Blick schützen, sagen die einen. Die anderen sehen im Blau die Farbe des Himmels, der mit den Häuserfassaden auf die Erde geholt wird – »näher mein Gott zu dir« wäre hier also das Motto. Ganz praktisch ist natürlich auch, dass die Farbe in der intensiven Sonne Marokkos angenehmer für die Augen ist als gleißendes Weiß. Dass das Blau die Häuser allerdings auch kühlt, ist ein Mythos, Weiß wäre hier die bessere Wahl, weil es mehr Sonnenlicht zurückwirft. Aber in Blau empfindet man eine Gasse oder ein Zimmer kühler, die Temperatur wird in der Regel um gut drei Grad niedriger eingeschätzt, als sie tatsächlich ist.

Allem voran sieht die blaue Medina aber nun mal spektakulär aus – daher wird fleißig gepinselt, immer mehr Häuser werden blau gestrichen. Warum? Schlicht weil es so gut ankommt bei den Touristen, das Blau zieht sie magisch an – und schreckt gleichzeitig die Mücken ab.

Das marokkanische Chefchaouen ist nicht die einzige blaue Stadt weltweit, auch im indischen Jodhpur sind die Häuser meist (indigo-)blau gestrichen.

SOMMERBLAU

Klares Azur

Das Blau von Postkartenstränden. Schwimmbadblau. Urlaubshimmelblau. Ungetrübt. Wolkenlos. Sorglos.

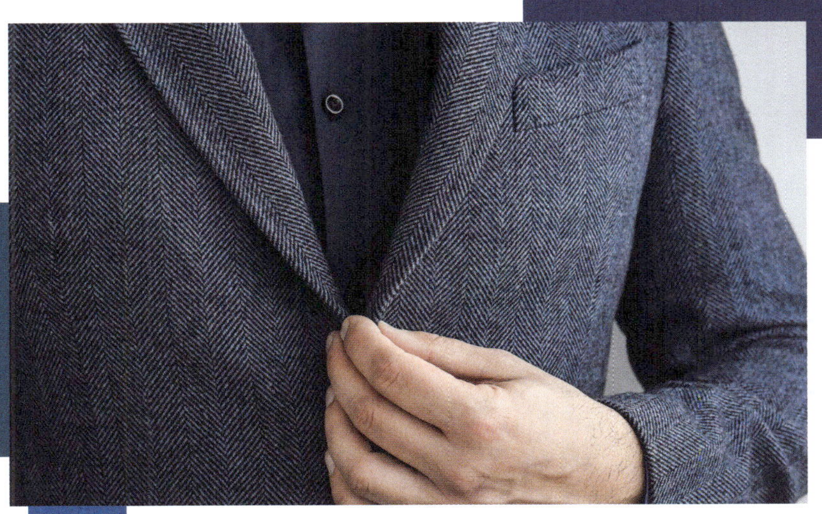

> Farbe ist Stärke.
>
> Emil Nolde

Kleider(farben) machen Leute

Jemandem in einem knallrosa Outfit unterstellen wir gern Naivität (und einen schlechten Geschmack), der Mann daneben in Grau wirkt zwar ein bisschen langweilig, aber vernünftig auf uns, oder? Zu wissen, wie die einzelnen Farben auf unser Gegenüber wirken, ist wichtig, damit ich zum Beispiel verstehe, warum ich den Job trotz guter Referenzen und einer souveränen Präsentation nicht bekommen habe – aber den Eindruck hatte, die Personalchefin hätte mir am liebsten das Händchen gehalten. Weil: Ich einen Hosenanzug in Puderblau getragen habe, der, statt Kompetenz zu schreien, leise wisperte: »Ich bin noch nicht so weit.«

Mittlerweile weiß fast jeder, dass Blau der unbestrittene Star für Businessmode ist, denn die Farbe suggeriert Sicherheit und Loyalität, in dunklem Blau unterstellt man Ihnen sogar einen klaren Fokus und Leistungsbereitschaft. Tiefe Blautöne wie Marine und Navy strahlen eine ruhige, überlegte bis überlegene Kraft aus. Aber luftiges Hellblau? Wirkt zwar wach, frisch und aufgeräumt, es drückt aus, dass man offen ist für Gespräche. Aber im Negativen weckt helles Blau beim Gegenüber nun mal auch diese Assoziationen: luftig-sorglos, mit dem Kopf in den Wolken, nicht bei der Sache, distanziert. Und etwas schwächlich. Ihm fehlt die Tiefe und damit die souveräne Ausstrahlung von dunklem Blau.

Dunkleres Blau ist definitiv eine gute Wahl für Geschäftskleidung, wenn Sie glaubwürdig und kompetent wirken wollen. Das Blau lässt Sie besonnen und gefasst wirken, und diese unaufgeregte Haltung schafft Sicherheit und Vertrauen. Die kühle Distanz von Blau vermittelt zudem Objektivität.

Da Blau grundlegend eine weibliche Farbe ist, nimmt sie Frauen daneben sogar im strengen Kostüm nicht ihren Charme. Denn Marine ist keine dunkle Mauer, sondern hat im Gegenteil eine gewisse Sogwirkung, es zieht den Blick in die Tiefe und wirkt dadurch zugänglich.

Auch in der Männermode kommen zwar immer wieder ausgefallene Farbtrends auf, das ist aber oft nur ein netter Gag für den Runway, im Alltag und vor allem im Büro sind sie meist nicht tragbar. Mit Miami-Vice-Gedächtnis-Hemden in der Farbe von Himbeereis oder einem Outfit, das aussieht wie eine Tüte Skittles, sind manche Geschäftspartner einfach überfordert.

Über einzelne farbige Akzente sollten Sie aber mal nachdenken, da Farbkontraste Mann nicht nur interessanter, sondern sogar cleverer wirken lassen. Wenn ein marineblauer Anzug mit leuchtend rotem Shirt jetzt trotzdem nicht Ihre Kragenweite ist, passt auch ein Kobaltblau, das Sie mit schlichtem

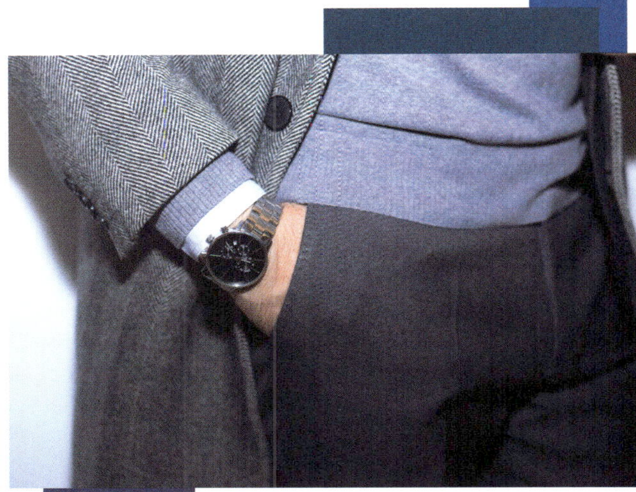

Weiß neutralisieren. Chic und beim Smart Casual akzeptiert sind als Partner weiße T-Shirts oder dünner Strick statt steifem Hemd, Sneaker statt Schnürer. Ein anderer Weg, dem dunkelblauen Anzug die Langeweile auszutreiben, sind monochrome Kombis, sprich: Ein Outfit zwar nur in Blau, aber in verschiedenen Farbabstufungen, die Sie zwanglos mixen.

Besser – da individueller als mit der klassischen weißen oder hellblauen Bluse – kombinieren Frauen Businessblau mit einer Farbe, die wirklich ihrer Persönlichkeit entspricht – optimistisches Gelb, romantisches Rosé, energisches Rot oder feinsinniges Flieder, was entspricht Ihnen? Wählen Sie eine Farbe, von der Sie wissen, dass Sie Ihnen nicht nur steht, sondern dass sie auch Ihre Persönlichkeit unterstreicht.

Genauso können Sie sich jeden Tag von den Farben helfen lassen: Tragen Sie die Töne, die aussagen, wie Sie sich heute fühlen und wie Sie wahrgenommen werden möchten: ruhig mit Jadegrün, entspannt mit Meerblau, kreativ mit Orange oder Violett, überzeugend und souverän mit Kirschrot, sachlich mit Grau … Kommunizieren Sie einfach mal in Farbe.

Die Marine- und Navytöne haben den Vorteil, dass Sie unter Garantie einen Blauton finden, der zu Ihrer Lieblingsfarbe passt. Egal ob als Top, Tasche, Stola, Schuhe, Schmuck … Brechen Sie die strenge dunkelblaue Uniform auf und erzählen Sie mit Ihrer Kleidung etwas über sich selbst.

Businessblau
Dunkelblau
Vielbeschäftigtes dunkles Blau, ein echter Workaholic. Ist ein bisschen konservativ in seiner Art, dafür aber zu 100 Prozent zuverlässig, professionell und loyal. Kompetenz in Farbe.

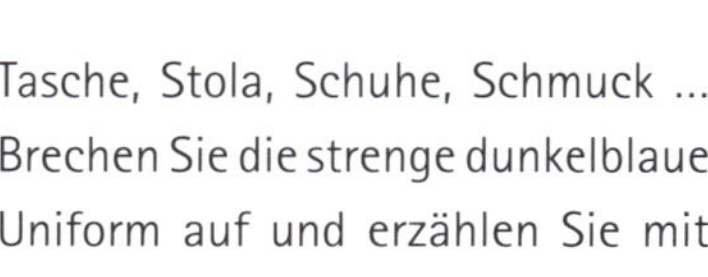

Zeigt her eure Hände

Eine Zeit lang outete man sich mit blau lackierten Fingernägeln als flippig – was zur Farbpersönlichkeit von Blau ja so gut passt wie ein rosa Tutu zum Terminator. Dass Blau (zumindest als Nagellackfarbe) kurzfristig kein ruhiges, sondern ein leicht überdrehtes Image hatte, lag aber nur daran, dass blaue Finger anfangs eher ungewöhnlich waren, nur etwas für Modemutige (oder Frostbeulen). Doch das ist Schnee von gestern, heute sind blau lackierte Nägel ziemlich gängig, oft gesehen und daher kann man an den einzelnen Nuancen bzw. an den Farbvorlieben ein bisschen etwas über die Person ablesen.

Dunkles Marine sieht man mittlerweile sogar bei Frauen, die früher statt zu klassischem Rot maximal zu Dunkelrot gegriffen haben; genauso elegant kommt heute auch Dunkelblau auf den Nägeln daher. (Dunkles Blau wirkt nur noch bei Männern unkonventionell bis lässig, denken Sie an Seal oder Jared Leto.) Strahlendes Royalblau ist vielen zu auffällig und daher nach wie vor für die Stylishen mit einer gewissen Coolness reserviert, Babyblau für zarte Wesen oder sehr freiheitsliebende, Türkis für die verspielteren, fröhlichen Naturen, Nebel- oder Rauchblau für alle, die sich erst mal rantasten an die blauen Finger oder es generell lieber dezent halten und nicht gern auffallen. Zu grellem Neonblau schließlich greifen diejenigen, die schon jeden anderen Blauton ausprobiert haben, kreativ unterwegs sind und gerne Neues ausprobieren. Gut funktioniert für sie auch der Trend, mit zwei Blautönen zu pinseln und zu einem dunkleren Blau strahlendes Azur auf einem Finger der rechten und zwei Nägeln der linken Hand leuchten zu lassen.

Es gibt übrigens noch eine ganz andere Deutung für blaue Nägel, speziell für hellblaue: Auf TikTok haben erstaunlich viele Leute erstaunlich viel Zeit investiert, um sich darüber auszutauschen, welche tiefere Bedeutung hinter blau lackierten Nägeln steckt. Das Ergebnis: Frauen mit hellblauen Nägeln sind, genau wie die mit einer Dirndlschleife auf der rechten Seite, vergeben. Mit weißem Lack will frau dagegen angeblich sagen, noch auf dem Markt und auf der Suche zu sein (daneben neigt sie, mal ganz klassisch gedeutet, meist auch zu Perfektionismus).

Yin Yoga

Leicht schwere Anspannung loswerden

Es gibt eine Form von Stress, die baut man am besten bei einer Sportart wie Kickboxen ab oder beim Pound-Workout. Tiefer sitzender, chronischer Stress spricht allerdings besser an auf die passive (und daher blaue) Form des Yoga: Yin Yoga. Die Asanas aus dem Yin Yoga schenken echte Tiefenentspannung und klären dabei wunderbar den Kopf. Ganz nebenbei kann Yin Yoga den Alterungsprozess verlangsamen und die Produktion von Hyaluronsäure anregen, die unter anderem Feuchtigkeit in unserer Haut und im Gewebe speichert. Außerdem machen wir in den Positionen noch eine ganz elegante Figur auf der Matte, gute Gründe also für ein bisschen Yin Yoga:

»Der schlafende Schwan«

In den Vierfüßlerstand gehen, das rechte Knie nach vorne ziehen und den rechten Fuß nach vorne links bringen, etwa auf Hüfthöhe. Dann die Zehen des linken Fußes aufstellen und mit dem Bein ganz nach hinten wandern, bis es, im Idealfall, gestreckt ist. Die Dehnung sollte aber noch angenehm sein, denn man bleibt beim Yin Yoga eine ganze Weile in der Position ... daher anfangs lieber nicht übertreiben. Jetzt den linken Fußrücken und das Knie auf der Matte ablegen, danach den rechten Unterschenkel so weit nach unten bringen, wie es geht – und auszuhalten ist, das Ziel ist Entspannung, kein schmerzverzerrtes Gesicht. Den rechten Fuß in Richtung Schambein ziehen, wenn möglich und wenn das Knie das mitmacht. Der Oberkörper bleibt aufgerichtet. Das wäre jetzt schon »Der Schwan«, aufrecht und wach.

Um ihn schlafen zu legen, die Arme nach vorn strecken und den Oberkörper mit jedem Atemzug weiter nach vorn sinken lassen. So lange halten, wie es angenehm ist, dann die Seiten wechseln.

Könner halten die Position bis zu 20 Minuten – aber aus eigener Erfahrung kann ich sagen, dass man am Anfang, mit relativ viel emotionalem Ballast, schnell kribbelig wird und die Übung einfach nicht mehr aushält. Denn sie löst nicht nur Verspannungen in Nacken, Schultern und Rücken, sondern über die starke Hüftöffnung lässt sie auch tief verscharrte Emotionen in uns aufsteigen. Mit der Stellung können sie sich aber langsam auflösen, und daher wird es mit jedem Mal ein bisschen einfacher. Man kann spüren, wie sich nicht nur mehr körperliche Beweglichkeit einstellt, sondern auch mehr Flexibilität im Geist und mehr Leichtigkeit im Leben allgemein. Dazu trägt »Der schlafende Schwan« gleich zweimal bei, indem er sowohl die Schultern als auch die Hüften öffnet, die im Yoga beide als »Tore zur Freiheit« gelten.

Trinken hilft ...

... besonders, wenn Sie trinken, bis Sie blau sind – blau aufgeladen mit Farbenergie. Von den rund zwei Litern Wasser täglich, die man trinken soll, können Sie ein paar Gläser einfach in Blau halten und zusätzlich von der Farbenergie profitieren.
Da Blau mit seiner fließenden Qualität ohnehin einen starken Bezug zum Wasser hat, ist mit blauer Farbenergie aufgeladenes Wasser quasi die Potenzierung und wirkt besonders gut. Blau ist hier tatsächlich in seinem Element.
Genau wie Wasser kann Blau vieles von uns »abwaschen« oder zumindest »verdünnen«, um zu mehr Frieden und Ruhe zu finden, seien es belastende Emotionen, Sorgen oder Stress.

Um Wasser blau zu energetisieren, einfach blaue Heilsteine wie den Sodalith in die Wasserkaraffe legen (der eine reinigende Wirkung hat, den Blutdruck senkt und die Intuition steigert) oder das Wasser direkt in blaue Gläser füllen, die Sie einige Minuten in die Sonne stellen. Sie können Wasser mit Blaulicht aufladen oder indem Sie das Wasserglas eine Weile auf einen blauen Untersetzer stellen.

Hilfreich, um Nervosität oder Ängste besser loslassen zu können, ist auch der Klassiker: eine Farbdusche in Blau. Dazu stellen Sie sich morgens, wenn Sie ohnehin unter dem Wasser stehen, vor, dass reinblaues Wasser auf Sie niederrieselt, durch die Haut in jede Zelle fließt und so nicht nur den äußeren, sondern auch den inneren Schmutz mit sich in den Ausguss nimmt.

Auf den Körper wirkt Blau:

- kühlend (z. B. bei Sonnenbrand, Fieber),
- entzündungshemmend (z. B. bei Akne, entzündlichen Gelenkschmerzen),
- schmerzlindernd (z. B. bei Rheuma)
- zusammenziehend (z. B. hilfreich bei Migräne, da die Schmerzen durch die Dehnung der Gefäße verursacht werden).

Und: Das parasympathische Nervensystem wird angeregt, was dafür sorgt, dass wir nach einer Anstrengung wieder in den Ruhemodus kommen. Mit Blau wird der Blutdruck gesenkt, der Puls beruhigt sich. Daneben ist Blau die Farbe mit einer Wirkung auf das Kehlkopfchakra, weswegen sie Schilddrüsenprobleme lindern und hyperaktive Kinder beruhigen kann. Generell eignet sich Blau zur Linderung jeder Form von emotionaler Dysbalance und innerer Unruhe, aber auch Zweifel und Ängste sowie Probleme beim Ein- und Durchschlafen lassen sich auflösen mit der Energie von Blau.

Die stark beruhigende Wirkung von Blau konnte sogar wissenschaftlich nachgewiesen werden. Beim Blick auf eine blaue Fläche werden im Gehirn Botenstoffe ausgeschüttet, die ähnlich wirken wie Beruhigungsmittel.

Blue Moon

Das Trendgetränk Moon Milk lehnt sich an die ayurvedische Küche an und ist im Prinzip unsere bekannte heiße Milch mit Honig, gepimpt mit Kräutern, die entspannen und so beim Einschlafen helfen. Vor allem Ashwagandha, im Deutschen als »Schlafbeere« bekannt, lässt am Abend ruhiger werden.

Für die Moon Milk Mandelmilch für eine große Tasse erwärmen und je einen Teelöffel Ashwagandha-Pulver, Shatavari-Pulver und Honig in die Milch rühren. Etwas Zimt (und wer mag Kardamom) darüberstreuen, fertig. Eigentlich gehören noch Lavendelblüten in die Moon Milk, aber mein Tipp wäre, nur daran zu riechen für den Entspannungseffekt, sie aber um Gottes willen nicht auf die Milch zu streuen, weil sie die – durch das Ashwagandha-Pulver sowieso schon leicht bittere – Milk nur noch bitterer machen. Ästheten färben das Getränk mit etwas Heidelbeerpulver noch hübsch bläulich, was zusätzlich entspannt, wenn man beim Trinken versonnen das Glas betrachtet.

SCHATTENSPIELE

Die Laufrichtung von Blau ist klar: nach innen. Blau ist zwar die Farbe der Weite – aber nicht im Außen. Es geht nicht um Reisen in fremde Länder, sondern um den Aufbruch in unser Innerstes, in uns selbst – wobei man auch immer wieder auf fremde, noch unbekannte Gebiete stoßen kann. Mit Blau können wir immer tiefer in unsere eigene Welt vordringen, uns selbst kennenlernen … und unsere Schatten.

Blau ist die Farbe des Unbewussten, der Nacht, im Tarot würde sie dem »Mond« entsprechen, denn genau wie die Tarotkarte fordert Blau uns dazu auf, Innenschau zu betreiben und uns mit unseren Schattenthemen auseinanderzusetzen. Da das eigentlich nur in der Isolation und ohne Ablenkung von außen möglich ist, ist es für viele kein besonders erstrebenswertes Unterfangen, es kann aber viel Licht auf einige Probleme werfen, die, gut ausgeleuchtet, gar nicht mehr so bedrohlich aussehen.

Was wirft nun einen blauen Schatten? Ganz einfach: ein orangefarbener Anteil, der nicht gelebt wird. Denn Orange ist das Gegenstück von Blau, das es ausbalanciert. Wo Blau passiv und kalt ist, ist Orange aktiv und warm. Blau ist introvertiert und fern, Orange geht nach außen, kommt einem nah. Blau ist der Inbegriff von Vertiefung und Innenschau, Orange dagegen kultiviert eine weltoffene, lebenslustige bis oberflächliche Haltung. Ernst vs. fröhlich, schattig vs. strahlend, langsam vs. schnell, beruhigend vs. anregend … Die Liste ließe sich endlos fortsetzen. Die beiden Farben sind so unterschiedlich wie Tag und Nacht, brauchen sich aber gegenseitig, um komplett zu werden. Das eine ist nicht besser als das andere, das eine kann nicht ohne das andere ganz werden. Und: Das Problem des einen lässt sich schnell mit der Energie des anderen lösen.

Fühlen Sie sich zu blau, also zum Beispiel zu passiv, steuern Sie einfach mit etwas Orange bzw. der Qualität von Orange gegen. Bei Ängsten fehlt es an Selbstvertrauen, allzu Passiven mangelt es an Verve und Perfektionisten fehlt das Wissen, dass es völlig in Ordnung ist, auch mal Fehler zu machen. Alles Qualitäten von Orange, das als Gegenspieler – oder besser: Partner – von Blau die Lösung bereithält.

Traumblau | Kühles Mittelblau
Nur wenn wir träumen, können wir uns weiterentwickeln … Und worin träumt es sich am besten? In sehnsuchtsvollem Blau, in das auch die Welt getaucht ist, in der alle Träume geboren werden. In irreales, phantastisches, weltentrücktes Blau.

Mitternachtsblau
Undurchsichtiges Blau
Nachts sind alle Katzen grau, nur die Nacht ist samtblau. Wie der Umhang eines Magiers, der einiges (wie Katzen) verhüllen, aber auch einiges enthüllen kann.

Unendliche Weiten

Das erste Bild, das mir bei Mitternachtsblau oft in den Sinn kommt, ist Star Trek. Weltraumblau. Das Blau der berühmten Weiten und Welten, die noch nie ein Mensch gesehen hat. Findet er wieder zurück aus dem tiefen Blau, kann er mit außergewöhnlichen Ideen aufwarten. Captain Kirk fand neue Lebensformen und Zivilisationen, wir können neue Facetten von uns entdecken.

Wie der Mitternachtshimmel regt tiefgründiges Blau dazu an, über die Unendlichkeit und das Sein nachzudenken. In der – einer Klausur nicht unähnlichen – Welt von Dunkelblau kann über tiefgehende Fragen so ungestört kontempliert werden wie auf einem einsamen Planeten. Es ist die Farbe der Einkehr und der intuitiven Einsichten.

Was die Qualität dieses tiefen Blaus genauso für mich ausdrückt, sind die Bilder »Geschlossene Augen« und »Die

Odilon Redon, Geschlossene Augen, k. J.

goldene Zelle« von Odilon Redon: Das Gesicht einer Frau mit geschlossenen Augen, ihr Gesicht, ihr Hals, ihr Haar – alles tiefblau. Sie wirkt völlig ruhig, versunken, vielleicht träumend, den Blick nach innen gerichtet. Dass sie ihre Erkenntnisse dort findet, in sich, davon zeugt der goldene Hintergrund, der sie wie ein Heiligenschein umgibt.

Die Distanz der mittleren Blautöne hat sich in Dunkelblau zu einem kompletten Rückzug verdichtet. Die Farbe entführt uns in die eigene innere Welt, in der kein anderer Kompass funktioniert als die Intuition. Das krampfhafte Festhalten am Verstand oder der Versuch, Unbekanntes rein analytisch zu erfassen, wird scheitern. Lässt man sich allerdings auf die Farbe ein, findet man einen Anknüpfungspunkt im Inneren, man ist nicht mehr irgendwo im Außen verankert, sondern fest in sich selbst, woher die unverrückbare Sicherheit von tiefem Blau rührt.

OLD MEETS NEW: INDIGO

Die moderne Bluejeans ist mit einem uralten Farbstoff gefärbt, mit Indigo, der schon Jahrhunderte vor Christi Geburt in Mesopotamien bekannt und beliebt war. Indigo wurde größtenteils aus der Pflanze *Indigofera tinctoria* gewonnen und heißt schlicht »der Indische«; sein ursprünglicher Name – nila – ist etwas blumiger und beschreibt die Farbe: Dunkelblau. Damit färbte man unter anderem Textilien, Mumienbandagen, Geschirr oder bei den Mayas auch Menschenopfer zu Ehren des Regengottes.

In Europa war Indigo lange unbekannt, hier machte man mit Färberwaid blau: Es färbte Stoffe und die Gesichter britannischer Krieger, die damit sogar Cäsar verschreckten. Vor Furcht schlotterten allerdings auch die Waidbauern, als die Portugiesen Indigo im 16. Jahrhundert mit nach Europa brachten, denn schnell war klar: Indigo lieferte das bessere Blau, ein Blau mit einem Nicken ins Violette, es war tiefer in der Farbe als Waid und zudem lichtecht. Eine Lösung musste her, um das Waidmonopol nicht zu verlieren, und diese Lösung war einfach: Indigo wurde kurzerhand verbannt und verbrannt mit der Begründung, es sei giftig. Punktum.

Dauerhaft ließ sich der neue Farbstoff allerdings nicht zurückdrängen, zumal Indigo mit der Zeit immer billiger wurde, so dass man es zum Färben von Arbeiterkleidung wie Blaumann und Denim Jeans benutzte, die Levi Strauß an die Goldgräber in San Francisco verkaufte. Heute sind die meisten Jeans allerdings nicht mehr mit echtem, sondern mit synthetischem Indigo gefärbt, das der deutsche Chemiker Adolf von Baeyer 1878 entwickelte.

Die ersten Blue Jeans für Minenarbeiter, Goldgräber oder Kriegsarbeiter wurden mit Indigo gefärbt, weil der dunkle Blauton den Dreck so gut versteckte.

BEGEGNUNGEN AM ENDE DER WELT:
INDIGO ALS LIEBLINGSFARBE

Indigoliebhaber haben eine beneidenswerte Fähigkeit: Sie können komplexe Zusammenhänge mit Leichtigkeit erfassen, dabei absolut fokussiert denken und selbst viele Einzelteile zu einem lückenlosen Ganzen verknüpfen. Zusammen mit der Kraft der Imagination können sie so ganz neue Welten erschaffen.

Die Farbe prägt allerdings auch ausgemachte Puristen, was ich beim Spaziergang mit einem »indigofarbenen« Mann erkennen durfte. Niemand hatte von ihm verlangt, stundenlang über den Flohmarkt zu trödeln auf der Suche nach einem kuriosen Vintagestück, denn dass verspielte Schnörkel, unruhige Musterungen oder gar eine Nippessammlung nicht seins waren, das war mir schnell klar. Aber fast an Schnappatmung zu leiden beim Blick auf eine originelle Affenleuchte, das fand ich dann doch übertrieben. Indigobetonte legen aber nun mal Wert auf ein zeitloses, gern minimalistisches Design. Dieser indigobetonte Mann hat allerdings eine so ausgeprägte Askese an den Tag gelegt, dass ich anfing, mir Sorgen zu machen: Seine Einrichtung hätte auch in einer Mönchszelle stimmig gewirkt, und der einzige Sitzplatz im Raum hatte den Namen wirklich nicht verdient. Auf nacktem Fels sitzt man bequemer. Hier liegt ein Schwachpunkt der Farbe und der Menschen, die sie lieben: Sie ziehen sich (zu) oft in ihre abgeschiedene Welt zurück, das Außen und alles Materielle interessiert sie nur noch wenig, es rückt mit der Zeit immer weiter aus dem Blickfeld, stattdessen veranstalten sie seelische Tiefenbohrungen, was sicherlich nicht schlecht ist. Aber: Es ist auch wichtig, sich ab und an daran zu erinnern, dass sie nicht im Ashram leben und aus den Tiefen von Indigo wieder in die reale Welt zurückkommen, die Verbindung halten müssen.

Kehren sie zurück, ist die bescheidene Präsenz von indigobetonten Menschen wirklich faszinierend. Sich selbst gegenüber sind sie von einer kompromisslosen Ehrlichkeit, sie akzeptieren sich so, wie sie tatsächlich sind, hinterfragen sich selbstreflexiv und erkennen an, wo sie stehen. Das heißt allerdings nicht, dass das so bleibt, denn mit Indigo ist man immer bereit, neues Wissen zu integrieren, das den Zugang zu einem noch tieferen Verstehen eröffnet. Das erlaubt, noch weiter ins Unbekannte vorzudringen.

Dem Himmel so nah: Die blaue Stunde

Ganz nüchtern betrachtet ist die blaue Stunde die kurze Zeitspanne nach Sonnenuntergang, wenn am Horizont noch ein magerer Streifen Sonnenlicht rötlich glimmt. Die Welt davor ist schon ins Dunkel getaucht und hebt sich wie ein Scherenschnitt vor einem Himmel ab, der intensiv blau leuchtet. Diese Zeit zwischen Tag und Nacht wirkt wie eine Zäsur, eine Pause, die Zeit scheint »verwunschen« stillzustehen wie bei Maria Müller-Gögler in ihrem Gedicht »Blaue Stunde«[21]:

Abends, wenn die Ufer blauen,
goldumsäumt auf silbergrauen
Fluten ferne Segel gehn,
aus den offenen Fenstern Frauen
von den schweren, sommerlauen
Lüften weich umschmeichelt spähn,
schwankend zwischen Wunsch und Grauen
in die fremde Ferne schauen,
bleibt die Zeit verwunschen stehn,
bis im Schwarzen alle grauen,
silberzarten, zauberblauen,
süßen Töne untergehn.

Die blaue Stunde ist eine magische Zwischenzeit, in der alles möglich scheint. Die Grenzen sind aufgehoben, ein Portal in den Himmel ist aufgestoßen und solange sich das geheimnisvolle Blau am Himmel zeigt, kommen die Träume aus ihren Verstecken.

In England und Amerika schaut man zur »blue hour« nicht in den Himmel, sondern ins Glas, wenn man sich direkt nach Feierabend in Pub und Bar trifft, um sich zu entspannen und vielleicht eine etwas andere Grenzerfahrung zu machen, während draußen der blaue Abend Stadt und Land schlafen legt.

[21] Müller-Gögler 1980, S. 188.

Dramatisch. Opulent.
Komplex. Ambivalent.
Spannungsreich. Hypnotisch.
Magisch. Mystisch. Spirituell.
Übersinnlich. Medial. Intuitiv.
Sentimental. Träumerisch.
Kreativ. Sakral. Transformierend.
Streng. Einsam.

FARBPORTRÄT

Violett

Eine schwierige Ehe

Bei Violett hat man es mit einer komplexen, vielschichtigen … ach, sagen wir, wie es ist: Man hat es mit einer ausgesprochen schwierigen Farbpersönlichkeit zu tun. Das ist aber auch kein Wunder bei den häuslichen Problemen, mit denen sie sich jeden Tag herumschlagen muss: Violett ist die spannungsgeladene Ehe aus Rot und Blau. Aus Körper und Geist. Aus Greifbarem und Immateriellem. Aus Erde und Himmel. Also aus zwei völlig gegensätzlichen Charakteren, die natürlich auch etwas völlig Unterschiedliches wollen: Rot will mit Wucht nach vorne preschen, Blau dagegen weicht zurück. Es ist wie beim Tauziehen, und die Spannung, die auf dem Seil liegt, das ist die Energie von Violett.

Nicht einfach auszuhalten, die Farbe macht rastlos. Violett mischt in der Rangliste der beliebtesten Farben daher auch nicht besonders weit vorne mit, da viele das aufwühlende Gefühl, das die Farbe auslösen kann, als sehr unangenehm empfinden. Das hitzige Rot ist in Violett durch einen kühlen blauen Schauer gelöscht, und das flüchtige Blau, das nichts lieber täte, als sich allein und in Ruhe zurückzuziehen, ist umgekehrt an Rot gekettet, was Violett eine unfreie, gequälte Qualität gibt.

Neigt sich die Waage mehr zu einer Seite, zum Beispiel in Richtung der Rotvioletttöne wie Purpur, wird die Farbe sofort als weit weniger unangenehm empfunden. Stehen sich aber beide Pole, Rot und Blau, gleich stark in einer Pattsituation gegenüber und werden zur Kompromissbereitschaft gezwungen, knistert die Luft. Violett strahlt daher zwar eine intensive Energie aus, aber sie ist entstanden durch Reibung.

Schaffen es beide Ausgangsfarben, an einem Strang zu ziehen bzw. zu verschmelzen, wird Violett vom Problemkind zum Alchemisten, der aus Rot und Blau etwas Neues erschafft: kein Gold, aber magisches Violett.

Für alle Auraleser unter Ihnen:
Menschen mit einer violetten Aura sollen eine tiefe spirituelle Begabung haben, fein justierte Antennen für andere Dimensionen und generell eine große Sensibilität. Die Farbe wirkt sehr stark auf das Unterbewusstsein und verbindet nicht nur mit geheimnisvollen Sphären außerhalb von uns, sondern auch mit dem Unbekannten in uns selbst.

Amethyst.
Aubergine.
Bischofslila.
Blauviolett.
Brombeer.
Duftviolett.
Esoterikviolett.
Flieder.
Kardinalspurpur.
Lavendel.
Lila.
Magenta.
Mauve.
Mountbatten Fink.
Nachtviolett.
Orseille.
Parmalila.
Pastellviolett.
Pflaume.
Plum.
Purpur.
Römischviolett.
Rotviolett.
Schwarzviolett.
Sturmviolett.
Trauerviolett.
Unwetterviolett.
Veilchen.
Weihrauchviolett.
Zyklam.

MYSTIKER ALLER LÄNDER VEREINIGT EUCH …

… unter einem violetten Banner. Menschen mit dem Sternzeichen Fische haben oft einen intuitiven Zugang zu Violett, was sehr gut passt, da das Symbol des Sternzeichens zwei Fische sind, die in unterschiedliche Richtungen schwimmen – ganz ähnlich wie beim Tauziehen von Violett. Fische leben oft in zwei Welten, sie schwimmen zwischen Realität und Traum oder zwischen Alltag und Mystischem hin und her.

Und mystisch gibt sich Violett wirklich gern! Stellen Sie sich ein Bild vor, das jedem Gothikfan ein Lächeln auf die schwarz bemalten Lippen zaubern würde: melancholisch gestimmte Heldin treibt sich zum Stelldichein mit einem Geist auf einer windumtosten Klippe herum, dass das lange Spitzenkleid nur so flattert.
Wenn ich an Violett denke, sehe ich jemanden vor mir, dem dieses Bild sehr gefallen würde: eine etwas entrückte Bekannte, die sich als »Wandlerin zwischen den Welten« bezeichnet und gern das Wetter von morgen aus dem Tee von gestern liest. Fragen nach der Zeit fürs Abendessen beantwortet sie schon mal mit einem kryptischen: »Wenn die ersten Vorboten der Nacht mit ihren klammen, dunklen Fingern das Feuer des Himmels löschen.« (Für Normalsterbliche: so gegen halb 10.) Überzeugt davon, genug Zeit mit weltlichem Geschwätz vergeudet zu haben, entschwindet sie dann meist Richtung Garten, um entweder gedankenverloren die Hand durch die Katzenminze zu ziehen oder um das kalte Händchen am Himmel bei der Arbeit zu beobachten.

Unter Menschen mit der Lieblingsfarbe Violett findet man aber auch echte Mystiker, und ich kenne einige sehr intuitive, medial begabte Frauen, die eine ausgeprägte Vorliebe für die Farbe haben, was einleuchtend ist. Denn Violett ist »über-sinnlich« im wahrsten Wortsinn, da in ihm das sinnliche Rot dank himmlischem Blau in Verbindung mit etwas außerhalb dieser Welt steht.

Mit Violett legt man Wert auf Individualität, mainstreamige, stromlinienförmige Trends, die jeder kopiert, sind nicht Ihr Ding, schon gar nicht, wenn sie zu grell oder plakativ daherkommen. Wenn Sie die hellen Violetttöne wie Flieder bevorzugen, scheuen Sie vor allem Lauten und Groben zurück, ein unhöfliches oder sogar unflätiges Verhalten stößt Sie ab. Ihre Welt ist zart und delikat, Sie selbst sind feinsinnig bis feinnervig und streben daher in allen Bereichen Ihres Lebens nach Verfeinerung, zum Beispiel bei der Dekoration Ihrer Wohnung, wofür Sie ein echtes Talent haben und wo Sie mit Ihrem Sinn für Details nostalgisch-romantische Arrangements schaffen. Gern leben Sie Ihre kreative Ader auch in der Kunst aus oder in Tagträumen, die Sie genauso liebevoll ausstatten wie Ihr Umfeld – bis sie fast real wirken. Wenn Ihnen wieder einmal alles zu viel und zu laut wird, hilft es, sich in diese Traumreiche zurückzuziehen. Das tun Sie allerdings leider auch dann, wenn Sie sich unangenehmen Situationen nicht stellen möchten. Lieber ziehen Sie sich dann zurück oder, geht das nicht, flüchten sich in Oberflächlichkeiten, statt die Dinge beim Namen zu nennen und das Problem direkt anzugehen. Dann hilft es, sich bewusst zu machen, dass Ihr Wesen zwar zart, aber nicht fragil ist, Sie können in der Regel auf eine beachtliche Lebenserfahrung zurückblicken oder sind in der Lage, Ihre intuitiven Einsichten zu nutzen, womit Sie jeder Situation gewachsen sind.

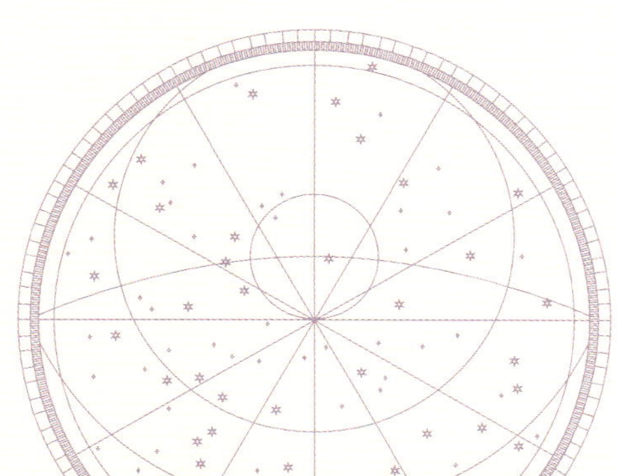

Lila Laune

Die Entdeckung von Mauve

Was macht ein brillanter Chemiestudent in seinen Ferien? Er experimentiert. Da die Universität ja aber geschlossen hatte, zog sich William Perkin 1856 mit seinen Reagenzgläsern auf den Dachboden seiner Eltern zurück. Dort wollte er Kohlenteer, den es damals zuhauf gab als Abfallprodukt der Gaslampen, nichts Geringeres als ein Heilmittel gegen Malaria entlocken: synthetisches Chinin. Leider funktionierte das überhaupt nicht, und statt weißem Chinin produzierte Perkin einen roten Puder. Verdünnt ergab der allerdings einen faszinierenden Violettton, der nicht nur traumhaft leuchtend war, sondern, wie sich herausstellte, sogar lichtecht.

Wenn man das heute liest, klingt das wenig bahnbrechend, wir kennen Unmengen an hervorragenden Pigmenten, die leicht hergestellt werden können. Aber damals, als man sich noch gut daran erinnerte, wie mühsam es sein konnte, an leuchtende Pigmente zu kommen, wie es war, auf dem Boden herumzukreuchen und Wurzeln auszubuddeln, Schnecken auszukochen, Stallmist anzuhäufen oder in Urin zu waten, war die saubere, mühelose Herstellung eines violetten Farbstoffs im Labor ein Meilenstein.

Auch für Perkin selbst, denn er hatte gerade en passant das erste synthetische Violett erfunden: traumhaft auf Seide und anderen Stoffen, günstig herzustellen und bald gefragt wie keine andere Farbe – der Traum eines jeden Unternehmers. Das erkannte auch der clevere Perkin, der den Laborkittel an den Nagel hängte und stattdessen in die industrielle Produktion von Mauve einstieg, wie er seinen neuen Farbton in Anlehnung an die Blütenfarbe der Malven nannte.

William Perkin hat mit seiner Entdeckung aus Abfall Gold gemacht bzw. aus Kohlenteer tatsächlich sehr viel Kohle und konnte sich mit Mitte dreißig schon zur Ruhe setzen. Zum Glück. Denn der Höhenflug von Mauve hielt nicht ewig an, und bis zum Ende des 19. Jahrhunderts galt der Farbton nicht nur als altmodisch, sondern war sogar als Farbe älterer Frauen verschrien.

Heute ist Mauve ein etwas unsteter Farbcharakter, der immer mit der aktuellen Mode geht und sein Aussehen gern mal verändert. Man hat Mauve schon als rauchiges Altrosa gesehen, als etwas staubiges Pink, weiches Rosenviolett oder als distanziertes Grauviolett mit leicht unterkühltem Charme. Doch in jedem Look sieht die Farbe anmutig aus, hat Charisma und eine sehr feminine Ausstrahlung.

FARBGESCHICHTE

Eitelkeit ist einem echten Militär in der Regel fremd, so auch Mountbatten Pink, das von 1940 bis 1942 in der englischen Armee diente. Es ging als erstes maskulines Mauve in die Geschichte ein und bewies: Ein Zerstörer bleibt ein Zerstörer, selbst mit einem Anstrich in Veilchenrosa. Denn in genau diesem ungewöhnlichen Farbton ließ Lord Mountbatten, Admiral der Royal Navy, all seine Schiffe streichen. Er tat das aber nicht, um die Flotte der Lächerlichkeit preiszugeben, sondern – um sie zu tarnen.

Nachdem schon im ersten Kriegsjahr viele Soldaten den Tod auf See gefunden hatten, weil die Luftwaffe die Schiffe der Royal Navy von oben und die U-Boote sie von unten attackierten, stand Lord Mountbatten eines Abends schlecht gelaunt an Bord seines noch unzerstörten Zerstörers und starrte zähneknirschend gen Horizont, wo gerade ein Linienschiff von Union-Castle mit seinem typisch lavendelpinken Rumpf vorbeizog – und mit dem Dämmerlicht verschmolz. Mountbattens Miene hellte sich auf. Er hatte seine gute Laune wiedergefunden und eine neue Tarnfarbe erfunden!

Mountbatten Pink, wie der Farbton genannt wurde, war eigentlich kein Rosa, sondern ein Mauveton, genauer: diszipliniertes Mittelgrau, gemischt mit einem guten Schuss an verwegenem Venezianischrot. Der neue Farbton war ganz erfolgreich in seinem Job als farbige Tarnkappe, vor allem natürlich bei Tagesanbruch und im Dämmerlicht am Abend, wenn die Schiffe in Mauve vor den ähnlichen Farben am Himmel kaum auszumachen waren. In der Zeit dazwischen legte der eigenwillige Farbton ein ganz anderes Talent an den Tag: Er war für den Feind zwar gut auszumachen. Aber er verwirrte ihn auch in höchstem Maße, zumindest zu Anfang, als die gegnerische Seite noch nichts von Lord Mountbattens Geistesblitz gehört hatte. Danach waren seine Schiffe allerdings unter anderem als »Pink Lady« verschrien, was mit ein Grund war, warum die neue Tarnfarbe 1942 schon wieder ausgemustert und aus dem Dienst entlassen wurde. Der Seebehörde war sie angeblich doch eine Nuance zu extravagant, weswegen man wieder zu Graublau im bewährten Camouflagemuster zurückkehrte.

Mountbatten Pink

Geburtsdatum:	1940
Geburtsort:	auf hoher See
Eltern:	Lord Mountbatten, die Union-Castle-Line
Besondere Merkmale:	spezieller Mauveton, der gern Verstecken spielt
Charakter:	innovativ, originell, trickreich, experimentell, erfolgreich, pragmatisch
Beruf:	Tarnfarbe
Lebensmotto:	Keep calm and paint on
Hobbys:	keine, immer im Dienst
Lieblingsfilm:	"Operation Petticoat"
Vorfahren und Kameraden:	Armygrün, Preußischblau, Kadettblau, Navy, Khaki

»WENN ICH EINE ALTE FRAU BIN, WERDE ICH VIOLETT TRAGEN.«[22]

Lila hat einen eher schlechten Ruf als Kleiderfarbe. Goethe sah in der Farbe »abgelebtes Leben«, und viele haben bei Lila das Bild der altjüngferlichen Tante vor Augen, die nach Mottenkugeln und Veilchenparfüm riecht. Wenn sie sich das lila Blüschen zurechtzupft, wird gerne der boshafte Spruch bemüht von Lila, dem letzten Versuch, was meint: das letzte Aufflackern eines leidenschaftlichen Feuers, bevor man zu alt ist.
Manche meinen daher, die Redensart stamme aus der viktorianischen Ära, als vor allem die ältere Generation noch Violett trug, obwohl es schon längst nicht mehr in Mode war. Das ist aber nur eine wackelige Theorie. Auf stabilen Füßen steht

[22] Joseph 2021. Allerdings wollte Jenny Joseph noch einen roten Hut zum lila Outfit tragen ... und das Alter generell nutzen als Zeit, in der sie Carte blanche hat und Spaß.

die Geschichte, dass Lila früher eine beliebte Farbe unverheirateter, nicht mehr ganz junger Frauen war, für die Mädchenrosa als Kleiderfarbe ausschied, die sich aber trotzdem noch nicht in Schwarz hüllen und damit vom Heiratsmarkt verabschieden wollten.

Andere gehen noch weiter zurück auf Goethe, der in seiner Farbenlehre über Violett[23] schreibt: »Deswegen es auch, wenn es als Kleidung, Band oder sonstiger Zierrath vorkommt, sehr verdünnt und hell angewendet wird, da es denn seiner bezeichneten Natur nach einen ganz besondern Reiz ausübt.« Macht sich jemand diesen besonderen Reiz zunutze und kleidet sich (vielleicht sogar nicht nur sorgsam dosiert) in Violett, könnte das seine Wirkung nicht verfehlen. Denn Violetttöne atmen Extravaganz und wirken subtil sinnlich, weswegen sie durchaus einen letzten Versuch wert sind.

Geht man von der Farbwirkung an die Sache heran, passt kein Farbton so gut zu einem letzten Versuch wie Lila: Es ist ein unterkühltes, helles Violett, das sich ausgesprochen spröde gibt, dazu ist es eine sehr alte Farbe, eine der letzten im Farbkreis. Trotzdem hat Lila noch ein paar rötliche Anteile in sich … die ab und an aufflackern können. In einem letzten Versuch eben.

[23] Wohlgemerkt über Violett, denn Lila ist ein Farbton, der einige Nuancen heller ist und dementsprechend eine andere Wirkung hat: etwas kraftlos, sentimental und unterkühlt.

VIOLETTOMANIE

Ein Rätsel, das der Impressionist Claude Monet unbedingt lösen wollte, war: Welche Farbe haben die Schatten? Schwarz waren sie schon mal nicht, so viel war ihm klar. Aber welche Farbe hatten sie dann? Monet ging logisch an die Sache heran: Da Sonnenlicht gelb erscheint, färbt das Gegenteil, Gelbs Komplementär Violett, die Schatten; er glaubte, dass sich mit Violett Schatten besser darstellen ließen als mit Schwarz. Um seine Theorie zu überprüfen, malte er den berühmten Heuhaufen (den er dem Bauern sogar abkaufte, damit er an Ort und Stelle blieb) oder die Kathedrale von Rouen immer und immer wieder zu verschiedenen Zeiten und bei unterschiedlichen Lichtverhältnissen. Und er malte sie so, wie er sie am Morgen, im hellen Sonnenlicht, bei Nebel oder bei Sonnenuntergang sah, er malte seine Impression. Mit lilafarbenen Schatten. Sie hüllen die Houses of Parliament in eine Sinfonie aus Violett, tanzen auf dem Wasser des Seerosenteiches und färben das weiße Kleid der Frau mit Sonnenschirm zartlila.

Claude Monet, Frau mit Sonnenschirm (Madame und ihr Sohn), 1875

Monet verbrauchte einige Tuben der Farbe. Seine Begeisterung für Violett färbte sogar auf seine Malerkollegen ab, die ebenfalls eine absolute Vorliebe für die Farbe entwickelten, die bis zur Manie reichte, zur »Violettomanie«, wie sie damals abfällig genannt wurde. Manche glaubten, die häufige Verwendung von Violett in den Bildern der Impressionisten habe einen krankhaften Ursprung, und als sie trotzdem nicht davon abließen, erklärte man unter anderem Camille Pissarro wie einem kleinen dummen Jungen, dass Bäume definitiv nicht violett seien, er solle das bitte endlich einsehen. Leute, die den Impressionisten wohlgesonnener waren, glaubten, dass sie, anders als die meisten, tatsächlich in der Lage waren, ultraviolettes Licht zu sehen.

Der Klang von Violett

Eine blinde junge Frau sagte einst zu Beethoven, sie gäbe alles dafür, einmal das Mondlicht sehen zu können. Er konnte es sie zwar nicht sehen lassen – aber hören, in der *Mondscheinsonate*. Beethoven imitierte mit seiner Musik den silbernen Schein des Mondlichts. Umgekehrt beschrieb Thomas Mann den fast ätherischen, körperlosen Klang im Vorspiel zu Wagners Lohengrin als »eine blau-silberne Schönheit«. Wassily Kandinsky konnte Farben hören und verglich zum Beispiel lautes Rot mit »starken Trommelschlägen«.

Und wie klingt Violett? Der zeitgenössische Maler Gotthard Graubner ließ sich bei seiner Arbeit an *Nänie* in Schwarzviolett von *Hyperions Schicksalslied* aus Friedrich Hölderlins Roman begleiten, dunkel, schwermütig, von Brahms vertont.[24] Moderner, aber genauso nachtviolett ist das Titelthema aus *Game of Thrones*: Dunkle Untertöne, ein mystischer Touch und dramatische Klangfarben, die Instrumente steigern sich zu voluminösen Wallungen.

Ganz anders fragiles, nostalgisches Lavendel wie im Titelsong zu »Der Duft von Lavendel«. Auch sehr träumerisch, aber melancholischer, fast traurig klingen amethystfarbene Melodien wie »Moon and Moon« von Bat for Lashes.

Fun Fact

Richard Wagner hat seinen *Parsifal* mit violetter Tinte in einem violetten Raum komponiert.

[24] Günter 1987, S. 35.

Von pudrigem Flieder bis zu samtigem Purpur: Selbst Ton-in-Ton-Arrangements wirken in Violett nicht eintönig.

GÄRTNERN IN VIOLETT:

Drama in der Rabatte

Glockenblumen, Bartiris, Zierlauch, Clematis, Phlox, Malven, Akelei, Salbei, Katzenminze und viele Storchschnabelarten gibt es in traumhaften Violetttönen, die von frischem Blasslila bis zu warmem Rotviolett changieren, von federleichtem Flieder bis zu theatralischem Schwarzviolett für den Paukenschlag im Beet. Es gibt so viele verschiedene Violetttöne in Blüten und Laub, dass selbst Ton-in-Ton-Beete nicht eintönig wirken.

Edel zu Violett sehen aber auch silberlaubige Pflanzen aus wie Woll-Ziest, Silberdistel oder Katzenminze. Spektakulär leuchtet es mit ein paar Tupfern Gelb oder Orange als Kontrast, und wenn der englische Cottagegarten Ihr Favorit ist, lassen hoch aufragende violette Blütenstände von Rittersporn und Iris neben weißen Tuffs aus Prachtkerzen und ein paar mutigen Klecksen Shockingpink auf Rosen oder Phlox den Traum wahr werden.

Ist Ihr Garten eher klein und Sie wünschen sich mehr Tiefe oder Weite, sollten Sie vor allem den blauvioletten Blütenfarben den Vorzug geben, die außerdem viel Ruhe bringen und eine träumerische Stimmung wie eine leichte Decke über den Garten legen. Und: Beete in (Blau-)Violett spenden selbst an heißen Tagen optisch Kühle und Frische.

Blau und Violett sind eben auch die Farben des Schattens, daher gilt für alle Beete in den Farben: Besser einen sehr sonnigen Standort wählen, denn besonders die dunklen Violetttöne brauchen viel Licht, um zu wirken und ihr Drama aufführen zu können.

Aber was wäre ein Beet in magischem Violett ohne zumindest ein paar Hexenkräuter zwischen den

> „Ich glaube, es stinkt Gott gewaltig, wenn du irgendwo an einem Feld an der Farbe Lila vorbeigehst und sie nicht wahrnimmst.
> Alice Walker

Stauden, oder Sie legen gleich einen ganzen Heilkräutergarten in der Tradition der weisen Frauen an. Die haben zwar gern auf giftige Alraune, Finger- und Eisenhut gesetzt, aber es gibt auch viele ungefährliche Heilpflanzen, die violett blühen, zum Beispiel Lungenkraut, Lavendel, Beinwell, Veilchen und Wegwarte.

Als letzten Kick, um die Farbwirkung zu unterstreichen, kann man beim Pflanzen auf eine Formensprache achten, die Violett entspricht: zum Beispiel die Ellipse als Beetform, die Johannes Itten als Form für Violett festlegte, weil sich in ihr rotes Quadrat und blauer Kreis durchdringen.

Tipp: Betrachten Sie violette Blüten einmal im Dämmerlicht ... die Farbe leuchtet dann wirklich magisch, fast unwirklich.

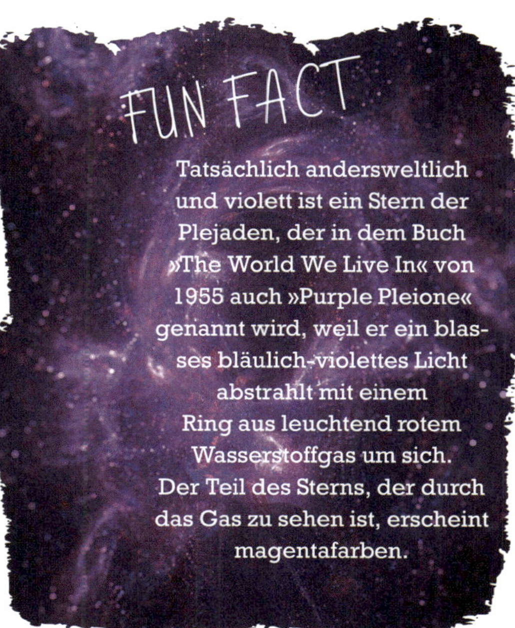

FUN FACT

Tatsächlich andersweltlich und violett ist ein Stern der Plejaden, der in dem Buch »The World We Live In« von 1955 auch »Purple Pleione« genannt wird, weil er ein blasses bläulich-violettes Licht abstrahlt mit einem Ring aus leuchtend rotem Wasserstoffgas um sich. Der Teil des Sterns, der durch das Gas zu sehen ist, erscheint magentafarben.

UNTER STROM: MAGENTA

Vielleicht zuerst eine Begriffsklärung: Magenta ist kein helles Purpur. Auch kein Fuchsia. Und schon gar nicht die Telekom. Es ist die Farbe, die eigentlich gar keine sichtbare Farbe[25] ist, sondern nur eine hochfrequente Energie, nicht greifbar – es wundert nicht, dass viele Magenta als künstlich empfinden. Die Farbe liegt auf dem Farbkreis zwar zwischen Rot und Violett, aber für mein Empfinden bereits eine Spiraldrehung höher, darüber. Magenta ist »Purpur Next Level«, die Weiterentwicklung von Purpur, eine Art Ultrapurpur, also tatsächlich jenseits von Purpur.

Dieser Farbton ist kraftvoll, elektrisierend und extrem feinnervig. Hochschwingend, pulsierend, intensiv. Ein überhöhtes Purpur, ein sublimiertes Rot: vergeistigte Kraft. Magenta ist eine Farbe wie ein Stromschlag – der vor allem im Dritten Auge einschlägt und dort für Klarsicht sorgt.

MODE: Für den vollen Impact (und für Mutige) passt ein Allover-Magenta-Look. Die Farbe hat die Kraft von Rot, allerdings reduziert um seine Wuchtigkeit. Das ergibt eine vibrierende Farbe voller Energie, die auf ihre Trägerin abfärbt.

[25] Magenta wird auch die Farbe »außerhalb des Regenbogens« genannt, weil es darin nicht vorkommt, keine Spektralfarbe ist. Das Magenta, das wir sehen, ist immer eine Mischung von Wellenlängen.

Dunkle Romantik ...

… dramatisch, extravagant,
opulent, mystisch, verführerisch

Lila Wolken

Sanft und empfindsam ist es, ein bisschen sentimental vielleicht, aber sehr charmant: Lavendel. Der Farbton tänzelt leichtfüßig zwischen der Zartheit von Rosa, Hellblaus Anmut und schwerelosem Weiß hin und her. Lavendel schwebt zwischen roter Wirklichkeit und blauer Überhöhung, es hält sich eher selten in Boden- und damit in Realitätsnähe auf. Feinnerviges Lavendel reagiert ohnehin empfindlich auf allzu Reales, auf Grobheiten und ein ungehobeltes Benehmen, es hängt lieber Tagträumen nach und baut fragile Gedankengebilde, statt sich mit der teils harten Wirklichkeit auseinanderzusetzen. Nostalgisches Lavendel lebt in seiner eigenen Welt, einer Zwischenwelt. Mit einem Fuß schon in der neuen Welt angekommen, blickt es aber trotzdem noch einmal zurück auf das, was es hinter sich lässt – allerdings nicht wehmütig, sondern in dem Wissen, dass alles erledigt ist, zurückgelassen werden kann und der Weg weitergeht.

Die Wände in Vincent van Goghs Schlafzimmer in Arles, das er 1888 gemalt hat, waren ursprünglich lavendelfarben, der Maler hatte sich von den Lavendelfeldern in seiner Umgebung inspirieren lassen als Wandfarbe für einen erholsamen Schlaf. Dass die Wände auf dem Bild heute hellblau erscheinen, liegt nur daran, dass die Farbe im Lauf der Jahre und unter dem Einfluss des Lichtes verblasst ist.

Parmalila

Veilchenfarbe: Die Provence hat ihre Lavendelfelder, das italienische Parma hatte seine Veilchenwiesen, die Stadt, Land und Leute bedufteten mit dem legendären Parfüm »Violetta di Parma«. Als Farbe ebenfalls duftet zwar ein etwas altmodischer Farbton ... der seinen Charme aber nie verloren hat.

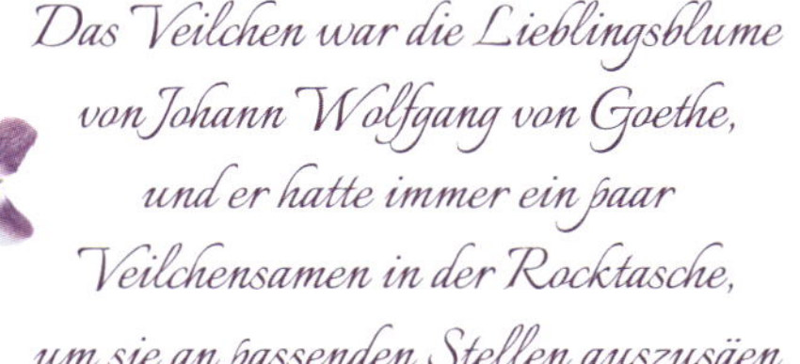

Das Veilchen war die Lieblingsblume von Johann Wolfgang von Goethe, und er hatte immer ein paar Veilchensamen in der Rocktasche, um sie an passenden Stellen auszusäen »zur Verschönerung der Welt«.

Der Charme der Vergangenheit

Pudrige Violett-, Mauve- und Rosétöne werden gerne in einen Topf geworfen, dann nur noch einmal kräftig umrühren, um das Gemisch wahllos auf alles zu verteilen, dem man das Etikett »delikat-romantisch« aufkleben möchte.
Aber so einfach ist es nicht, denn die Farbcharaktere und damit auch ihre Wirkungen sind grundverschieden: Wo Rosa als Mitglied der ersten, der roten Farbfamilie etwas Kindliches, Blutjunges anhaftet, ist ein blasses Violett schon uralt. Es hat bereits alle Stufen durchlaufen, ist am Ende des Spektrums angekommen und kann sich nur noch weiter verfeinern, indem es sich in Weiß auflöst. Rosa ist das kleine Mädchen, Lavendel die Uroma – die so viel erzählen kann. Und die ihre Ruhe braucht (wie fast alle Violetttöne).

Leise ist daher die Atmosphäre in Räumen in Flieder und Co., der Stil anmutig, mit etwas zerbrechlich wirkenden Möbelstücken, denen man ihr Alter ansehen darf. Zur Farbe passen feminine, filigrane Teile wie verschnörkelte Eisengestelle, zerbrechliches Bone China, zarte Glasaccessoires, vergilbte Fotos, pastellige William-Morris-Tapeten oder ein verblichenes Chintzsofa. Zartes Violett ist der Charme der Vergangenheit.

Verschleiertes helles Blauviolett schafft ein unwirkliches Traumreich, über Räumen in Veilchenblau schwebt eine irreale Stimmung, sie wirken zart wie eine verblasste Erinnerung. Besonders die grau verhüllten Nuancen wie Mauve oder Lavendel erwecken oft den Anschein, als habe sich schon eine feine Staubschicht über sie gelegt.

Moderner wird es, wenn Sie den zarten Veilchentönen Schwarz zur Seite stellen, Aubergine oder Gold als Partner geben einen mondänen Touch. Harmonisch und gar nicht langweilig wirkt ein Farbcocktail aus verschiedenen Violetttönen von Flieder über Purpur bis Amethyst.

Kühles Lavendel taut merklich auf, wenn Sie es zu sattem Sonnen- oder Kurkumagelb kombinieren, alternativ passen auch warme Hölzer mit gelbem Unterton. Mit weichen Creme- und Beigenuancen wirken zart vergraute Fliedertöne besonders harmonisch und geerdet, auffrischen lassen sich Lilatöne am einfachsten mit Weiß, Gelb und Grün als Partner. Vorsicht ist allerdings geboten bei Grau neben Violett, denn Grau schluckt die Farbe und laugt sie aus, so dass sie ebenfalls grau wirkt – was bleibt ist eine Farbkombination mit dem Charme einer Aufbahrungshalle. Ungewöhnlich, aber schön lebendig wirkt helles Lila dagegen neben Terrakotta.

Tipp: Wenn Sie sich auf der Farbkarte eine Wandfarbe ausgesucht haben, nehmen Sie den Ton, der ein bis zwei Nuancen heller ist, denn die Farbe wird auf einer großen Fläche in der Regel dunkler wirken als auf dem Farbmuster.

DIE GROSSE BEFREIUNG

Loslassen, ein großes Thema! Alles sollen wir loslassen: schlechte Angewohnheiten, den viel zu teuren Pullover in der Boutique, Ballast im Haus, unpassende Freunde … alles, alles, nur nicht die Hundeleine. Manchmal gar nicht so leicht, dieses Loslassen. Aber seitdem Marie Kondo das Ausmisten als charakterbildende Maßnahme populär gemacht hat, hat sich wahrscheinlich jeder schon mindestens einmal dazu aufgefordert gefühlt, irgendetwas wegzuwerfen. Das Spiel geht so: Die kompletten Besitztümer werden auf einen Haufen geworfen, man nimmt jedes Teil in die Hand, betrachtet es eine Weile eingehend und entscheidet dann, was einem tatsächlich am Herzen liegt und etwas bedeutet. Das darf bleiben. Was den Test nicht besteht, muss weichen.

Gut, hab ich gemacht. Und wenn man mir eines nicht vorwerfen kann, dann ist das mangelnde Entschlossenheit. Ich war nach der Aussortiererei sehr guter Laune, fühlte mich schon deutlich befreiter und schaute mich im Zimmer um. Ich sah – nicht viel. Nach eingehender Gewissensprüfung war ich mit nur noch wenigen Dingen allein in meinem Wohnzimmer. Mir leisteten Gesellschaft: Stapel von Büchern (minus das Regal, das mein Herz nicht erwärmen konnte), die mannshohe bauchige Vase (neben der man zuverlässig eine schlanke Figur abgibt), der Designersessel (dessen Anschaffung mir mehrere schlaflose Nächte beschert hat und deshalb unmöglich wegkann) und der eher eigenwillig gemusterte Perser von Erbtante Martha (dessen Daseinszweck eng mit dem passenden zweiten Sessel zusammenhängt). So. Aber aus Liebe, viel Luft, Perser, Stuhl und Vase besteht nun mal kein Wohnzimmer – weshalb ich fast alles wieder eingeräumt habe. Ich praktiziere jetzt die Version 2.0 des Ausmistens: das geistige. Viel weniger anstrengend, aber auch sehr effektiv. Und besonders gut geht das mit der Unterstützung von hellem Lila.

Duftviolett
Zartes Hellviolett

Ein Hauch von Violett, umschmeichelt duftig-luftig Gegenstände und Personen. Ein fragiler, leise auftretender Farbcharakter, der trotzdem seine Duftmarke hinterlässt.

Aber gerade dieses zarte, fast ein bisschen zerbrechlich wirkende Farbpersönchen soll helfen? Ja. Denn blasses Violett ist eine Farbe des Abschieds, die Farbe, die mit dem großen Pinsel an den Abendhimmel gemalt ist und das Ende des Tages bzw. den Übergang zur Nacht einläutet. Es wirkt etwas verbraucht, müde und fragil, dieses blasse Violett, aus dem die Farbe schon fast ganz rausgeflossen ist … bleich ist es … blass wie ein Geist … der Geist einer Farbe. Mit einem Fuß schon in der ätherischen Ebene von Weiß, kehrt blasses Violett der Welt den Rücken zu und sagt sich los. Nicht umsonst galten helle Violetttöne früher als Farben der sentimentalen Erinnerung und des Abschieds – und sind daher die perfekten Farben zum Loslassen.

Mit Farbe bekommt man eine Energie zu fassen, deren Ursprünge in der Hexerei zu liegen scheinen.

– Henri Matisse

Blassviolett hilft Ihnen, alles gehen zu lassen, was eigentlich schon lange gestorben ist für Sie, aber trotzdem noch in Ihrem Kopf, in Ihrem Feld herumspukt wie ein nerviger Hausgeist. Sei es der Verflossene, ein vergangener Schmerz oder eine alte Angst.

Stimmen Sie sich auf die Farbe ein, tragen Sie sie, betrachten Sie ein Bild in dem Farbton … und fragen Sie sich: Was will ich beenden? Wovon möchte ich mich für immer befreien? Was darf sich von mir lösen, was kann ich ziehen lassen? Mit der Hilfe von müdem Violett.

Zum Abschied

Violett ist die Farbe der Transformation, aber mit dem Übergang zu etwas Neuem bleibt immer auch etwas Altes zurück, von dem man sich verabschieden muss, was die unterschwellige Traurigkeit erklärt, über die schon Wassily Kandinsky schrieb. Besonders kühlem Blauviolett haftet eine schwer zu kontrollierende Einsamkeit an, etwas Verzweifeltes, Strenges, Erloschenes. Violett wird daher von vielen als beklemmend und bedrückend wahrgenommen, es ist eine Farbe ohne Lebendigkeit. Das Feuer von Rot ist in Violett durch kaltes Blau gelöscht worden, und Violett wirkt gedämpft, freudlos, leblos, nur wenig rote Vitalität ist geblieben. Es ist eine Farbe, die müde geworden ist, aufgibt und sich verabschiedet, weswegen Violett auch die Farbe der Trauer ist.

Entsprechend wenig populär ist Lila: Bei den Frauen können sich gerade mal fünf Prozent für die Farbe erwärmen, bei den Männern sieht es sogar noch düsterer aus: Ein einziges Prozent gibt die Farbe als Lieblingsfarbe an.

WEIHRAUCHVIOLETT

Mittellila Priesterliches, karges Violett. Ein durchgeistigter Farbcharakter, der wenig mit der erhabenen Würde von Kardinalspurpur zu tun hat, dafür viel mit Entsagung.

Lila Totenwächter

Viele kennen die Terrakottaarmee des ersten Kaisers von China, Qin Shi Huang Di, der von etwa 8000 lebensgroßen Soldaten aus Terrakotta nebst Streitwagen und Pferden beschützt wurde in seinem Mausoleum. Aber die wenigsten wissen, dass die tönernen Krieger ursprünglich nicht erdig-braun, sondern anderweltlich-violett waren. Ihre mystische Farbe verdankten sie altem Han-Violett, das nicht natürlich vorkommt, sondern von chinesischen Alchemisten gebraut wurde. Das genaue Rezept für die Farbe, ein tiefes Blauviolett, ist allerdings mit der Han-Dynastie untergegangen.

Seit man den Nachbau des Pigments untersucht, lässt es die Forscher immer wieder staunen, denn Han-Violett entpuppt sich als extrem exotische, rätselhafte Farbe: Sie strahlt zum Beispiel im Nahinfrarotbereich, also im Bereich größerer Wellenlänge, der an das sichtbare Licht anschließt, womit Han-Violett auch eine Art Über-Farbe ist. Die ist daneben in der Lage, drei Dimensionen charmant auf zwei zu reduzieren, von 3D auf 2D, wenn man das Pigment extremer Kälte und einem starken magnetischen Feld aussetzt.[26] Warum ich das interessant finde? Weil es so schön das Rästelhafte, immer ein bisschen Anderweltliche und Wandelbare aller Violetttöne unterstreicht, für die Han-Violett ein perfekter Vertreter ist.

[26] Siehe: https://cfileonline.org/technology-han-purple-eliminates-third-dimension-extreme-cold/, Abrufdatum 08.06.2023

EXZENTRISCHE WANDKLEIDER

»Wir brauchen einfach mehr Grandetzka!«

Damit begrüßte mich eine gut geföhnte Frau mittleren Alters, die sich ein neues Farbkonzept für ihren Eingangsbereich wünschte. Ihr Mann, der neben ihr stand, zuckte nur entschuldigend mit den Schultern.

»Wenn Leute kommen, sieht es bei uns immer so ... so ... so bürgerlich aus!« Sie selbst sah ganz gequält aus, als sie das sagte.

»Du willst es royaler? Dann leg doch ein paar deiner Königsklatschheftchen aus, hast du doch genug von«, schlug er vor.

»Ach, Paul ...«, jammerte sie, während sie sich in einen Sessel sinken ließ. »Ach. Paul.«

»Gut, was stellst du dir denn vor?«, lenkte er ein.

Mit einem Strahlen sagte sie: »Ich hab mir überlegt, dass Säulen sich unglaublich gut machen würden bei uns!«

»Mir war nicht bewusst, dass wir ein Problem mit der Statik haben«, entgegnete er trocken.

»Ach, Paul ...« Wieder dieser klagende bis anklagende Ton. Der seine Wirkung nicht verfehlte.

»Gut, gut«, er hob abwehrend beide Hände. »Du willst etwas Repräsentatives. In Ordnung, solange ich in Zukunft nicht Slalom um Säulen laufen muss in meinem Flur, soll es mir recht sein.«

Mit sichtlich Aufwind ruckelte sie sich in den Polstern zurecht, holte einmal tief Luft und sagte: »Also die Inge von schräg gegenüber, die hat sich nach den neuen Säulen vor dem Hauseingang noch ihren Buchs schneiden lassen – in Krönchenform! Und dazwischen stehen goldene Amphoren! Hach ... so chic!«, fand sie. »Die Inge hat einfach Stil.«

»Die Inge hat ständig diese papageienbunt gemusterten Kleider an«, merkte er an.

»Sie kann das tragen!«, näselte seine Frau verschnupft.

»Warum? Weil die Muster auf der großen Fläche so schön rauskommen?«

»Paul, du bist unmöglich!«

»Möglich. Aber im Gegensatz zu Inge habe ich Geschmack, und ich sage, es gibt keine römischen, griechischen, mesopotamischen oder Gott allein weiß was für Amphoren in meinem Flur!«

»Im Entrée.«

»Bitte?«

»Wir gestalten das Entrée, Paul. Entrée, nicht Flur.«

Mit einem tiefen Seufzer wandte er sich an mich: »Wir möchten gern den Flur streichen«, fasste er mit fester Stimme und noch festerem Blick auf seine Frau zusammen, die tatsächlich kein Wort mehr sagte. »Und wie Sie sicher mitbekommen haben, strebt meine Frau nach Höherem. Welche Farbe können Sie uns denn da empfehlen?«

Wir haben uns schlussendlich auf hochherrschaftliches Purpur geeinigt, das Grandezza ausstrahlt ohne Ende – und das ganz ohne Säulen, Krönchen oder goldene Amphoren. Ein sattes, sinnliches Rotviolett wie Orseille oder Purpur entfaltet seine ganze Pracht als Hintergrund für repräsentative Eingangsbereiche oder luxuriöse Esszimmer, die Assoziationen wecken an opulente Rotweine oder reife Beeren.

Die deutlich kühleren blauvioletten Nuancen dagegen dämpfen den Appetit und sind in Schlafzimmern besser aufgehoben, wo sie beruhigend wirken und Stress lindern. Ein Blauviolett schafft dabei zwar eine tiefsinnige, ernsthafte Atmosphäre, kann aber leider schnell abrutschen ins allzu Priesterliche und an den Buß- und Bettag oder die Fastenzeit erinnern. Stellen Sie der Farbe daher einen fröhlichen Partner zur Seite, um sie aufzumuntern und wieder zum Strahlen zu bringen, alle Gelb- und Orangetöne eignen sich dafür hervorragend. Ein sanftes Rosé färbt mit seinem Charme selbst auf das strengste Blauviolett ab, und ein stabiles Rot an seiner Seite übertönt jeden Gedanken an Melancholie.

Tipp: Violett unterstützt aktiv die Umsetzung persönlicher Pläne, selbst wenn die Farbe nur als farbiger Akzent eingesetzt wird.

Des Kaisers neue Kleider

Ein infernalischer Gestank! Das war das Erste, was Seeleute in der Antike wahrnahmen, wenn sie an der tyrischen Küste vorbeisegelten. Der Grund? An Land verwesten hunderttausende Stachelschnecken in der Sonne. Der Grund dafür? Aus dem Glibber wurde die damals teuerste und begehrteste Farbe der Welt gewonnen: tyrischer Purpur.

Nicht jeder war so maßlos wie Cleopatra, die ganze Schiffssegel purpurn einfärben ließ. Hohe Beamte und Würdenträger im römischen Reich erkannte man an der nur mit einem Purpurstreifen verbrämten Toga praetexta, die auch freigeborene Jungen trugen, bis sie volljährig waren.

Um genug Farbstoff für eine simple Toga zu haben, mussten rund 250.000 Schnecken gesammelt werden, aus deren Drüsensekret zunächst ein gelblicher Farbstoff gewonnen wurde, der sich erst unter Lichteinwirkung in prachtvolles Purpurrot verwandelte. Das ist die appetitliche Beschreibung. Plinius war in seiner Naturgeschichte ein bisschen weniger zartbesaitet und erklärt, warum sich so mancher Seefahrer vor der tyrischen Küste nicht wegen des Wellengangs über die Reling lehnte und die Fische fütterte, es lag am Purpur. Denn: Zuerst einmal wurden die armen Schnecken zu einem Brei zerschnitten und zerstampft, den man drei Tage in ein Salzbad legte, bis man ihn in Wasser und Urin auf kleiner Flamme zehn Tage lang einkochte. Aus diesem Konzentrat fischte man erst mal beherzt die oben treibenden Schneckenreste und tunkte dann den Stoff für des Kaisers neuen Mantel (für den allein übrigens drei Millionen Schnecken nötig waren) in den stinkenden Sud. Wichtig war jetzt nur noch, den Stoff zum Trocknen (und Lüften) in die Sonne zu legen, damit der magische Farbwechsel, eine Enzymreaktion, von Blassgelb über Grün und Blau zu intensivem Purpurrot stattfinden konnte. Der Farbstoff war äußerst beständig, was damals schon einen hohen Preis rechtfertigt hätte, aber vor allem das aufwendige Herstellungsverfahren trieb ihn in schwindelerregende Höhen, und selbst heute kostet ein Gramm echter Purpur noch knapp 3000 Euro.

Leisten konnten sich das auch damals natürlich nur die Mächtigen, und selbst unter

Wäre damals der Gipfel der Dekadenz gewesen: ein Abendkleid in Purpur mit verschwenderischer Stofffülle.

ihnen war Purpur bald ein absolutes Statussymbol. Das hat die Farbe nicht vergessen ... noch heute trägt sie die Nase ziemlich hoch, gibt sich würdevoll und legt ein majestätisches Gebaren an den Tag. Sie kleidet fast nur exklusive Produkte ein und klebt ihnen ein Luxusetikett auf, weil sie immer noch mit Reichtum, Macht und Ansehen verbunden wird. Unter der erhabenen Fassade ist Purpurrot aber ein sehr sinnlicher, intensiver Farbton, aufregend, glamourös, wirklich königlich und, ja ... mit dem Hang zum Besonderen. Ganz abschütteln kann Purpur seine Vergangenheit eben nicht.

FUN FACT Purpur war im römischen Reich eine Zeit lang ein echtes Statussymbol, ähnlich wie eine Designerhandtasche heute. Wer es sich irgendwie leisten konnte, trug Purpur – und wer das Geld dafür nicht hatte, griff zum Fake, sprich: Er hüllte sich in Stoffe, die auf den ersten Blick immerhin wie Purpur aussahen ... bei denen sich die Farbe allerdings sehr schnell auswusch und nicht lichtbeständig war, weswegen sie weder bei Regen noch bei Sonne eine echte Alternative zum echten Purpur war.

Kardinalspurpur | Rotviolett
Eigentlich ein Rot, also pure Macht, mit einem Schuss Kirche.

IM WANDEL

Violett, als der Alchemist unter den Farben, kann in schwierigen Phasen des Lebens helfen, uns neu zu orientieren und unsere Gewohnheiten, unsere Gefühle oder uns als Ganzes zu verwandeln – Transformation ist der Zweitname von Violett. Aber Achtung, die Farbe empfiehlt sich wirklich nur in Umbruchphasen, weil sie sonst zu aufwühlend wirkt und auf Veränderung drängt, wo es vielleicht gar nichts zu verändern gibt. Auf dem Beipackzettel von Violett sollte definitiv stehen, dass es eine Farbe mit Risiken und Nebenwirkungen ist.

Violett ist der Könner, wenn es darum geht, irgendetwas oder uns selbst zu verwandeln, aber man sollte schon ein bisschen Mut und Durchhaltevermögen mitbringen. Violett ist keine harmlose Modefarbe, mit der man sich schnell ein bisschen Extravaganz um die Schultern hängt, sondern eine machtvolle Farbe, die zwar subtil wirkt, aber sehr tief geht und gerade deswegen nicht unterschätzt werden sollte. Wer sich darauf einlassen möchte (und genug Zeit, Ruhe und Nerven hat), dem ist Violett aber ein wertvoller Coach in jeder Umbruchphase im Leben.

EINE ETWAS ANDERE MEDITATION
GRÜNDELN IN VIOLETT

Gleich vorweg: Ich bin beileibe kein Fan von Meditationen, normalerweise kann man mich damit jagen. Vor allem mit geführten Meditationen, die immer und immer und immer Kurs nehmen auf irgendwelche bunten Wiesen mit Blümchen und Bienchen und Quellchen. Ach Gottchen. Noch schlimmer finde ich Rudelmeditationen, wenn ich mit einer halben Turnhalle voller Leute synchron atmen und mich genauso synchron auf den Weg zum Quellchen machen soll. Viele können sich dabei wunderbar entspannen. Ich nicht. Ich bin dabei ungefähr so entspannt wie eine Nonne im Nachtclub.

Aber ich sehe den Sinn von Meditationen: runterkommen, die Nerven entspannen sich mal wieder und der Kopf gibt Ruhe. Ruhe … das Stichwort. Wenn Sie sich für diese Meditation in Violett entschieden haben, werden Sie zur Zeit wahrscheinlich alles sein, nur nicht ruhig. Daher sollten Sie es langsam angehen lassen, es empfiehlt sich entweder eine violette Matte, auf der Sie sitzen, liegen, knien … oder eine violette Fläche, auf die Sie schauen, aber beides zusammen wäre schon zu viel, zumindest für den Anfang. Fortgeschrittene können noch etwas Violettes tragen, aber, auch

wenn das gern belächelt wird, unterschätzen Sie die Farbe und ihre Wirkung nicht. Weniger ist hier definitiv genug.

Um jetzt wirklich zur Ruhe zu kommen, hilft bei mir eine Atemtechnik, die man auch bei Angststörungen anwendet, die 4-7-8-Atmung. Der griffige Name erklärt direkt die Technik: Sie atmen mit geschlossenem Mund vier Sekunden lang ein, halten den Atem sieben Sekunden lang an und atmen dann lange acht Sekunden lang durch den Mund aus, wobei Sie die Zungenspitze beim Ausatmen auf das Zahnfleisch direkt hinter den Schneidezähnen legen und die Luft durch die Lippen pressen. Das Ganze vier Mal wiederholen oder so lange, bis Sie spüren, dass die Anspannung nachlässt. Geben Sie sich den Raum und die Zeit dafür, für die Begegnung mit Violett brauchen Sie einen ruhigen Puls.

Farbbotschaft von Violett:

»Ich verbinde dich mit einer Welt außerhalb von dir.«

Wenn Sie so weit sind, lenken Sie Ihren Blick auf die violette Fläche vor sich (oder konzentrieren Sie sich auf die Farbschwingung der violetten Matte unter sich), die in einem mittleren Violett gehalten sein sollte, also ein Farbton, der zu gleichen Teilen aus Rot und Blau gemischt wurde. Die Farbe von dunklen Amethysten oder das Violett aus dem FedEx-Logo eignen sich gut als Farbmuster.

Jetzt kommt der schwierige Part: die Farbe aushalten. Wenn es geht. Wenn nicht, ist einfach noch nicht der richtige Zeitpunkt gekommen, um sich an die Arbeit mit Violett zu machen. Man muss bereit sein für Violett – und wenn Sie spüren, dass Sie noch nicht da sind, stehen Sie einfach wieder auf, rollen die Matte zusammen und machen sich fürs Erste einen Lavendeltee.
Alle anderen lassen die Farbe ihre Arbeit tun. Einfach auf sich wirken lassen, Sie müssen gar nichts tun – wobei das eigentlich das Schwerste ist, weil Violett aufwühlt. Nicht nur Sie, sondern auch innere Bilder, die Farbe gründelt regelrecht in unseren Tiefen und fördert so einiges zutage.

Lassen Sie einfach aufsteigen, was kommt. Egal was. Und auch wenn es mal kein besonders schöner Anteil ist, der sich da zeigt, setzen wir den nicht auf die berühmten weißen Wölkchen, um ihn ziehen zu lassen. Nein, er bleibt, denn dafür machen wir das Ganze schließlich. Wir gucken auch in die staubigen Ecken, zerren wirklich alle Dämonen unter dem Bett hervor, um ihnen in die Augen zu sehen. Um alle Anteile aus ihren Schatten treten zu lassen und sie zu betrachten. Um sie im besten Fall anzunehmen und zu integrieren. Fragen Sie sich: Was will mir der Anteil oder die Angst sagen? Welche Botschaft hat sie für mich – über mich?

Falls Sie erst mal nichts sehen außer Violett, hilft es, sich »geistig zurückzuziehen«, sich tatsächlich aus dem Kopf zu verabschieden und wie von außen auf sich selbst zu blicken. Klingt zugegeben sehr speziell, funktioniert nach ein paar Versuchen in der Regel aber hervorragend – und die Parade der ganzen Persönlichkeitsanteile tritt plötzlich aus den Schatten.

Wieder: Einfach vorbeilaufen lassen, was kommt, und vor dem geistigen Auge aufreihen. Dabei alles möglichst neutral betrachten und nötigenfalls einige Figuren umsortieren, bis es vom Gefühl her passt. Bis jeder Anteil auf seinem Platz steht und Ruhe einkehrt. Die sagenumwobene sakrale Ruhe von Violett stellt sich ein, wenn jedes Puzzleteilchen an seinen Platz gefallen ist und das ganze Bild sichtbar wird. Es ist ein Gefühl wie bei einem Schloss, das aufspringt, wenn der richtige Schlüssel steckt.

Genießen Sie das Bild noch eine Weile, lassen Sie es wirken – und wenn Sie und all Ihre Anteile dabei entspannt lächeln können, haben Sie etwas Großes geschafft und sich verwandelt. Mit der Hilfe von Violett.

TIPP: **Unterstützend zur Meditation wirkt das ätherische Öl der Immortelle, das dabei helfen kann, die Grenze zwischen grob- und feinstofflicher Welt zu passieren. Genauso wie die Farbe Violett sollte man das Öl allerdings nur sparsam dosiert und in stabiler Verfassung anwenden, weil es, genauso wie die Farbe, stark durchrütteln kann auf emotionaler und seelischer Ebene.**

SCHÖNHEITSPFLEGE: Violett, die Farbe der Transformation und Wandlung, kann nicht nur das Seelenleben auf links drehen, sondern auch ganz andere Dinge verwandeln: Violettes Licht, dreimal die Woche für etwa 20 Minuten angewendet, hilft dabei, schlaffes Bindegewebe wieder straff zu bekommen.

FUN FACT:
Leonardo da Vinci soll gerne über Violett meditiert haben, um sich mit höheren Welten zu verbinden, aus denen er seine Ideen bezog. Falls es mit der Aufarbeitung der Schattenthemen also nicht direkt klappen sollte, war die Meditation auf Violett trotzdem keine vergeudete Zeit, denn womöglich hatten Sie die Eingebung des Jahres …

TIPP: Wenn Sie noch ein bisschen mehr wollen, können Sie sich vorstellen, komplett von Violett umgeben zu sein, eingehüllt in die Farbe. Erfahren konnten das Besucher einer Installation des britischen Künstlers Martin Creed mit dem Titel »Work No. 965: Half the Air in a Given Space«. Er füllte einen Raum zur Hälfte mit violetten Luftballons, so viele, dass die Menschen, die den Raum betraten, bis zum Kopf oder höher davon eingehüllt waren, sie bewegten sich durch ein Meer aus Luftballons. Aber was in einer anderen Installation des Künstlers mit rosa oder himmelblauen Ballons noch Spaß machte, löste in Violett bei den Besuchern eher ein mulmiges Gefühl aus. Die Farbe war intensiv. Unheimlich. Düster. Alles war violett, sogar die Haut der Besucher war von einem violetten Schimmer überzogen. Sicher nicht immer angenehm, aber eine ultimative Erfahrung der Farbe.

UNWETTERVIOLETT

Dunkles Sturmviolett

Ein »Un-Wetter« ist ja per definitionem schon ein Wetter, das sich nicht benehmen kann. Tut es sich mit düsterem, schlecht gelauntem Violett zusammen, ergibt das eine unheilvolle Paarung, bei der man besser das Weite sucht.

Geheimnisvolles Nachtviolett

Untiefen

Die dunkelvioletten Nuancen gehören definitiv zu den faszinierendsten im Violettspektrum. In ihnen schlummert tiefes Blau, zufrieden damit, in seiner Abgeschiedenheit zu leben und in der Nähe zum Schwarz. Wenn der Blauanteil den roten überwiegt und Nachtviolett bis auf den Grund hinabsinkt, gewinnt es fast mystische Erkenntnisse in seinen Tiefen.

Doch in tiefem Violett lebt das Blau eben nicht allein, sondern zusammen mit Rot, das sich in der Isolation ausgesprochen unwohl fühlt und in die Welt, ins Rampenlicht möchte. Daher bemüht es sich, die Oberfläche des dunklen Gewässers zu durchbrechen, weswegen die stillen (Un-)Tiefen von Nachtviolett daher so still nicht sind, das Wasser kräuselt sich bereits ... das Brodeln ist nicht zu übersehen ... ein dumpfes Raunen in der Tiefe ... aus der ab und an funkelnde rote Lichter aufblitzen.

Auf seiner Stufe zwischen schwarzer Tiefe und Farbe ist mystisches Nachtviolett nicht leicht einzuordnen. Es wirkt magisch und schwer fassbar. Unheimlich und anziehend zugleich. Theatralisch und dramatisch, wenn die Farbe ab und an ihren düsteren Umhang zur Seite schlägt, rötlich aufschimmert und eine geheimnisvolle Macht ausstrahlt.

Dunkle Verführung

Stellen Sie sich ein fließendes enges Abendkleid mit abgrundtiefem Ausschnitt vor ... in der Farbe von Försters Finest: Lodengrün. Wirkt wenig verführerisch und lässt eher an einen strammen, anständigen Spaziergang im Wald denken als an Unanständiges, oder? Das Kleid in Rot oder Pink? Vulgär. Aber in samtigem Nachtviolett ... strahlt es auf einmal Extravaganz aus und schenkt der Frau, die es trägt, eine magische Aura. Sturmviolett, Aubergine, satte dunkle Beerentöne wie Brombeere und Co. garantieren einen glamourösen Auftritt, selbst im strengen Hosenanzug.

Die dunklen Violetttöne, besonders wenn sie sich eher zur roten Seite hin lehnen, strahlen eine untergründige Erotik aus, die weder kühn ist wie bei Rot noch allzu offenkundig wie der teils provokative Flirt von Pink. Die Farbtöne bewahren sich ihr Geheimnis und verraten nie alles über sich, was sie zur idealen Farbe für spannende Dates macht. Vorsicht ist nur geboten bei den allzu dunklen und kühlen Violetttönen, in denen das Rot kaum mehr Luft bekommt; in ihnen lebt nur eine gehemmte, unterdrückte Leidenschaft mit verkniffenen Lippen – was vielleicht die Beliebtheit dieser Farben im viktorianischen England erklärt.

Dufte Farben

Fast jeder hat wahrscheinlich schon einmal von einem »grünen« Duft gehört. Es ist ein sehr frisches, natürliches Parfüm, das an gemähtes Gras oder die taufeuchte Luft am Morgen erinnert, ein Stück Natur in Duftform. Gräser, grüner Tee und Wasserlilien, typische Zutaten grüner Parfüms, riechen auch genau so: sehr grün. Aber man kann nicht nur Grün, sondern jeder Farbe einen Duft zuordnen. Tiefrot riecht für mich zum Beispiel nach Ylang-Ylang und bulgarischer Rose, bei leuchtendem Orange erwartet man eine spritzige Fruchtexplosion. Eisblau ist die kristallklare Frische von Minze oder Eukalyptus, und ein leuchtendes Sonnengelb spiegelt sich in den genauso strahlenden Düften von Verbene oder Bergamotte. Und Nachtviolett? Ihm entsprechen hypnotische, schwere Düfte, die Mystik atmen für eine geheimnisvolle Weiblichkeit, die sich in eine berauschende Wolke aus dunklen Rosen hüllt, verflochten mit noch dunklerem Ambra und Patschuli. Samtig und immer ein bisschen abgründig.

Eat Your Purples! Essen in Violett

Eine Farbschwingung in sich aufzunehmen, macht selten so viel Spaß wie über das Essen, mit dem man sich die Farbe wortwörtlich einverleibt. Bei Violett stehen dazu zur Auswahl: eine ganze Palette an Früchten, wie Brombeeren, Heidelbeeren, Pflaumen, Trauben und Holunder, oder einige Gemüsesorten wie Artischocken, Blaukraut, Auberginen, Radicchio und Urkarotten in Violett. Die Pflanzenfarbstoffe, die für die violette Färbung verantwortlich sind, die Anthocyane, schützen im Übrigen unsere Zellen vor oxidativem Stress und vorzeitiger Alterung, verbessern die Durchlässigkeit der Blutgefäße, bekämpfen Entzündungen und wirken sich positiv auf die Herzgesundheit aus.

Passend zum violetten Essen: mit Farbenergie aufgeladenes Wasser, das Sie ganz einfach selbst herstellen können. Dazu Wasser in Flaschen aus violettem Glas füllen oder eine farblose Flasche mit violettfarbigem halbtransparentem Papier umwickeln und auf die Fensterbank ins Sonnenlicht stellen. Das mit Violett aufgeladene Wasser kann die Kreativität fördern, das Bewusstsein anheben und das Kronenchakra aktivieren oder es in Harmonie bringen. Abends getrunken, soll das Wasser beruhigen und bei Schlaflosigkeit helfen.

Steingewordene Medizin

Um die Heilwirkungen des Amethysts direkt mit einem praktischen Beispiel einzuleiten: Der Amethyst soll vor dem Rausch bei zu viel Alkohol schützen oder zumindest aus dem Kater ein harmloses Kätzchen machen. Daher hat der Stein im Übrigen auch seinen Namen: vom griechischen amethystos, was so viel wie »gegen den Rausch« oder »nicht betrunken« bedeutet.

Auch wenn der Schutz vor einem Schwips nur Legende ist, fußt sie auf der tatsächlich stark reinigenden Kraft des Steines, der zwar keinen Rausch, dafür aber unreine Haut, Migräne und schlechte Gedanken gleichsam ausradiert. Mückenstiche übrigens auch.

Ein Amethyst kann daneben dem Intellekt auf die Sprünge helfen, die Konzentration verbessern und unter dem Kopfkissen soll er den Schlaf fördern, weil er vor bösen Träumen schützt. Ganz allgemein wirkt der Stein ausgleichend und wahrt den inneren Frieden.

Für die Hexen unten Ihnen hat Plinius in seiner Naturgeschichte noch etwas Hilfreiches für den Alltag: Wenn die magischen Namen von Sonne und Mond auf einen Amethyst geschrieben werden und man sich den Stein mit Pfauenfedern (und nichts als Pfauenfedern!) um den Hals bindet, schützt das Gebilde angeblich vor böser Zauberei. Das ist doch was.

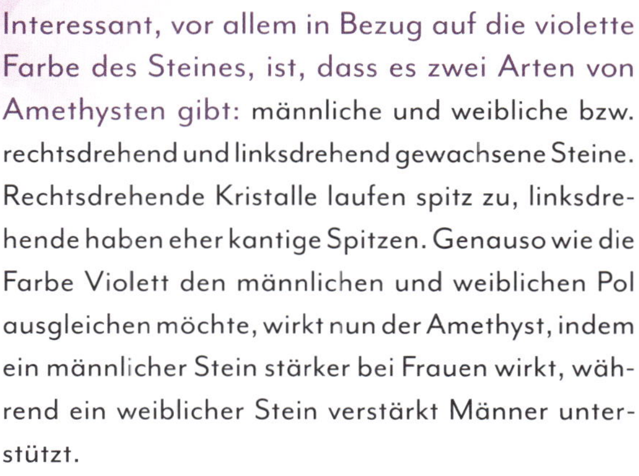

Interessant, vor allem in Bezug auf die violette Farbe des Steines, ist, dass es zwei Arten von Amethysten gibt: männliche und weibliche bzw. rechtsdrehend und linksdrehend gewachsene Steine. Rechtsdrehende Kristalle laufen spitz zu, linksdrehende haben eher kantige Spitzen. Genauso wie die Farbe Violett den männlichen und weiblichen Pol ausgleichen möchte, wirkt nun der Amethyst, indem ein männlicher Stein stärker bei Frauen wirkt, während ein weiblicher Stein verstärkt Männer unterstützt.

ESOTERIKVIOLETT

Mystisches Mittelviolett

Etwas abgenutzter Amethystton, der viele arbeitsreiche Jahre hinter sich hat als Farbe für Yogamatten, Flyer für Chakrenseminare, Pluderhosen oder Räucherstäbchenhalter. Sein ursprünglich wundervolles Strahlen ist heute öfter überschattet von falschen Vorstellungen und falschen Propheten.

Rein.

Ätherisch.

Makellos.

Brillant.

Hehr.

Göttlich.

Vollkommen.

Perfekt.

Abweisend.

Unantastbar.

Unnahbar.

Elitär.

Blendend.

Unschuldig.

Steril.

Leer.

Hart.

Leicht.

FARBPORTRÄT WEISS

Weiße Pracht

Über Weiß kann man entweder nichts sagen – oder sehr viel. Weiß ist Leere, tonlose Stille. So rein, dass nichts mehr geblieben ist außer Makellosigkeit, die weder Ton noch Farbe noch Form hat. Weiß ist aber auch voll bzw. komplett, weil es alle Farben in sich trägt[27], ihre reinen Impulse, die Ideen, die Seelen der Farben.

Aber wie charakterisiert man eine so fehlerlose »Farbe«? Ätherisch wie ein Geist, erhaben wie ein Gott, rein wie ein Engel. Mit Perfektion? Das Wort greift fast noch zu kurz, denn Weiß ist das Ende der Farbreise, Weiß hat zu echter Vollkommenheit gefunden.[28]

Fun Fact

In alten Wildwestfilmen wusste man direkt, wer der Gute ist: immer der mit dem weißen Hut. Die schurkischen Gegenspieler hatten natürlich einen schwarzen auf dem Kopf.

Weiß legt die Messlatte allerdings auch sehr hoch, der Perfektionist unter den Farben akzeptiert nichts, was seinen hohen Ansprüchen nicht genügt. So gesehen, kann Weiß sehr hart sein. Und unerbittlich, denn es weist jede Aktion, jeden Gedanken, jedes Gefühl zurück, das nicht genauso fein ist wie Weiß selbst – und sind wir mal ehrlich: Niemand kann wohl von sich behaupten, dass sein Verhalten, Denken und Fühlen immer ohne Fehl und Tadel ist. Vollkommen zu sein ist ein Ziel, das schlicht nicht zu erreichen ist, auch nicht mit Weiß. Aber mit der Farbe findet man durchaus zu ein bisschen mehr Klarheit ... vor allem über sich selbst:

Alabaster.
Altweiß.
Appleweiß.
Bleiweiß.
Brillantweiß.
Chinesischweiß.
Creme.
Deckweiß.
Eierschale.
Feenweiß.
Gespensterweiß.
Gips.
Kalkweiß.
Kreide.
Leerweiß.
Leinen.
Lilienweiß.
Milchweiß.
Muschelweiß.
Offwhite.
Perlweiß.
Reinweiß.
Rohweiß.
Schneeweiß.
Schwanenweiß.
Sterilweiß.
Vintageweiß.
Watteweiß.
Whisper White.
Wolkenweiß.
Zinkweiß.

---

[27] Ich spreche von Lichtfarben, nicht von Malerfarben, bei denen, mischt man alle Farben zusammen, nur ein unansehnlicher Schlammton herauskommt. Hier geht es um die additive Farbmischung, bei der Licht gemischt wird bzw. unterschiedliche Wellenlängen des Lichts zusammengebracht werden, dann ist Weiß die Summe aller Farben und voll(kommen). Schwarz auf der anderen Seite ist dagegen »leer«, weil es kein Licht und damit keine Farben in sich trägt. Das gilt aber nur so lange, bis das Licht auf ein Objekt trifft, dann ist Weiß leer und farblos im wahrsten Wortsinn. Weiß ist jetzt die Abwesenheit von Farbe, weil es alle Farben reflektiert, von sich weist; Schwarz im Gegenteil absorbiert alle, saugt sie in sich auf und ist »voll«.

[28] Der »Weg der Farben« geht, ähnlich wie der Weg des Helden, über viele Stationen: vom übervollen schwarzen Chaos durch sämtliche Farben von Rot über Orange, Gelb, Grün, Blau und Violett bis hin zu Weiß, in dem sie sich auflösen, weil sie von materiellem Rot bis zu spirituellem Violett immer feinstofflicher geworden sind, sich »entwickelt, perfektioniert« haben. Am Ende ist der schwarze Pool leer und Weiß ist komplett, voll, vollkommen.

Detox deluxe

Weiß ist das Teflon unter den Farben, an ihm perlt Unerwünschtes einfach ab – was nicht vollendet ist, dem wird der Zutritt zur weißen Welt verweigert. Da hilft kein noch so sorgfältiges Schuheabtreten, auch nur minimal Unreines findet keine Gnade vor lupenreinem Weiß und bleibt vor der Tür. Das ist sehr praktisch für Weiß, kann aber durchaus unangenehm werden für uns. Denn betrachtet man längere Zeit eine weiße Fläche, hat man genau dieses Gefühl: Man steht vor einer geschlossenen Tür. Und da auf der Türschwelle wird man sich seiner ganzen Unzulänglichkeiten bewusst, ob das nun dreckige Schuhe sind oder ein unaufgeräumtes Innenleben. Weiß wirft uns gnadenlos vor die Füße, was nicht rein, nicht in Ordnung ist und sich somit nicht in seine vollkommene Welt eingliedern lässt: »Sorry, nichts für ungut, aber du musst leider draußen bleiben.«

Umgibt man sich mit Weiß und lässt die Farbe auf sich wirken, kommt man nicht umhin, sich alles anzusehen, was man an Chaos noch mit sich herumschleppt, an echtem Krempel oder an Gedankenmüll. Mit Weiß muss man bereit sein für die Begegnung mit sich selbst – und bereit sein zum Aufräumen, dazu, die Ärmel hochzukrempeln. Im Idealfall setzt man sich mit sich und der äußeren oder inneren Unordnung auseinander, durchläuft einen mehr oder weniger intensiven Reinigungsprozess und sortiert aus, was nicht (mehr) passt.

Ganz Unerschrockene suchen die intensive Konfrontation mit der Farbe und meditieren auf Weiß, lassen sich bewusst auf sich selbst zurückwerfen, um sich immer weiter klären zu können. Aber das ist wirklich etwas für Leute, die so ordentlich sind, dass Marie Kondo noch was von ihnen lernen könnte, Leute, die absolut mit sich im Reinen sind. Die Meditation auf Weiß ist dann quasi der angefeuchtete Zeigefinger, mit dem das letzte Staubkörnchen entfernt wird in einer ansonsten makellosen Wohnung. Wenn Sie aber, bildlich gesprochen, noch beim groben Durchsaugen sind und davor erst mal die Spielzeugberge abtragen müssen, also wie jeder normale Mensch den inneren Wochenputz größtenteils noch vor sich haben, dann, nur als Tipp, sollten Sie sich nicht unbedingt im Lotossitz vor einer weißen Wand niederlassen oder sich von Kopf bis Fuß in Weiß hüllen. Das ist schon John Lennon nicht besonders gut bekommen.

TAPETEN-WECHSEL

Es stellt sich natürlich die Frage: Warum streichen dann trotzdem noch so viele Leute komplett in Weiß? Für eine Erklärung muss man ein bisschen weiter ausholen: Jede Zeit hat ihren Farbkanon, ihren Farbcode. Nach dem Krieg wollten die Menschen keine tristen, kargen Farben mehr sehen, die auch nicht zur neu gewonnenen Zuversicht und Lebensfreude der 1950er-Jahre gepasst hätten. Die spiegelte sich in einer sehr optimistischen Farbpalette: warmes Rot, fröhliche Eiscremefarben und leuchtendes Türkis ... auf einem neuen Studebaker, der Jukebox im Diner oder als glitzerndes Poolblau im Garten. Der American Dream in Farbe.

Die schöne neue Welt nach dem schwarzen Krieg war bei uns in Deutschland eine schöne bunte Welt, und ein Slogan damals hieß: »Tapeten können zaubern!« Will sagen: Die Wände waren fröhlich gemustert – und bunt. Noch bunter trieben es die Swinging Sixties, die die Farbtöpfe direkt weiterreichten an die 1970er mit ihrem knalligen Orange und psychedelischen Blumen, die über Wände und Polster wucherten. In den 80ern entdeckte man unter anderem (leider) Neonfarben und das kunterbunte Design der Memphis-Bewegung, selbst Apple war damals noch regenbogenbunt unterwegs. Aber das Pendel war damit definitiv am Anschlag angekommen und schwang zurück ins andere Extrem: Cleanes Weiß etablierte sich zeitgleich als moderne, neutrale Wohnfarbe.

Wohnlich ist Reinweiß deswegen aber noch lange nicht, es ist eine unnatürliche Farbe ohne Wärme und vor allem ohne jeden Impuls: Weiß gibt nichts und nimmt nichts, Wände in der Farbe bleiben stumm und strahlen Kälte aus, was auf Dauer angespannt und nervös machen kann.

Viele verbinden mit weißen Wänden Sauberkeit oder eine Art »optische Entrümpelung«, denn beim Streichen in reinem Weiß werden gefühlt alle Überbleibsel des Vormieters ausgelöscht. Man schafft sich eine neue weiße Leinwand, auf der man sein eigenes Wohnbild malen kann.

Oben: Auf den ersten Blick chic, auf den zweiten leblos.

Unten: Mit einem gebrochenen Weißton wirkt der Raum sofort wohnlicher.

Robert Ryman, ein Künstler, der mit am konsequentesten allein die Farbe Weiß einsetzte, sagte: »I use the white because it's neutral – it's a paint that allows other things to come into focus.« Alle Bunttöne haben ihre Persönlichkeiten, ihre Eigenarten und prägen damit die Raumstimmung. Weiß dagegen ist ruhig und still. Weiß nimmt sich zurück, löst kaum Assoziationen aus und bietet stattdessen eine Projektionsfläche, einen neutralen Hintergrund, vor dem man sich und seinen Wohnstil neu definieren kann.

Für diesen Effekt brauchen Sie aber kein hartes Sterilweiß. Probieren Sie statt Reinweiß einmal einen gebrochenen Weißton wie Creme, Roh- oder Altweiß aus, es sind die deutlich unkomplizierteren und wohnlicheren Farbcharaktere, die den Raum weicher, wärmer und zugänglicher wirken lassen als kaltes, künstliches Verkehrsweiß.

Leerweiß

Leer, nix, nada. Ähnelt den Null-Kalorien-Produkten: null Kalorien, aber leider auch null Geschmack – ein Leerweiß hat null Farbe und null Leben.

VINTAGEWEIß

Angegrautes Weiß

Nach seinem Imagewechsel nannte sich Altweiß plötzlich Vintageweiß: Das klingt trendig und weniger altbacken, nicht so schrecklich verstaubt. Wenn es nicht gerade den Landhausstil aufhellt, legt sich Vintageweiß besonders gern um Shabby-Chic-Möbel.

> „Sollte Zeit eine Farbe haben, wette ich, dass es ein geschmackvolles Offwhite ist.
>
> Greg Parrish

Tipp: Die Finger von kalten Weißtönen sollte man lassen, wenn das Licht in dem Raum, den Sie streichen wollen, schon kalt ist, wie in Zimmern mit Nordausrichtung. Die weißen Wände werden dort, vor allem in den Ecken, gräulich wirken. Ein anderes Problem sind die Nachbarfarben, die gern auf Weiß abfärben und, wenn es sich zum Beispiel um Rot handelt, einen rosa Schatten auf die weiße Wand werfen können.

Wenn Sie unsicher sind, welcher Weißton am besten bei Ihnen passt: Streichen Sie ein größeres Stück Papier oder Pappe in der Farbe, die Sie ausgesucht haben, und hängen Sie es an die Wand. Dann betrachten Sie den Farbton zu verschiedenen Tageszeiten und bei unterschiedlichen Wetterverhältnissen: Wirkt er härter, matter, kühler, vergraut, gelblicher, genau richtig …?

FUN FACT

Weiß als Trendfarbe fürs Interior hat zu ihrer Zeit Syrie Maugham, Innenarchitektin und Frau des Schriftstellers Somerset Maugham, populär gemacht. Sie hielt bei sich zu Hause konsequent alles in Weiß, sogar die Blumen. Auf die Idee dazu kam sie, als sie ein anderes Haus sah, das komplett in Weiß eingerichtet war – es gehörte ironischerweise der Frau eines Kohlehändlers. Mit der grünen Kohle, die ihr Mann aus der schwarzen gemacht hatte, zahlte die Frau vor allem eine ganze Armee an Dienstboten, die nötig war, um das viele Weiß in ihrem Haus reinweiß und ohne Flecken zu halten.

TIPP: Weiß ist extrem wandelbar, da es auf keine Richtung festgelegt ist und es keinen Stil gibt, der nicht zu ihm passt, wie das zum Beispiel bei Terrakotta der Fall sein kann, das sich mit Jugendstilmöbeln oder dem Romantiklook so gut verträgt wie Matjes mit Erdbeermarmelade. Bei flexiblem Weiß muss man keine Bedenken haben, der Stil entsteht durch die Partnerfarben, durch Formen und Materialien: Romantisch wird es mit Pastellen, duftigen Stoffen und verspielten Accessoires; gemütlich mit unbehandeltem Holz, Wolle und Leinen; modern mit Lackoberflächen, Hightechstoffen und Marmor; elegant Ton in Ton mit einer Vielzahl an Texturen; maritim mit Blau und Treibholzdeko; nordisch-modern im Scandi Chic mit hellem Holz, Grau und Grafischem.

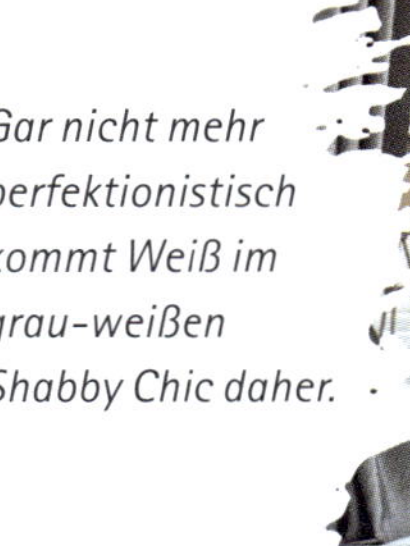

Gar nicht mehr perfektionistisch kommt Weiß im grau-weißen Shabby Chic daher.

WEISSER RIESE

Das Weiße Haus war das Flaggschiff der jungen USA – mit einem antiken Tempel als Vorbild. Und da man damals noch dachte, die klassische Antike sei eine ziemlich monochrome Angelegenheit in reinem Weiß gewesen, musste der Sitz des Präsidenten natürlich nicht nur Säulen und Kapitelle und alles haben, was man von griechischen Tempeln so kannte, sondern auch einen perfekten weißen Anstrich für den perfekten Start in die neue Ära. Ursprünglich wurde das Weiße Haus mithilfe von 100 Tonnen Kalk weiß, heute bekommt es jedes Jahr eine neue makellose Fassade in einem Farbton, der sich »Whisper White« nennt (und genau genommen ein Cremeton ist).

Sauberkeit und makellose Hygiene bei der Arbeit sind das A und O? Dann ist Weiß die Farbe der Wahl für die Arbeitskleidung. Denn auf weißem Stoff fällt jeder noch so kleine Fleck sofort auf – ein Grund, weswegen die Kittel von Ärzten und Chemikanten oder die Oberteile von Köchen und Bäckern (zumindest zu Beginn der Schicht) strahlend weiß sind.

Götter in Weiß

Schneebedeckte Landschaften, eingehüllt in eine Decke aus reinstem Weiß, die leise knirscht wie frisch gewaschenes Leinen … Weiß verbinden wir mit Reinheit, mit dem Absoluten. Seit jeher gilt Weiß daher als göttliche Farbe, und weiße Tiere wurden als gottnah und himmlisch verstanden (der weiße Hai wusste das scheinbar nicht und hat sich, wenig engelgleich, danebenbenommen). Der Göttervater Zeus zeigte sich Europa als weißer Stier, Leda als Schwan. In Indien gelten weiße Rinder als göttlich, weiße Ibisse sind in China heilige Vögel, die Unsterblichkeit verkörpern, und bei den alten Germanen galten weiße Pferde als Mittler zwischen der Welt und dem Jenseits. Ein Sinnbild des Heiligen Geistes ist die weiße Taube, und die Farbe Weiß ist in der katholischen Kirche für die höchsten Feiertage reserviert, sie steht für Licht und Vollkommenheit. Auch die Madonnenlilie, die die unbefleckte Empfängnis Marias symbolisiert, kann natürlich nur reinweiß sein.

Alles in dieser Liste (abgesehen vom weißen Hai) ist eines: göttlich. Also ein Leitbild, aber kein Maßstab. Trotzdem hat Weiß, der alte Perfektionist, schon einige animiert, ihm auf äußerst ungesunde Art nachzueifern …

Sterilweiß
Kaltes Reinweiß

Nicht nur keimfreies, sondern von allem befreites, lebloses Weiß.

A Whiter Shade of Pale.
Oder: Der Tod trägt Weiß

Ein Make-up-Hit von der Antike bis ins 19. Jahrhundert war eine zähe weiße Paste, die sich die Damen für einen Alabasterteint aufs Gesicht pinselten. Vertrieben unter blumigen Namen wie »Lairds Jugendblüte« sollte es bei den Frauen Assoziationen von ewiger Jugend und ätherischer, engelhafter Schönheit wecken. Das sprach natürlich besonders diejenigen an, die alles andere als Engel waren: Königin Elizabeth I. von England zum Beispiel war ein »Bleichgesicht«.

Das Problem war nur, dass die vornehme Blässe, die das Make-up aufs Gesicht zauberte, sich schnell zur Leichenblässe wandeln konnte – weil die weiße Paste hochgiftiges Blei enthielt, das zuerst zu einer schleichenden Vergiftung und nicht lange danach oft genug zum Tod führte.

Ein (im wahrsten Wortsinn) Fashion Victim des Mode-Make-ups war im 18. Jahrhundert eine der ersten Influencerinnen: Mary Gräfin von Coventry, eine für ihre Schönheit berühmte ehemalige Schauspielerin, die wahre Massen an Bleiweiß verbrauchte für ihren Porzellanpuppenlook. Die Folge: Die Gräfin kam mit nur 28 Jahren aufgrund einer Bleivergiftung unter die Erde (und verseuchte das Grundwasser).

Doch wer jetzt glaubt, sie habe auch auf dem Totenbett noch gut ausgesehen, der irrt sich, denn das Make-up aus Bleiweiß hatte eine hässliche Nebenwirkung: Es griff die Haut an, machte sie welk und grau, bis sich schließlich Abszesse und Geschwüre bildeten – die meist mit noch mehr Bleiweiß abgedeckt wurden. Außen hui, innen pfui, hinter der Fassade sah es schön hässlich aus.

Dazu passt der Herstellungsprozess von Bleiweiß, das aus Blei, Essig – und eimerweise Stallmist hergestellt wurde. Der wurde zur Hitzeentwicklung um die Tontöpfe mit Blei und Essig geschaufelt, damit Letzterer verdampfen konnte. Dann hat man den Raum für 90 Tage verriegelt – und danach wahrscheinlich ausgelost, wer ihn wieder betreten musste, um die weißen Flocken, rein wie frisch gefallener Schnee, abzuschöpfen.

Der Charakter von Bleiweiß ist nicht unähnlich: Nach außen hin präsentiert es sein strahlendes, makelloses Weiß. Aber unter der unschuldigen Oberfläche lauert eine tückische Mörderin, deren Weste alles andere als weiß ist.

Früher … ja, früher war alles besser, sogar die Politiker. Denn die mussten eine weiße Weste haben bzw. eine weiße Toga tragen, wenn sie sich um ein öffentliches Amt bewarben und auf dem Forum auf Herz und Nieren geprüft wurden. Dieses weiße Gewand hieß toga candida (das lateinische Wort candidus bedeutet »untadelig« oder »weiß«), woraus sich der candidatus und unser »Kandidat« ableiten. Auch wenn der heute meist nicht immer so weißwestig ist.

Als das schönste Weiß in der Malerei gilt das japanische Muschelweiß, *Gofun Shirayuki*, das aus Austernschalen gewonnen wird. Die Köpfe der traditionellen japanischen Puppen werden nach wie vor mit diesem Muschelweiß bemalt.

Wolkenweiß

Schwereloses Milchweiß

Luftiger Charakter. Tritt gern mit seinem langjährigen Partner Azurblau auf am Himmelstheater und arbeitet nebenher als Farbe für Wattebäusche.

FUN FACT

Warum fuhren vor ein paar Jahren auf einmal so viele weiße Autos auf den Straßen herum? Warum war gerade empfindliches Weiß eine Trendfarbe für Autos? Wegen Apple, Apples stylisches Image hatte die Wahrnehmung gefärbt. Galt zuvor Silber als Farbe der Wahl, um den modernen Look und technischen Fortschritt bei Autos herauszustreichen, war es, dank der weißen Technik von Apple, stattdessen plötzlich Weiß.

Zum Sterben schön

Jeder von uns kennt mindestens einen Modetrend, der einfach nur lächerlich war, zum Beispiel die Plastikmäntel der (im Ganzen wenig stilsicheren) 90er. Oder Radlerhosen in Neonfarben, die leider nicht nur auf dem Fahrrad den Verkehr aufhielten, sondern auch in der Fußgängerzone. Trainingsanzüge aus glänzendem Nylon, XL-Schulterpolster, Plateauschuhe für Männer … Dior würde im Grab rotieren, wenn er das alles noch sehen könnte. Trotzdem gab es schon immer Leute, die sich mit den verrücktesten Trends auf die Straße getraut haben.

Wer um 1800 en vogue war, streifte Perücke, Reifrock und sämtliche bunten Schleifchen rasch ab und hüllte sich in reines, unschuldiges Weiß. Nicht als Farbe für dekadente Seide, nein, einfache Baumwolle musste es sein, genauer: halbtransparenter Musselin. Daraus wurden die neuen Chemisenkleider (wörtlich: Hemdkleider, die tatsächlich viel gemein hatten mit einem langen Nachthemd) geschneidert, die die idealisierte griechische Antike kopierten und jedem zu verstehen gaben: Ich bin modisch auf der Höhe und habe mit dem überladenen Stil des Rokoko (Subtext: mit dem verhassten Adel) nichts am Hut. Ich habe ja noch nicht mal mehr einen Hut!

Bekennender Fan der neuen luftigen Mode: Madame de Récamier, die aber ohnehin nicht viel nach draußen ging, sondern sich die meiste Zeit auf der nach ihr benannten Liege räkelte, der Récamiere. Als Salonière (die einen bedeutenden Salon in Paris führte, um fair zu sein).

Die Frauen hatten überhaupt nicht mehr viel zum Anziehen bei diesem betont schlichten Stil, besonders Modebewusste trugen sogar nur einen dünnen Schleier und Sandalen, ganz im Stil der antiken Götterstatuen. Das Problem dabei war weniger der freizügige Charakter der Mode, sondern die Angewohnheit, die dünnen Kleidchen auch im Winter zu tragen. Und dazu maximal einen Schal. Einigen, die damit durch ihre zugigen Schlösser geturnt sind, lief schon bald ganz ungöttinnenhaft die Nase und sie zogen sich schwere Erkältungen oder sogar Lungenentzündungen zu, die damals spöttisch »Musselinkrankheit« genannt wurden. Für nicht wenige wurden die Chemisenkleider sogar zu ihrem Totenhemd – dem sie ja auch nicht unähnlich waren.

Gespensterweiß

Unheimliches Weiß mit leichtem Grünstich

Die Farbe gewöhnlicher Haus- oder Schlossgeister, auch gern getragen von der Weißen Frau, die es in fast jedem Land gibt und die absolut kein unschuldig weißes Gemüt hat, sondern ziemlich viel Rachsucht unter ihrem weißen Laken mit sich herumschleppt.

Noch bis vor gar nicht so langer Zeit staubte es bei der Ausübung von weißer Magie ganz ordentlich, weil wieder mal Mehl geopfert wurde, um eine vermeintliche Hexe in ihre Schranken oder zurück in ihre Waldhütte zu verweisen. Gern genommen wurden dazu auch andere weiße Lebensmittel wie Milch, Eier oder Salz.

Feenweiß

Weiß next level

Ein Weiß, so rein … nicht von dieser Welt. Fast transparent, changierend an der Grenze zum Nichts. Wenn man genau hinsieht, kann man noch alle Farben in diesem Weiß tanzen sehen, sie blitzen kurz auf, um sich sofort wieder einzureihen in den perlmuttschimmernden Reigen.

Komplex.
Chaotisch.
Undurchdringlich.
Abgründig.
Übervoll.
Schwer.
Unbewusst.
Düster.
Bedrohlich.
Pessimistisch.

FARBPORTRÄT SCHWARZ

Schwarze Magie

Schwarz ist ein Blender. Nach außen hin gibt es sich klassisch, elegant und artsy. Im Inneren allerdings herrscht einfach nur ein heilloses Durcheinander. Schwarz wirkt lediglich auf den ersten Blick ruhig und abgeklärt, unter der Oberfläche aber tobt das Chaos aus sämtlichen Farben, die Schwarz vorbehaltlos in sich aufgesaugt hat. Und die jetzt ein heilloses Tohuwabohu veranstalten.

Eine ordnende Hand? Wäre dringend nötig, ist aber leider Fehlanzeige. Stattdessen sammelt Schwarz munter weiter und zieht wie ein Krake alles in seine dunklen Tiefen. Genau das beschert der Farbe ihre übervolle, unangenehm komplexe Qualität.
Zu seiner Verteidigung muss man allerdings sagen, dass Schwarz auch darauf angewiesen ist, jedes Quäntchen Licht bzw. Farbe in sich aufzusaugen, das es bekommen kann – um im wahrsten Sinn des Wortes Licht in sein Dunkel zu bringen.

Daher wundert es nicht, dass der zweite Vorname von Schwarz »das Unbewusste« ist. Wo Weiß hell und rein ist, tipptopp aufgeräumt, findet sich bei Schwarz nur eine schwer zu durchdringende, verworrene Masse in tiefster Finsternis. Schwarz ist wie ein stockfinsterer Raum, in dem man keine Orientierung hat. Schwarz ist das Verborgene, das nicht oder nur schwer Sichtbare.

Genau diesen wenig vorteilhaften Charakterzug macht sich das findige Schwarz zunutze: Undurchdringlich soll es wirken? Wunderbar, denn daraus macht Schwarz flugs »mystisch«, hängt sich ein geheimnisvolles Mäntelchen um – et voilà: Schwarz gilt als Farbe des Magischen. Aber: Schwarz ein Magier? Nein, zumindest kein echter, Schwarz ist bestenfalls ein Illusionist. Ein Taschenspieler. Ein Blender.[29]

Federschwarz
Bluffendes Schwarz

Leicht wie eine Feder – ist massives Schwarz nicht. Auch nicht, wenn es sich einen schwerelosen Namen gibt wie Federschwarz – ein gekonnter Bluff. Mal wieder.

Blauschwarz.
Brandschwarz.
Chaosschwarz.
Diamantschwarz.
Ebenholz.
Federschwarz.
Geheimnisschwarz.
Grauschwarz.
Jet.
Kohle.
Lakritz.
Mondänschwarz.
Nachtschwarz.
Onyx.
Pechschwarz.
Rabenschwarz.
Superschwarz.
Teerschwarz.
Tiefschwarz.
Trauerschwarz.
Tuscheschwarz.
Vantablack.

[29] Genau wie Weiß hat Schwarz jedoch zwei Gesichter. Als Körperfarbe, wie im Kapitel beschrieben, ist Schwarz ein übervolles Chaos aus allen Farben, die es absorbiert hat. Als Lichtfarbe aber ist Schwarz leer, es trägt keine einzige Farbe in sich, kein Licht (weshalb in diesem Fall Schatten- statt Lichtfarbe wohl der bessere Begriff wäre). Das ist das Schwarz mit der düsteren und bedrohlichen Aura. Der Inbegriff von Leere. Ein einsames Nichts.

Das kleine Schwarze

... sollte in Zukunft besser im Schrank bleiben

Schwarz gibt sich zwar gerne sophisticated und pflegt spätestens seit Coco Chanel sein Image als klassische Farbe, die sich anderen überlegen fühlt. Aber hinter der chicen schwarzen Fassade sieht es meist ganz anders aus: Viele, die sich komplett in Schwarz hüllen, sind eher unsicher und versuchen unbewusst, sich zu schützen – vor dem Außen, aber auch vor ihren eigenen Emotionen, die sie nicht unter Kontrolle haben. Der Designer Yohji Yamamoto, der eine bewusst karge Eleganz in Schwarz entwirft, findet daher: »I make clothing like armour.« Doch leider funktioniert das nicht, Schwarz ist ein mehr als löchriges Kettenhemd: Schwarz ist kein Bollwerk, hinter dem man sich verstecken könnte, sondern die Farbe, die alles in sich aufsaugt, alles einlädt – das Burgtor also sperrangelweit aufstehen lässt, statt die Zugbrücke hochzuziehen. Trotzdem greifen häufig Menschen, die sich selbst noch nicht gefunden haben, gern zu schwarzer Kleidung, um sich dahinter zu verstecken, sich in die dunklen Schatten zurückzuziehen. Sinn macht das allerdings nur bei Künstlern, die ihre Werke in den Vordergrund stellen wollen, nicht aber sich selbst.

Viele erhoffen sich von schwarzer Kleidung auch, darin geheimnisvoller zu wirken, oder sie haben ungeprüft die allgemeine Meinung übernommen, Schwarz habe Klasse. In Wahrheit ist Schwarz aber weit entfernt von Eleganz und Souveränität, sondern das Kleinkind unter den Farben. Die am wenigsten entwickelte »Farbe« im Spektrum, unreif und sogar unfair: Denn es saugt Energie, gibt davon aber rein gar nichts an seinen Träger ab. Die Folge ist, dass man sich, trägt man lange Zeit ausschließlich Schwarz, ausgelaugt und kraftlos fühlt.

Rache ist schwarz

Einmal hat Schwarz allerdings alles richtig gemacht: mit dem berühmten »Revenge Dress« von Lady Di. Das Cocktailkleid der Designerin Christina Stambolian hatte Diana eigentlich schon lange als viel zu gewagt aussortiert, auch für den Abend der Vanity-Fair-Gala 1994 in London kam es zunächst nicht infrage. Es war aber auch der Abend, an dem good old Charles in einem Fernsehinterview zugab, Diana während ihrer Ehe mit Camilla betrogen zu haben. Was sollte Diana tun? Beschämt den Kopf einziehen oder trotzdem auf der Gala erscheinen?

Lady Di stieg lächelnd aus der Limousine. Lächelnd und in dem für Royals (sehr) kleinen Schwarzen von Stambolian, an dem wirklich nicht viel dran war: Es war schulter- und beinfrei, das bisschen Stoff in der Mitte des Körpers dafür aber effektvoll drapiert. Es hat für Unruhe gesorgt, dieses Kleid, für das typisch schwarze Chaos. Vielleicht auch für ein Gefühlschaos bei Charles, denn die Botschaft jedes »Rache-Outfits« ist nun mal: »Sieh gut hin, was dir in Zukunft entgeht.«

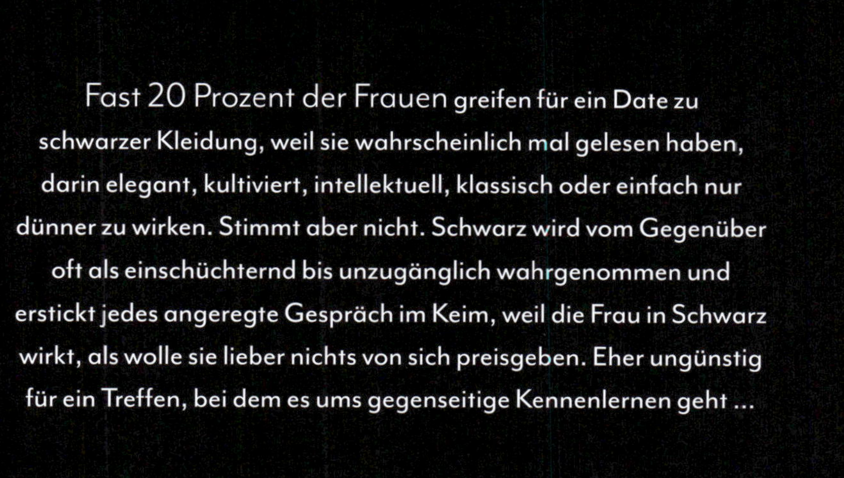

Fast 20 Prozent der Frauen greifen für ein Date zu schwarzer Kleidung, weil sie wahrscheinlich mal gelesen haben, darin elegant, kultiviert, intellektuell, klassisch oder einfach nur dünner zu wirken. Stimmt aber nicht. Schwarz wird vom Gegenüber oft als einschüchternd bis unzugänglich wahrgenommen und erstickt jedes angeregte Gespräch im Keim, weil die Frau in Schwarz wirkt, als wolle sie lieber nichts von sich preisgeben. Eher ungünstig für ein Treffen, bei dem es ums gegenseitige Kennenlernen geht …

Der Mythos: Schwarz macht schlank

… der leider auch nur das ist: ein Mythos. Schwarz, der alte Blender, mogelt mal wieder ein bisschen, und daher wirkt man in Schwarz auf den ersten Blick schlanker. Wie? Einmal ziehen sich schwarze Gegenstände optisch zusammen und wirken so kleiner als weiße, die sich auszudehnen scheinen. Und: Bei schwarzer Kleidung nimmt man die Falten weniger wahr, sie verschwinden in den Schatten. Bei heller Kleidung dagegen sind die Falten gut sichtbar und betonen die Körperformen (stellen Sie sich eine römische Toga mit schönem Faltenwurf vor – trägt schon ziemlich auf). Einfacher ausgedrückt: Schwarz plättet zuverlässig Flächen und Röllchen.

Ist es damit die perfekte Farbe, um tatsächlich schlanker zu wirken? Leider nein, denn obwohl Schwarz unerwünschte Pölsterchen optisch glatt bügelt, wirkt schwarze Kleidung an sich wie ein schwerer dunkler Block, also alles andere als vorteilhaft.

Trotzdem ein netter Kniff von Schwarz. Bis ins Extrem hat diesen Zaubertrick, alles auf eine zweidimensionale Fläche zu reduzieren, ein Schwarz getrieben, das damit ziemlich berühmt geworden und sogar auf Welttournee gegangen ist: Vantablack.

Vantablack

Vantablack ist der Meistermagier unter den Schwarztönen. Er erschafft eine perfekte Illusion von Zweidimensionalität und ist damit als Kleiderfarbe sicherlich die (optisch) effektivste Diät. Leider, leider arbeitet Vantablack aber nicht für die Modeindustrie, sondern nur für Wissenschaft, Raumfahrt und Militär.

BIOGRAFIE

Das britische Superschwarz, das »schwärzeste Schwarz der Welt«, feierte 2004 seinen Durchbruch als Magier und avancierte in den darauffolgenden Jahren zum internationalen Star. Mit einem Weltrekord im Lichtschlucken und dem spektakulären Verschwindenlassen zahlloser Objekte begeisterte Vantablack die Massen.

Besonders viel Aufmerksamkeit erhielt der auch als »Schwarz 2.0« bekannte Farbkünstler durch seine exklusive Kooperation mit dem

Ein Unikat: Der BMW X6 in Vantablack

Künstler Anish Kapoor ab dem Jahr 2015. Kapoor nahm, mit der Hilfe von Vantablack, Büsten ihr Gesicht oder malte Kreise auf Fußböden, die bodenlos wirkten und vor denen die Menschen erschrocken zurückwichen. Trotzdem waren sie jedes Mal fasziniert von den Illusionen, die Vantablack schuf – der größte Magier unter den Farben.

Sein Trick: Vantablack schluckt so viel Licht, dass Flächen oder Objekte in dem Superschwarz wie endlose schwarze Löcher wirken. Der Zauberkünstler unter den Farben kann jede Kontur, jedes Detail optisch verschwinden lassen und selbst bei massiven Objekten die perfekte Illusion einer zweidimensionalen schwarzen Fläche schaffen.

Was viele nicht wissen: Vantablack wurde im Labor geboren, es ist eigentlich gar keine Farbe, sondern ein Teppich aus extrem vielen, extrem feinen Kohlenstoffnanoröhren, in denen sich, einfach gesagt, das Licht verfängt und nicht mehr herausfindet. Vantablack schluckt 99,965 Prozent des Lichts.

Die Tage als Künstler sind für Vantablack jedoch vorbei, heute arbeitet es nicht mehr im Licht der Öffentlichkeit, sondern nur hinter Labortüren und Stacheldrahtzaun.

Geheimnisschwarz
Undurchsichtiges Tiefschwarz
Der Geheimniskrämer unter den Farben, gibt nichts preis. Um keinen Preis.

Farbe und Sprache
Schwarzfahrer und Co.

Ein großes Talent von Schwarz ist ja das Versteckspiel. In Schwarz fühlt man sich unsichtbar, es kaschiert unliebsame Speckröllchen und Vantablack lässt sogar ganze Gegenstände verschwinden. Daher ist es kein Wunder, dass in unserer Sprache immer dann Schwarz vor den (Wort-)Karren gespannt wird, wenn man ausdrücken möchte, dass da jemand ganz gerne unter dem Radar fliegt: Der Schwarzfahrer auf dem Weg zur Schwarzarbeit, die vom Schwarzhandel lebt. Abends schaltet er den Schwarzsender ein, den er sich von seinem Schwarzgeld gekauft hat, und trinkt ein Schwarzbier … Vielleicht.

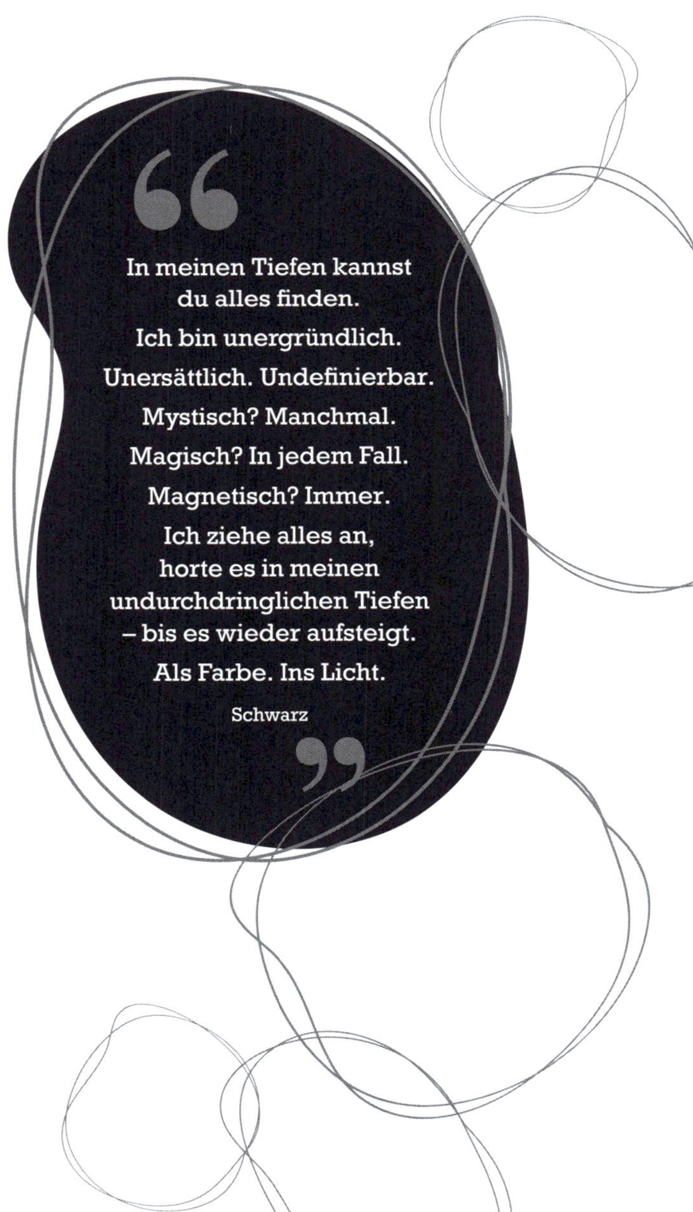

AUS DEN CHAOTISCHEN TIEFEN …

… **ANS LICHT** brachte der Künstler Pierre Soulages die vielen verschiedenen Qualitäten von Schwarz, er zeigte das Potenzial der Farbe, das normalerweise im Verborgenen liegt. Soulages malte ab 1979 nur noch in Schwarz, bald sogar in »outrenoir«, wie er es nannte, einem anderen oder Ultraschwarz. Dem rückte er auf seinen Gemälden mit Bürsten, Holzstücken, Spateln und breiten Pinseln zu Leibe, wodurch die schwarze Farbe an einigen Stellen durchlässiger wurde, gefurcht, aufgebrochen, fast transparent … und so Einblicke erlaubte in ihre Tiefen. Das undurchlässige Schwarz ist bei Soulages nicht mehr undurchdringlich, es lässt sich in die Karten schauen.

Weil die Beschaffenheit der Oberfläche so divers ist, ist es ein Schwarz mit verschiedenen Aspekten, die unter unterschiedlichen Lichteinflüssen noch einmal eine neue Qualität annehmen. Soulages bewegte also Schwarz oder brachte es in Bewegung, er machte die Materialität, die Stofflichkeit der Farbe sichtbar, aber auch diese Überfülle von Schwarz, in dem sich alle Farben tummeln. Alle Farben und das Licht: Soulages malte in Schwarz, brachte aber trotzdem wie kein anderer Licht ins Dunkel. Mehr noch: Er entdeckte das Licht von Schwarz.

Farblich passend gekleideter Mann vor Pierre Soulages' »Peinture 260 x 202 cm, 19 juin 1963«

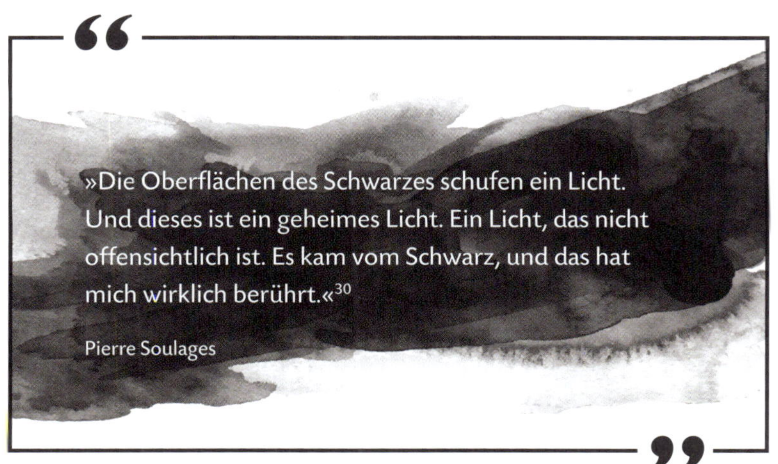

»Die Oberflächen des Schwarzes schufen ein Licht. Und dieses ist ein geheimes Licht. Ein Licht, das nicht offensichtlich ist. Es kam vom Schwarz, und das hat mich wirklich berührt.«[30]

Pierre Soulages

FUN FACT Soulages' Interesse galt der bewegten Farbe, die sich unter verändernden Umständen immer anders präsentiert. Und das tut sie selbst nach dem Tod des Künstlers: Einige von Soulages' Gemälden verflüssigen sich, Farbtropfen treten an die Bildoberfläche wie bei einem blubbernden Sumpf und fließen über die Leinwand. Der Grund dafür ist noch nicht geklärt, vielleicht liegt es am gealterten Öl oder auch an etwas ganz anderem, aber Fakt ist: Das Schwarz macht sich selbstständig und bildet neue Formen. Sicherlich eine Katastrophe für die Museen, aber vielleicht ganz im Sinne des Malers …

[30] Aus: »Pierre Soulages: Outrenoir« von Barbara Anastacio. Link: https://www.nowness.com/story/pierre-soulages-outrenoir?utm_source=YOUT&utm_medium=SM&utm_campaign=YT1001, abgerufen am 25.06.2023.

Kreatives Chaos

Schwarz kam bisher nicht wirklich gut weg, oder? Tja, es ist nun mal ein Chaot – allerdings auch ein liebenswerter. Und einer, der Ihre Kreativität fördern kann, denn an dem berühmten »kreativen Chaos« ist tatsächlich was dran.

Wissenschaftlich belegt haben das Forscher der Universität Minnesota, die zwei Gruppen von Studenten die wichtige Aufgabe übertrugen, sich neue Vermarktungsmöglichkeiten für Tischtennisbälle zu überlegen. Die eine Gruppe arbeitete in einem schön aufgeräumten Umfeld, die andere im Zettelchaos … und war deutlich kreativer in der Lösungsfindung.

Die Erklärung der Forscher war, dass sich die Chaoten nicht auf festgelegten Denkbahnen bewegten, sondern die unausgetretenen Pfade ausprobierten und dort auf die deutlich originelleren Ideen stießen. Ein bisschen Unordnung regt die Kreativität an, denn man kehrt sowohl den Konventionen wie dem konventionellen Denken den Rücken und denkt eher *outside the box* – was Sinn macht, da ja sowieso nichts mehr sauber abgelegt ist in irgendwelchen Schachteln.

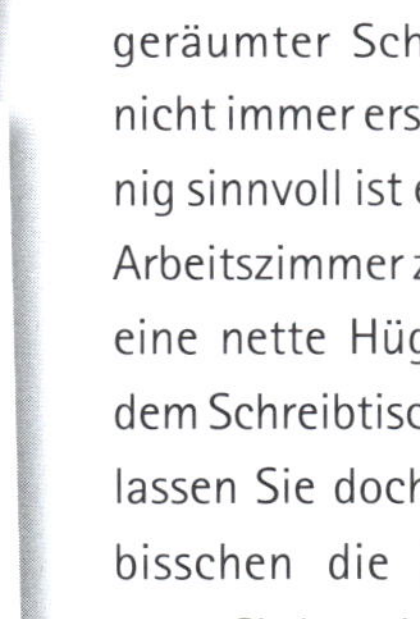

Das heißt für uns: Ein perfekt aufgeräumter Schreibtisch ist gar nicht immer erstrebenswert. Wenig sinnvoll ist es sicher auch, Ihr Arbeitszimmer zu verwüsten oder eine nette Hügellandschaft auf dem Schreibtisch anzulegen, aber lassen Sie doch einfach mal ein bisschen die Zügel schleifen, wenn Sie kreativ arbeiten müssen. Unter Umständen suchen Sie jetzt etwas länger nach Unterlagen, aber dafür haben Sie wahrscheinlich mehr geniale Einfälle. (Oder Sie finden etwas lange verloren Geglaubtes wieder unter den Papierbergen. Dann freuen Sie sich, und das ist schließlich auch was wert.)

Was das mit Schwarz zu tun hat? Schwarz ist Chaos, in ihm treiben, wie in einem Hexenkessel, alle Farben träge umeinander. Sie sind nicht sichtbar, aber sie sind da, man muss sie nur aus der trüben Brühe herausfischen – genau wie die brillanten Ideen aus dem alltäglichen Chaos.

Der passende Soundtrack zu chaotischem Schwarz:

Pop Evil: »Let the Chaos Reign«
Mozart: »Requiem – Dies Irae«
Woodkid: »Volcano«

Wer hat Angst vorm Schwarzen Mann?

Kinder. Und sie haben recht! Zumindest wenn man den (Schwarzen) Mann einen guten Mann sein lässt und sich auf die Farbe allein konzentriert, die Kinder in der Regel rundweg ablehnen. Schwarz wirkt bedrohlich auf sie und macht ihnen Angst, es lässt sie müde, lustlos und in Einzelfällen sogar leicht depressiv werden. Außerdem können sich Kinder bei viel Schwarz im Umfeld schlechter konzentrieren, sie sind deutlich weniger kreativ und angespannt. Dominiert Schwarz im Kinderzimmer, herrscht dort übrigens oft auch – selbst verglichen mit der ganz normalen Unordnung – das pure Chaos.

"IN THE MIDST OF CHAOS, THERE IS ALSO OPPORTUNITY."
– Sun Tzu

Black Friday

Apropos Chaos: »Black Friday« fand früher noch nicht entspannt online und vom Sofa aus statt, sondern die Leute mussten für die Angebote tatsächlich noch in die Städte pilgern. Da sie das in Scharen taten, nannten gestresste amerikanische Bus- und Taxifahrer den Tag, an dem der Ausverkauf nach Thanksgiving losging, »Black Friday« – weil der Verkehr ein einziges Chaos war und der Tag für sie daher rabenschwarz.

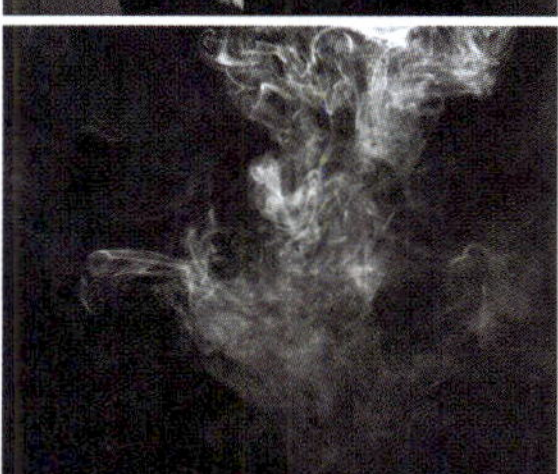

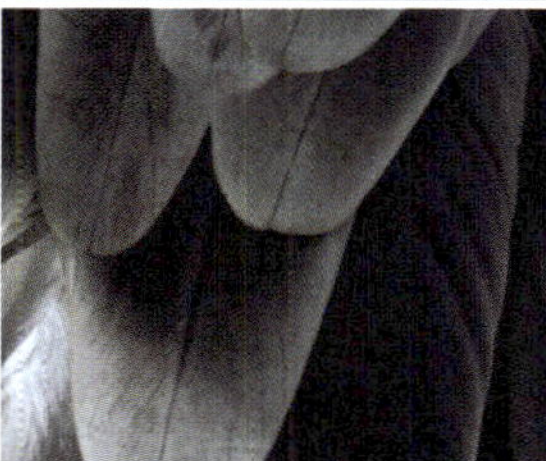

Ein Zaubertrick

... aus der Trickkiste von Schwarz: Der Farbmagier kann an den Augen ein paar Jahre wegzaubern: Mit einem geschickt gesetzten schwarzen Lidstrich (und einer ruhigen Hand) lässt sich das Auge optisch liften.
So geht's: Mit dem Eyelinerpinsel oder einem weichen schwarzen Kajal von der Mitte des Lides aus dicht am Wimpernkranz eine Linie nach außen ziehen. Kurz vor den letzten Wimpern biegen Sie schräg nach oben ab – dabei ruhig scharf die Kurve kratzen und steil nach oben abbiegen; das wirkt beim Malen zwar seltsam, sieht aber völlig in Ordnung aus, wenn Sie später geradeaus gucken. Sie sollten nur rechtzeitig stoppen und die Linie unterhalb der Lidfalte enden lassen. Die Wimpern nur oben kräftig tuschen mit dem guten magischen Schwarz und fertig ist der zauberhafte Augenaufschlag.

Was die Oma noch wusste

Schwarz ist im Westen die Farbe des Todes und der Trauer: Die Dunkelheit im Inneren zeigt sich in der schwarzen Kleidung im Außen, die Seele trägt Trauer und der Mensch auch. Keine Farbe spiegelt die innere Leere nach einem Verlust so gut wie Schwarz, die Farbe ohne Licht und ohne Hoffnung. Das ist aber nicht der einzige Grund, warum schwarze Kleidung auf Beerdigungen das Bild dominiert.
Meine Oma hortet eine Reihe an Kleidern, die ganz ungünstig ganz links hinten im Schrank hängen. Kommt man schlecht ran, aber das ist auch gar nicht nötig, denn diese Teile sind »für gut«, sprich: Die Kleider und Mäntel werden ausschließlich für den Kirchgang angezogen und danach direkt wieder in den Schrank gepackt. Und das war früher nicht anders, für den Alltag mussten es die farblos grau-beigen Kittel tun, die günstig in der Anschaffung waren und leicht ersetzt werden konnten. Tiefschwarze Kleidung dagegen musste gefärbt werden und war entsprechend teuer, weswegen sie nur zu besonderen Anlässen hervorgeholt wurde, zum Beispiel bei Beerdigungen. Dafür macht man sich auch heute noch chic – ob nun als letzte Ehre für den Toten oder um die anderen Trauergäste zu beeindrucken, das ist regional unterschiedlich.

Rabenschwarz
Pessimistisches Blauschwarz
Mit Rabenschwarz kann man wunderbar schwarzmalen.

Teerschwarz
Schmieriger Farbcharakter, der seine dunkle Seele gern unter weißen Federn versteckt.

Mondänschwarz
Glänzendes Tiefschwarz
Ein Schwarz von Welt. Trieb sich im Art déco in den Salons der Schönen und Reichen herum, wo es sich gern in der illustren Gesellschaft von Silber und Gold zeigte. Ansonsten drapierte sich Mondänschwarz über Stühle und Beistelltische und glänzte selbst.

Hast du Töne?

In den Texten habe ich versucht, möglichst viele (auch) ungewöhnliche Farbnamen einzubauen wie Frittenblau, Stuart-Semple-Pink oder Vantablack, um Ihnen ein solides Farbvokabular an die Hand zu geben. Denn nur wenn ich den Namen für etwas kenne, kann ich ihr in meinen Wortschatz aufnehmen und den Begriff in Gesprächen benutzen, mich besser »in Farbe« ausdrücken. Mit einem Schulmalkasten mit 12 Tönen wird es etwas schwierig, ein lebendiges Bild von etwas zu malen, mit einem Künstlerfarbkasten mit 240 Farben ist das schon deutlich einfacher. Damit Sie direkt mit dem Künstlerfarbkasten starten können, habe ich in den Kapiteln also immer mal wieder einen außergewöhnlichen Farbton eingestreut, der Ihnen vielleicht noch nicht begegnet ist. Einige tummeln sich schon länger unter uns, andere sind aus meinem eigenen Farbwortschatz, alle zusammen sind hier noch einmal in einer »Liga der außergewöhnlichen Farbcharaktere« zusammengefasst:

Quellen und Leseempfehlungen

Alkozei, Anna / Smith, Ryan et al: *Exposure to Blue Light Increases Subsequent Functional Activation of the Prefrontal Cortex During Performance of a Working Memory Task.* In: Sleep, Vol 39, Ausgabe 9, 2016, S. 1671–1680.

Ball, Philip: *Bright Earth. The Invention of Colour.* Vintage 2008.

Butler Greenfield, Amy: *A Perfect Red. Empire, Espionage, and the Quest for the Color of Desire.* HarperCollins 2006.

Chiazzari, Suzy: *Colour Scents. Healing with Colour and Aroma.* Daniel 2000.

Eibl, Ralf: *Zu Gast bei Freunden.* In: AD, Ausgabe 3, 2010, S. 52–56.

Fukai, Akio / Suoh, Tamami / Iwagami, Miki: *Fashion History: Eine Modegeschichte vom 18. bis 20. Jahrhundert.* 2 Bände. Taschen 2006.

Günter, Engelhard: *Gotthard Graubner. Er lässt die Farbe atmen.* In: art, Ausgabe 2, 1987, S. 20–37 und S. 112 f.

Garfield, Simon: Mauve: *How One Man Invented a Color that Changed the World.* Faber & Faber 2001.

Gekeler, Hans: *Handbuch der Farbe.* DuMont 2003.

Goethe, Johann Wolfgang von / Ott, Gerhard und Proskauer, Heinrich O. (Hrsg.): *Farbenlehre.* 5 Bände. Freies Geistesleben 2003.

Grossman, Randi Priluck / Wisenbilt, Joseph Z.: *What we know about consumers' color choices.* In: Journal of Marketing Practice, Vol 5, Ausgabe 3, 1999, S. 78-88.

Guéguen, Nicolas / Jacob, Celine: *Clothing Color and Tipping: Gentlemen Patrons Give More Tips to Waitresses with Red Clothes.* In: Journal of Hospitality & tourism research, Vol 38, Ausgabe 2, 2012, S. 275 ff.

Gutiérrez de la Roza, Olga: *An Eye for Color.* Collins Design 2007.

Hahl-Koch, J. / Roethel, Hans J. (Hrsg.): *Kandinsky. Die gesammelten Schriften.* Band I, Benteli 1980.

Heller, Eva: *Wie Farben wirken. Farbpsychologie. Farbsymbolik. Kreative Farbgestaltung.* Rowohlt 2004.

Hunter, MaryCarol R. / Gillespie, Brenda W. et al: *Urban Nature Experiences Reduce Stress in the Context of Daily Life Based on Salivary Biomarkers.* In: Frontiers in Psychology, Vol 10, April 2019.

Itten, Johannes: *Kunst der Farbe. Subjektives Erleben und objektives Erkennen als Wege zur Kunst. Studienausgabe.* Englisch Verlag 2010.

Jonauskaite, Domicele / Abdel-Khalek, Ahmed M. et al: *The sun is no fun without rain: Physical environments affect how we feel about yellow across 55 countries.* In: Journal of Environmental Psychology, Vol 66, 2019.

Joseph, Jenny: *Warning. When I Am an Old Woman I Shall Wear Purple.* Profile 2021.

Kandinsky, Wassily: *Über das Geistige in der Kunst.* Benteli 2009.

Kim, Kyeezu / Joyce, Brian T. et al: *Inequalities in urban greenness and epigenetic aging: Different associations by race and neighborhood socioeconomic status.* In: Science Advances, Vol 9, Ausgabe 26, 2023.

Koldehoff, Stefan: *Van Gogh. Mythos und Wirklichkeit.* DuMont 2003.

Mariani, Massimo: *Das Licht in der Kunst.* Reimer 2021.

Müller-Gögler, Maria: *Gedichte.* In: Werkausgabe in neun Bänden, Band 6. Jan Thorbecke Verlag 1980.

Plachta, Bodo (Hrsg.): *Vincent van Gogh. Briefe.* Reclam 2019.

Sabartés, Jamie / Angel Flores (Übers.): *Picasso: An Intimate Portrait.* Prentice Hall 1948.

Schwarzer, Yvonne (Hrsg.): *Die Farblehre Goethes. In einer Textauswahl für Künstler.* ars momentum 2009.

Shinhmar, Harpreet / Grewal, Manjot et al: *Optically Improved Mitochondrial Function Redeems Aged Human Visual Decline.* In: The Journals of Gerontology, Series A, Vol 75, Ausgabe 9, 2020, S. 49–52.

Strebel, Annemarie: *Farben – Kinder des Lichts. Das Wesen des Lichts in der Energie der Regenbogenfarben für Gesundheit, Wohlbefinden und spirituelles Wachstum.* Windpferd 2002.

Theroux, Alexander / Sebastian Wohlfeil (Übers.): *Orange. Anleitungen, eine Farbe zu lesen.* Europäische Verlagsanstalt 1999.

Truffaut, François / Frieda Grafe (Übers.): *Mr. Hitchcock, wie haben Sie das gemacht?* Heyne 1995.

Turunen, Anu W. / Halonen, Jaana et al: *Cross-sectional associations of different types of nature exposure with psychotropic, antihypertensive and asthma medication.* In: Occupational and Environmental Medicine, Vol 80, Ausgabe 2, 2023.

Vohs, Kathleen D. / Redden, Joseph P. / Rahinel, Ryan: *Physical Order Produces Healthy Choices, Generosity, and Conventionality, Whereas Disorder Produces Creativity.* In: Psychological Science, Vol 24, Ausgabe 9, 2013.

Weitemeier, Hannah: *Yves Klein 1928–1962. International Klein Blue.* Taschen 1999.

Wolf, Isabelle: *Was Farben sagen. Die Sprache der Farben verstehen und gekonnt einsetzen.* Goldmann 2011.

Won, Seahwa / Westland, Stephen: *Color meaning and consumer expectations.* In: Color, Vol 43, Ausgabe 1, 2017.

Zhu, Juliet / Mehta, Ravi: *Blue or red? Exploring the effect of color on cognitive task performances.* In: Science, Feb, 2009, S. 1226-9.

Bildquellen:

Alamy.com: ©Dominic Robinson; ©incamerastock; ©Maximum Film; ©Martin Shields; ©Historical Images Archive; ©Artexplorer; ©World History Archive; ©Peter Horree; ©Art Library; ©GRANGER - Historical Picture Archive; ©Art Collection 2; ©Archivart; ©steeve-x-art; ©Heritage Image Partnership Ltd; ©Lana Rastro; ©Anwar Hussein; ©David Davis Photoproductions RF

Freepik.com: ©redgreystock; ©jcomp; ©lookstudio; ©alicia_mb; ©krakenimages.com; ©juicy_fish; ©Wepik; ©rawpixel.com; ©Harryarts; ©wayhomestudio; ©redgreystock; ©starline; ©denamorado; ©Henryk Niestrój; ©Rochak Shukla; ©KamranAydinov; ©Hello-Pixel; ©mrsiraphol; ©chikenbugagashenka; ©pikisuperstar; ©master1305; ©makrovector; ©Racool_studio; ©wirestock; ©tohamina; ©diana.grytsku; ©Kireyonok_Yuliya; ©kjpargeter; ©Layerace; ©upklyak; ©montypeter

iStock.com: ©asbe

Pixabay.com: ©master1305; ©PublicDomainPictures; ©Angelo Giordanogeralt; ©rottonara; ©Chaos07; ©김경복; ©akirEVarga; ©Bessi; ©qimono; ©Leolo212; ©Ellen26; ©HeiKiwi; ©NickyPe; ©Hans; ©Kimmerson; ©donterase; ©PhotoEnduro; ©ModernVistas; ©johnnyjohnson20430; ©cocoparisienne; ©Jarmoluk; ©Yeskay1211; ©Lolame; ©Alexas_Fotos; ©Momentmal; ©giografiche; ©margarita_kochneva; ©NoName_13; ©Ylanite; ©luiza_83; ©dimitrisvetsikas1969; ©rkarkowski; ©ri1yad; ©atsushi1934; ©Candiix; ©cocoparisienne; ©AssGuard; ©4677693; ©jplenio; ©bogitw; ©hodihu; ©tamanna_rumee; ©Tabeajaichhalt; ©StockSnap; ©nad_dyagileva; ©JessBaileyDesign; ©Luiza_83; ©JillWellington; ©DirektesSehen; ©1280; ©hpgruesen; ©Pexels; ©AnnaER; ©youleks; ©KAVOWO; ©Myriams-Fotos; ©Alexandra_Koch; ©Mylene2401; ©Yuri_B; ©Couleur; ©FelixMittermeier; ©Presentsquare; ©cristi21tgv; ©DarkmoonArt; ©22080906; ©Printeboek; ©goranmax; ©Nika_Akin; ©keesluising; ©Ulleo; ©HeungSoon; ©Alexa; ©Dieter Staab; ©istones

Shutterstock.com: ©RuslanKphoto; ©Victor Moussa; ©Followtheflow; ©New Africa; ©PeopleImages.com - Yuri A; ©Pegasus Pics; ©Anton Vierietin; ©MITstudio; ©Jonathan Weiss; ©fritz16; ©liliya Vantsura; ©Tatyana Mi; ©Ekaterina Jurkova; ©Andrienko Anastasiya; ©Roman Samborskyi, ©bonjour_tan; ©united photo studio, ©Svitlana Sokolova; ©NMC2S; ©Eugenia Porechenskaya; ©Lila Louisa; ©lev radin; ©matteo_it; ©Artur_Nyk; ©Giacomo Carena; ©Francesco83; ©Victoria Chudinova; ©indira's work; ©Parilov; ©tsyhun; ©FWStudio; ©Ralf Liebhold; ©KariDesign; ©YesPhotographers; ©Luke SW; ©Chubykin Arkady; ©Chanintorn.v; ©Gorodenkoff; ©jakelv7500; ©Lea Rae; ©Pixel-Shot; ©Watch The World; ©Ground Picture; ©Targa56; ©Cozy Home; ©Sofieke van Bilsen; ©Maksim Toome; ©xalien; ©Devita ayu silvianingtyas; ©Asmiana; ©Ilija Erceg; ©logoboom; ©Everett Collection; ©Nadia Turinsky; ©bezikus; ©andersphoto; ©alek7y; ©SKY Stock; ©Netfalls Remy Musser; ©Fahkamram; ©Vladimir Sukhachev; ©Antonina Vlasova; ©Eyes wide; ©Mauvries; ©charles taylor; ©Lysikova Irina; ©pixmeeup; ©ColorMaker; ©Halit Sadik; ©Fer Gregory; ©Raggedstone; ©nadezhda F; ©Chantal de Bruijne; ©Dariusz Jarzabek; ©Independent birds; ©LedyX; ©Peng yang; ©gibleho; ©Pack-Shot; ©Todamo; ©Dejan Dundjerski; ©Little Hand Creations; ©Alexey Fedorenko; ©jafara; ©Kanuman; ©Vitaliy Kyrychuk; ©Claudia K; ©yanishevska; ©Josu Ozkaritz; ©P-Kheawtasang; ©BigPixel Photo; ©Nataliya Turpitko; ©Takashi Images; ©savitskaya iryna; ©Christifianus Edwin Dala; ©Inni; ©YAKOBCHUK VIACHESLAV; ©colnihko; ©nadtytok; ©nnattalli; ©Master1305; ©Subbotina Anna; ©Luna Vandoorne; ©filippo giuliani; ©ILIA NEZNAEV; ©LightField Studios; ©zarzamora; ©Anneleven Stock; ©Zastolskiy Victor; ©LittlePerfectStock; ©Florian Wierzchowski; ©ArmadilloPhotograp; ©K2 images; ©FashionStock.com; ©Egor Mayer; ©VanderWolf Images; ©thodonal88; ©ArthurStock; ©Dragon_Fly

Stock.adobe.com: ©Julian Weber; ©Frank Rohde; ©Artnizu; ©Kalim; ©Jakub Krechowicz; ©Friedberg

Vecteezy.com: ©Free Stock photos by Vecteezy | Vecteezy.com

Lösung Sudoku von Seite 67:

3	1	4	5	7	6	9	2	8
7	9	2	1	4	8	6	3	5
5	8	6	9	3	2	4	7	1
8	3	1	4	9	7	5	6	2
2	6	7	8	1	5	3	4	9
4	5	9	2	6	3	1	8	7
9	4	8	6	2	1	7	5	3
1	7	5	3	8	4	2	9	6
6	2	3	7	5	9	8	1	4

Brigitte Nolting

Wellness- und Aromaöle für jeden Tag

39 Karten für die Anwendung ätherischer Öle

Ob Verspannungen, Hautprobleme oder Stress, ätherische Öle können viele Beschwerden lindern, entspannen, fördern die Gesundheit und streicheln die Seele. Dieses Kartenset bietet Ihnen einen grundlegenden und einfachen Einstieg in die Welt der ätherischen Öle. Praktische Anwendungsbeispiele der Öle für Körper und Seele, als Raumduft oder in der Aromaküche machen Lust, die wirkungsvolle »Duftmedizin« selbst zu testen.

39 farbige Karten, mit Kurzanleitung, in Box
EAN 4260075280-32-5 · € [D] 25,00

Annika McKay

Yoga for You – Perfekt für Einsteiger

Mit den original McKay-Übungskarten

Yoga for You ist Ihre Möglichkeit, Yoga kennenzulernen und es für sich zu entdecken. Mit den Übungskarten gelingt es Ihnen im Handumdrehen, sich ein Trainingsprogramm nach eigenen Wünschen und Bedürfnissen zusammenzustellen. Fern von klischeebehafteter Esoterik erfahren Sie Übung für Übung ein Yoga des 21. Jahrhunderts, das Ihnen hilft, Körper und Geist für die Herausforderungen von Gegenwart und Zukunft zu wappnen.
Yoga for You ist Ihre Chance, Ihr persönliches Yoga zu entwickeln, das Ihnen persönlich Spaß macht. Sie stärkt und Ihnen zu einer tiefen Zufriedenheit verhilft.

24 Karten, Begleitbuch, 88 Seiten,
inkl. Übungsposter, in Box
ISBN 978-3-89845-137-6 · € [D] 19,95

Claudia Lazzari

Wahre Schönheit geht unter die Haut

Die 4 Phasen der natürlichen, ganzheitlichen Hautpflege

»Schöne, klare, strahlende und leuchtende Haut ist ein normaler Zustand.«
Es ist an der Zeit zu erkennen, dass unser Körper ein ganzheitliches, sehr intelligentes, ja magisches System ist.
Kosmetik kann, wenn sie richtig angewendet wird, wieder Ordnung in den Körper bringen. Stressreduktion, eine Versorgung mit Vitalstoffen und die Unterstützung aller Körperfunktionen entlasten die Haut, die als Entgiftungsorgan das letzte Glied der Kette ist. Körper und Haut bilden eine Symbiose, bei der beide voneinander profitieren können.
Hier geht es ums Ganze und es geht unter die Haut. Hier geht es um dich!

160 Seiten, durchgehend farbig, broschiert
ISBN 978-3-96933-024-1 · € [D] 22,00

Anjana Gill

77 Lifehacks zur Wunscherfüllung

Tipps & Tricks: Erfolg mit dem Universum

Was immer auch dein Wunsch ist – es gibt 77 Tipps und Tricks für eine schnelle Erfüllung, die du unbedingt kennen solltest.

Anjana Gill zeigt dir diese Tipps und auch, welche Fallen und Hindernisse du unbedingt vermeiden solltest, die deine Erfüllung bisher vielleicht verhindert haben.

Nimm dieses Buch einfach in deine Hände und frage, was du gerade beachten sollst – und nun schlage eine Seite auf. Jetzt kann die Erfüllung nichts mehr stoppen – nicht einmal deine alten Glaubenssätze. In 3 Monaten sieht deine Welt ganz anders aus.

Du und das Universum – jetzt ist alles möglich.

176 Seiten, farbig, gebunden
ISBN 978-3-96933-019-7 · € [D] 16,00

Norbert Hartwig

Kefir, Kombucha & Soma

Powerdrinks für ein gesundes Leben

Der Physiker und Ernährungswissenschaftler Norbert Hartwig klärt umfassend über die Grundlagen der Ernährung auf, stellt die immense Bedeutung des Darms für unser Immunsystem heraus und geht dabei insbesondere auf die bisher völlig unterschätzte Bedeutung der Mikroorganismen ein, die bereits erfolgreich bei der Heilung von zahlreichen Erkrankungen eingesetzt werden, von Verdauungsbeschwerden bis hin zu ernsthaften Krankheitsbildern.

Aktivieren Sie die Selbstheilungskräfte Ihres Körpers und unterstützen Sie Ihr Immunsystem!

Aber das Beste ist: Jeder kann diese Urkräfte des Lebens selbst kultivieren. Das Buch enthält zahlreiche Empfehlungen, wie Sie Kefir, Kombucha, Soma, fermentierte Gemüse und Co. in Ihren Speiseplan integrieren können. Verblüffend, wie einfach es sein kann, langfristig gesund zu bleiben und sogar länger zu leben!

160 Seiten, 2-farbig, broschiert
ISBN 978-3-96933-030-2 · € [D] 18,00

Claudia Duwe

Die Haushaltsglück-Methode – Make a Wis(c)h

Putzen, fegen, Kaffee kochen: Wie wir uns mit kleinen Handgriffen auf Erfolgskurs bringen

Wenn der Hund nach dem Waldspaziergang direkt aufs weiße Sofa springt und der Kalk schon im Tee schwimmt, wagt man von einem Badezimmer ohne Wäscheberge nicht mal zu träumen.

Die Haushaltsglück-Methode nimmt auf humorvolle Weise die täglichen Pflichten aufs Korn und entfacht ein kleines Feuerwerk an Motivationstricks für den Alltag. Sie zeigt uns: Putzen kann tatsächlich Spaß machen!

Die liebe Hausarbeit hat aber noch einen genialen Nebeneffekt: Sie entpuppt sich als Schlüssel zu Wunscherfüllung und Erfolg. Sie versetzt uns in ein regelrechtes Erfolgs-Mindset, das uns zum Magneten für gute Dinge macht.

Ein lebendiges Mitmach-Buch, um nicht nur unser Zuhause, sondern unser gesamtes Leben abzustauben und wieder zum Strahlen zu bringen.

208 Seiten, 2-farbig, broschiert
ISBN 978-3-96933-075-3 · € [D] 16,00

Weiterführende Informationen zu
Büchern, Autoren und den Aktivitäten
des Silberschnur Verlages erhalten Sie unter:
www.silberschnur.de

Natürlich können Sie uns auch gerne den
Antwort-Coupon aus dem beiliegenden
Lesezeichenflyer zusenden.

Ihr Interesse wird belohnt!